外国职业技术教育研究丛书

日本职业技术教育研究

RIBEN ZHIYE JISHU JIAOYU YANJIU

丛书主编 徐 涵

韩 玉 著

北京师范大学出版集团
BEIJING NORMAL UNIVERSITY PUBLISHING GROUP
北京师范大学出版社

图书在版编目(CIP)数据

日本职业技术教育研究/韩玉著. —北京：北京师范大学出版社，2020.12(2021.12重印)
（外国职业技术教育研究丛书）
ISBN 978-7-303-25375-3

Ⅰ. ①日… Ⅱ. ①韩… Ⅲ. ①职业技术教育－研究－日本 Ⅳ. ①G719.313

中国版本图书馆 CIP 数据核字(2019)第 274234 号

营 销 中 心 电 话　010-58802181　58805532
北师大出版社科技与经管分社　www.jswsbook.com
电 子 信 箱　jswsbook@163.com

出版发行：北京师范大学出版社　www.bnupg.com
　　　　　北京市西城区新街口外大街 12-3 号
　　　　　邮政编码：100088
印　　刷：北京虎彩文化传播有限公司
经　　销：全国新华书店
开　　本：710 mm×1000 mm　1/16
印　　张：15
字　　数：293 千字
版　　次：2020 年 12 月第 1 版
印　　次：2021 年 12 月第 2 次印刷
定　　价：59.80 元

策划编辑：陈仕云　张凤丽　　　　责任编辑：陈仕云
美术编辑：李向昕　　　　　　　　装帧设计：李向昕
责任校对：陈　民　　　　　　　　责任印制：赵　龙

本书为沈阳师范大学"学术文库系列丛书之一，
是"沈阳师范大学教育学一流学科建设工程"
学术专著资助项目成果

总序
Preface

　　职业技术教育学是教育学一级学科下的新兴学科。改革开放以来，随着我国职业技术教育的快速发展以及国家对职业技术教育事业的高度重视，职业技术教育学科有了长足的发展。比较职业技术教育是职业技术教育学科的一个研究领域，自学科确立之时，研究者们契合我国职业教育改革发展所肩负的使命和面对的问题，不断介绍国外职业教育理论和发展改革的成功经验，为充实职业技术教育学科理论做出了不可或缺的贡献。当前，我国职业技术教育学科建设的速度不断加快，虽然比较职业技术教育研究领域的重要成果不断涌现，但迄今为止，关于国别职业技术教育的研究还存在着研究成果零散、不够系统全面的问题。沈阳师范大学职业技术教育研究所徐涵教授及其团队成员所著的《外国职业技术教育研究丛书》，是比较职业技术教育研究领域的一项非常重要的成果。该丛书共五册，分别对德国、日本、美国、澳大利亚、英国这些职业技术教育发展与改革有成就、有特点的发达国家进行了研究。

　　德国职业技术教育在其经济发展中发挥了重大作用，被视为第二次世界大战后德国经济振兴的"秘密武器"。德国职业技术教育的主体"双元制"形成于19世纪70年代，经过一百多年的发展与演变，目前已经形成了以中等职业技术教育为重心，以"双元制"职业技术教育为主体，多种职业技术学校教育并存的现代职业教育体系。丛书之一《德国职业技术教育研究》从德国政治、经济和文化发展的背景上阐释德国职业技术教育的发展历程与现状，全面系统地呈现德国职业技术教育体系框架，并对德国职业技术教育的管理体制、"双元制"职业技术教育、教师队伍、课程与教材、应用科学大学、国家资格框架等进行了重点介绍与分析。

　　日本的职业技术教育发轫于明治时期，至今已有百余年的发展历程。目前已经形成了一个在世界上独具特色的多层次、多类型、完整的职业技术教育体系。丛书之二《日本职业技术教育研究》，以职业技术教育的功能转换为主线，基于中外学者对日本职业技术教育的学术研究及其职业技术教育实践两个视角，对日本职业技术教育发展的历程、职业技术教育体系、课程与教学、师资队伍建设、产教融合、教育国际化、教育质量保障情况进行了较为全面的介绍。理性解读日本职业技术教育，有助于从职业教育功能视角反思和探索未来我国职业技术教育的基本定位和应然走向。

美国在 20 世纪 60 年代大体形成了由中等职业教育、高中后职业教育和高等职业教育构成的职业技术教育体系。在以立法促进职业技术教育发展的方针指导下，形成了涵盖学校、社区的大职教环境，呈现出注重立法、普职融合、产教结合等显著特征。丛书之三《美国职业技术教育研究》全面呈现美国职业技术教育的发展历程、特点及经验，既考虑到美国职业教育发展现状，又兼顾了我国职业教育发展的现实问题。

澳大利亚的职业技术教育独具特色，国家资格框架（AQF）、国家质量培训框架（AQTF）、培训包（TP）以及技术与继续教育（TAFE）共同保障其现代职业教育体系的逐步确立、有效运行和不断革新。丛书之四《澳大利亚职业技术教育研究》从澳大利亚现代职业教育体系的确立入手，对该国职业技术教育质量保障体系、教育机构、师资、校企合作以及国际化等相关问题进行了较为全面的梳理和系统的研究，客观评析了澳大利亚职业技术教育现状及其发展趋势。

英国是一个学术传统浓厚的国家，职业技术教育在历史上一度不太受重视，这对英国经济和社会的发展产生了不利影响。但自 20 世纪中叶以来，英国颁布了多项与职业技术教育密切相关的重要报告和法律，大力促进了英国职业技术教育的发展。丛书之五《英国职业技术教育研究》侧重研究资料的整理分析，对英国职业技术教育的发展历程、结构、管理体制、师资、课程与教学、现代学徒制和资格证书制度等内容进行了较为全面的描述、解释和评析。

该丛书主要呈现以下三个特点：

一是继承与创新相结合。该丛书注重通过大量的调查研究和国内外文献的收集整理与加工，整体性再现已有的研究成果，体现研究国家多元化的特点。同时注意展现国别职业技术教育研究的学术前沿，体现比较职业技术教育研究的时代性和发展性，具有一定的学术性和资料性价值。

二是兼顾历史性与前沿性。该丛书既注重回溯五个发达国家职业技术教育的发展历程，汲取职业技术教育发展史中蕴含的智慧，又对当代职业技术教育研究的热点和前沿问题进行了较为系统、深入的比较教育研究，抛砖引玉，引发研究者们持续关注国际职业技术教育的发展动态，进行横向比较和纵向比较。

三是国际化与本土化的辩证统一。该丛书采用叙述与评析相结合的形式，不仅停留在事实和现象的描述上，而且评述了不同时期发达国家为解决职业技术教育问题提出的主张、理论和方法。总结其正反两方面的经验，有助于我们立足中国国情，深入认识职业技术教育的本质特征，为解决我国职业技术教育的现实问题提供国际视野。

"筚路蓝缕，以启山林"，新时代职业技术教育学科建设的不断创新，呼唤更多的理论研究者和实践探索者关注职业技术教育的创新发展，放眼世界，扎根于本土教育实践，开展更为广泛、深入和前瞻性的国别职业技术教育研究，产生一些重大、具有深远意义的学术成果，助推职业技术教育学科建设与职业技术教育改革和发展同频共振，使我国早日成为职业教育强国！

华东师范大学教授，博士生导师

前 言
Foreword

　　第四次工业革命扑面而来，物联网、大数据、机器人及人工智能等技术驱动的社会生产方式变革，正在加速产业变革的速度，重构人们的生活和学习方式，并给教育特别是与经济社会发展联系最为紧密的职业技术教育带来前所未有的巨变和挑战。在这个机遇与挑战并存的时代，一些国家相继制定了本国的发展战略，为保障这些战略有充足的技术技能人才支撑，这些国家积极采取措施进行前瞻性改革，以促进本国职业技术教育的发展和变革。"他山之石，可以攻玉。"立足我国实际，对世界职业技术教育改革与发展的历程进行历史分析，同时，动态揭示新工业革命背景下职业技术教育改革与发展的举措，产生具有中国特色的对世界职业技术教育发展具有指导意义的新成果，不仅有利于促进我国职业技术教育的健康蓬勃发展，而且有利于提升我国职业技术教育在国际上的影响力。

　　当前，我国学者对日本职业技术教育的研究成果颇丰，之所以选择日本作为研究对象，除了学术兴趣、语言因素之外，还因为日本是中国的近邻，也是当今世界职业技术教育发达国家之一，在梳理借鉴前人研究成果的基础上，对日本职业技术教育进行专题比较研究具有重要意义。基于这样的想法，本书的研究内容重点体现在：

　　一是回溯了日本职业技术教育的发展历程。基于中日学者对日本职业技术教育的历史研究成果，运用历史分析法、文献分析法、因素分析法，描述、解释、分析了日本自明治维新以来，职业技术教育发展的三个阶段。揭示了日本在劳动者终身学习理念作用下，职业技术教育价值论由重视经济取向转向重视人的发展取向的过程。

　　二是剖析了日本职业技术教育体系的结构与特点。基于结构功能主义理论，先描述了日本职业学校教育、企业内训练、公共职业训练的概况，在明晰职业技术教育结构的基础上，从教育衔接视角剖析了技术技能人才系统化培养的策略。

　　三是阐释了日本职业技术教育课程与教学改革的现状，重点剖析了职业学校教育的课程特色。描述分析了专门学校的职业实践专门课程、短期大学的地区综合学科、高等专门学校的楔形教育课程、职业能力开发机构的"实学融合"专门课程，论述了日本以课程建设为载体凸显职业教育机构的类型特征和办学优势的策略。

四是介绍了日本政府主导下的市场驱动型职业技术教育产学合作模式。重点介绍了产学合作的四种形式，即共同教育、共同研究、委托研究、奖学金和捐赠，以相关数据分析反映日本职业技术教育产学合作内容和程度的不断变化。

五是回溯了日本师资队伍建设由封闭、弱化建设阶段步入教师资质要求明确化、来源多元化、编制规范化的历程。揭示了日本建设具有优秀资质和魅力、高稳定性的职业技术教育教师队伍的策略。

六是探究了日本职业技术教育国际化的历程、策略及特点。比较分析了日本学者对"国际化""教育国际化""职业教育国际化"等概念的理解，重点从教育文化学视角分析了日本职业技术教育国际化的战略策略。

详人所略，略人所详，通过本书的描述、解释与比较分析，以期引导读者更深入地了解日本职业技术教育。

韩玉
于沈阳师范大学

目录
Contents

第一章
日本职业技术教育发展概述

　　日本职业技术教育发端于明治时期，在一百多年的发展历程中，其巨大的经济效益和社会效益日益显现并逐渐被社会所认识，其中一个很重要的原因就是教育研究与教育发展的同频共振。日本产业教育学会前会长寺田盛纪在《日本职业教育和训练的研究状况及其课题》①一文中，梳理了日本职业技术教育与培训研究的 3 个发展阶段，并指出，目前，日本的职业技术教育与培训研究已经进入第三阶段，研究课题和方法正逐渐拓展，"而且面对作为研究对象的职业教育培训自身正逐步走向高中后的现实，研究人员将被迫对自己的研究对象进行重新定位。"②从最初的单个研究人员对职业技术教育与培训的研究，发展到专门的职业技术教育与培训的研究机构共同追寻研究成果的先进性、科学性，日本正在以职业教育与培训的研究推动教育实践的发展。我国学者早在 20 世纪 30 年代就通过旅日访学方式研究日本职业技术教育，"如杨鄂联发表于 1930 年的《日本职业教育之一般》和江恒源发表于 1931 年的《日本职业教育概观》"③。而后，随着我国职业技术教育的兴起与发展，我国学者逐渐关注日本职业技术教育的研究，其中，关于日本职业技术教育的翻译作品比较多。代表性著作有：《职业教育》（〔日〕宫地诚哉、仓内史郎，1981）、《技术教育概论》（〔日〕细谷俊夫，1984）、《六国技术教育史》（日本世界教育史研究会编，1984）、《企业内职工教育的方法和实践》（〔日〕清木武一，1987）、《世界职业技术教育》（日本中央教育科学研究所比较教育研究室编，1988）、《日本职业教育——比较与就业过程视角下的职业教育学》（〔日〕寺田盛纪，2014）、《日本短期大学——以松本大学松商短期大学为例》（〔日〕丝井重夫，2014）、《日本高等专门学校——支撑技术立国的毕业生们》（〔日〕荒木光彦，2014）、《日本专门学校——入学·学习·

　　①② 〔日〕寺田盛纪、陆素菊：《日本职业教育和训练的研究状况及其课题》，载《华东师范大学学报（教育科学版）》，2001（01）：44-55。

　　③ 朱奇莹、路光达：《我国的日本职业教育研究状况述评》，载《天津中德应用技术大学学报》，2018（05）：42-45。

毕业以后》([日]植上一希，2014)、《日本工业高中——100％就业率的秘诀与挑战》([日]久保田宪司，2014)、《日本商业高中——商业科及其商业教育的变迁》([日]番场博之，2014)，等等。

分析上述译著以及日本 CiNii 数据库中检索的相关著作，目前中日学者对日本职业技术教育发展历程进行了如下研究。

一是日本学者对本国职业技术教育发展历程的研究。一方面是对日本职业技术教育史的系统研究。被称为"日本职业教育研究之父"的细谷俊夫系统详尽地考察了日本职业技术教育从最初的学徒制发展到学校教育，再到明治之后以近代生产技术为内容的技术教育，最后到第二次世界大战(以下简称"二战")后技术教育的概况，分析了日本自 20 世纪 60 年代以来"新技术教育"的各种情况以及面临的问题(华东师范大学教育科学研究所，1983、1985)，介绍了日本高中和短期高等教育阶段的职业技术教育改革与发展概况，全方位揭示了日本职业技术教育的概念、历史、理念、思想、体系、研究方法、发展现状和趋势等问题([日]寺田盛纪，2011)。另一方面是对日本某个职业技术教育类型或者某个职业技术教育阶段的历史研究，其中短期高等教育阶段的研究成果较多。描述了日本产业教育的历史，分析其发展趋势([日]三好信浩，2016)，介绍了战前日本职业训练发展演变的 3 种形式和 6 个阶段：①传习生制度的设立与解体(幕末至明治 10 年)；②手艺人徒弟制度的传承和发展(明治 10 年至明治 20 年)；③工场徒弟制度的形成和发展(明治 20 年至明治 30 年)；④养成工制度的萌生(明治 40 年至大正 10 年)；⑤养成工制度的法制化及其解体(昭和 10 年至"二战"结束)([日]隅谷三喜男，1970)，阐释了高等专门学校的发展历程、现状、特点及发展趋势([日]荒木光彦，2008)。探索了专门学校的起源及其发展的概况以及专门学校教育先行研究中存在的研究视角、观点和方法问题，进一步深入开展专门学校教育研究的必要性和新的专门学校观([日]角野雅彦，2007；韩民，2007；[日]植上一希，2011)。论述了战后日本商业高中教育的变迁及其与不同时期经济发展的关系，探讨了伴随着商业高中教育环境的变化出现的问题及其未来发展走向([日]番场博之，2010)。

二是日本学者对职业培训的历史研究。介绍了日本劳动者职业训练的制度，并对失业者、学校应届毕业生、在职人员、残疾人员、女性和白领职业人员的职业能力开发进行了历史回顾([日]田中万年、大木容一，2005)。除上述研究成果外，还包括大量的专题研究。例如，职业训练课程的历史研究([日]田中万年，职业能力开发大学校指导学科，1993)，日本技术教育教师培训史的探讨([日]田中喜美，2016)，等等。

我国学者对日本职业技术教育发展的专门研究比较少，一般包含在日本教育、比较职业技术教育的研究中，相关研究成果主要集中体现在两个方面：一是对日本职业技术教育历程的回溯，从经济现代化的视角探索了 21 世纪以前的日本三次教育改革历程，描述了职业技术教育产生与发展的概况（梁忠义，2000）。深入分析了日本明治维新以来职业技术教育的发展演变历程，包括日本职业技术教育的发生、发展的背景和动因，探讨了日本近代职业技术教育发展的五个阶段，即产业移植与职业技术教育的创立、产业勃兴与职业技术教育的探索、产业兴起与职业技术教育体系的形成、产业急速发展与职业技术教育的改革、战时体制下的职业技术教育发展，总结了日本近代职业技术教育发展的特点、经验和教训（朱文富，2016）。日本职业技术教育的发展历史、现行体制和改革、特点、问题与发展趋势（石伟平，2001；吴雪萍，2004；石伟平、匡瑛，2012），论述了"二战"后日本进入工业化时期和20世纪90年代进入知识经济时代，这两个特定社会转型期的职业技术教育发展的历史背景、思想流变、基本特征及政策演进。详尽描述与解释了日本职业技术教育的历史演进、数量发展、职业技术教育改革的最新动向与发展趋势（王义智，2011；陆素菊，2012）。二是对日本高等职业技术教育发展历程的研究。介绍了日本高等职业技术教育的发展与变革的基本脉络、特点和趋势（匡瑛，2006）。深刻剖析了从"实学"、实业教育到职业技术教育的发展历程及当代日本高等职业技术教育机构的现状、特点及改革措施（胡国勇，2008）。详尽描述了近代以来特别是"二战"后日本大学校的演进历程和发展现状，深入评述了日本大学校发展的历史经验、基本特征和影响因素（王文利，2016）。系统探索了日本职业训练的历史沿革，将战后日本职业训练的发展归纳为五个阶段，即经济复兴与职业训练体制的复兴、充足，技术革新与职业训练体制的确立，经济高速增长与终身职业训练体制的组建，产业调整与职业训练体制的再调整，经济结构的转换与《职业能力开发促进法》的制定（饶丛满、梁忠义，1997）。

纵览日本职业技术教育研究中的职业技术教育与培训发展的历史研究，由于历史分期的依据不同，日本职业技术教育与培训发展呈现不同的历史时期或阶段。无论是以日本不同历史时期的经济产业结构性变化为依据，还是以日本教育的三次改革为依据，考量日本职业技术教育与培训的发展历程，都需要正视日本职业技术教育与培训从重视产业发展为主到重视人的发展为主的职业技术教育论基础。

第一节 职业技术教育发展及变革的历程

"职业技术教育"一词最早出现在日本明治时期的1883年，在《东洋学艺杂志》发表的《职业教育论》一文和《职业教育论》译著中，"职业教育"被翻译为"职艺教育""技艺教育"。"大正时期以后，'职业技术教育'一词就作为 vocational education 的译语在日本普遍使用了。"①职业技术教育从翻译介绍到日本化，首先体现为明治后期的"实业教育"。"实业"（Jitsugyo），是相对于"虚业"（只注重自己利益的事业）而言的，"它是日本特有的概念，意味着来自国家、经济发展的需求。"②明治中期以后，产业革命时代的来临，以钢铁为中心的重工业和军事工业快速发展，迫切需要对从事工业、农业和商业等实业的人施以必要的教育。顺应社会经济产业和国家战略发展的客观需要，日本开始调整教育结构，发展工业教育、农业教育和商业教育，实业教育作为学制改革的一个方面受到重视。为了振兴以第二产业为重点的产业经济，1951 年日本颁布《产业教育振兴法》，"实业教育"概念被"产业教育"所代替。"到了 20 世纪 70 年代末，学校职业技术教育主要指高中阶段的职业技术教育"③，随着中等后教育的扩大与多样化，"1970 年职业学校毕业生的升学率到达顶峰之后，社会各界开始了对职业技术教育存在意义的讨论，从而形成了重视人的发展的职业技术教育论基础。"④职业教育功能由以经济性为主还是以教育性为主的争论，直接推动了此后日本特色终身教育实践体系的建立，即文部科学省所管辖的学校职业技术教育和厚生劳动省所管辖的职业培训的职业技术教育与培训体系。日本官方将"职业技术教育"定义为"培养从事一定或特定职业所必需的知识、技能、能力和态度的教育。"⑤职业教育和生涯教育除了在能力培养上具有差异外，在教育活动上也存在差异，生涯教育在普通教育、专业教育和职业教育活动中实施。职业教育仅在职业教育中施行，这种教育对培养社会上自立的职业人所必须具备的基础能力和态度极其有效。随着第四次工业革命的来临，日本职业教育与培训发生转型，日益重视实践型职业教育。回溯日本职业技术教育从"实业教育""产业教育"到"终身职业教育""实践型职业教育"的发展历程，按照日本职业技术教育的经济性和教育性功能的变化，可将日本职业技术教育的发展历程分为三个发展阶段，即实业教育阶段、产业教育发展阶段和终身职业技术教育阶段。

---

① ［日］寺田盛紀：《日本の職業教育：比較と移行の視点に基づく職業教育学》，3-4 页，京都，晃洋書房，2009。

② ［日］寺田盛紀：《日本の職業教育：比較と移行の視点に基づく職業教育学》，4 页，京都，晃洋書房，2009。

③ 陆素菊：《日本职业教育改革的最新动向与发展趋势》，365 页，见姜大源：《当代世界职业教育发展趋势研究》，北京，电子工业出版社，2012。

④ 陆素菊、［日］寺田盛紀：《在经济性与教育性之间：职业教育的基本定位与未来走向》，载《华东师范大学学报（教育科学版）》，2019，37(02)：151-156。

⑤ 日本中央教育審議会：「今後の学校におけるキャリア教育・職業教育の在り方について」（答申），http://www.mext.go.jp/component/b_menu/shingi/toushin/__icsFiles/afieldfile/2011/02/01/1301878_1_1.pdf，2019-01-31。

一、职业技术教育开端建制期：实业教育(明治时期至 1951 年以前)

江户时代，职业训练的主要途径是徒弟制度，由于产业尚不发达，依据封建式的徒弟制度培养技术人才尚且能基本满足产业发展的需要，明治中期以前，日本政府致力于普通教育的改革。19 世纪中后期以后，日本政府积极推行殖产兴业政策，从国家和社会利益出发，开始兴办并发展实业教育，形成了以学校教育为主体、中高职教育衔接的实业学校体系。

(一)实业教育兴起与发展的原因

首先，文明开化形势下的"实业"思想。早在江户时代石田梅岩创建了石门心学，倡导"正直""俭约"的实践方法。江户时代中后期，这种思想深入影响町人阶层、农民阶层与武士阶层，对日本明治以后近代社会产业化的发展产生了积极影响。在这种思想影响下，日本的手艺人有一种自豪感，被称为"手艺人的气质""名师风度"。他们不只是把职业看作"天职"，而是通过职业获得比金钱更重要的名誉，一心认为只要做出好活儿，就可以流传后世，显声扬名。手艺人因此而充满劳动激情，感受到了人生的价值，职业成为每个人发挥自己个性和才能的场所。到了明治时期，日本政府一方面追求实现"富国强兵"，另一方面力争在国民内部确立立身出世主义精神，这期间的畅销书有中村正直的译著《西国立志编》《自助论》和福泽谕吉的《劝学篇》。在《西国立志编》中，中村正直将"自助"译为"立志"，"个人的成功与富有是富国的必由之路"，士、农、工、商要不断地"勤俭力行"。① 福泽谕吉的"文明观""劳动观""平等观""学问(实学)观""教育观"对当时日本国民的思想产生了重大影响。② 他将包含商业、经济的教育称为"实业教育"，将"实学"直接与"殖产兴业"也就是"实业"相联系，主张必须学习"切合实际"的、"有用"的知识，③ 启蒙思想家宣传实学、文明开化以及国家的倡导对实业教育产生了极大的影响。

其次，经济产业的转型发展。19 世纪 80 年代以后一直到昭和时代前期，正值产业革命时期，资本主义生产方式的兴起，各种博览会、共进会以及中日甲午战争、第一次和第二次世界大战军需生产的影响，日本经济发展的重点由以纺织业为中心的轻工业转向以钢铁为中心的重工业，技术人员非常短缺，致使日本以工业教育为中心的实业教育得以全面发展。

最后，教育自身的原因，即国家主义的文教政策。19 世纪后半叶，日本通过"明治维新"进行了深刻的社会变革，明治政府提出"富国强兵"的总目标，将"殖产

---

① ［日］井上久雄：《明治维新教育史》，73-74 页，東京，日本吉川弘文館，1984。

② 梁忠义：《日本教育》，390 页，长春，吉林教育出版社，2000。

③ 胡国勇：《日本高等职业教育研究》，27 页，上海，上海教育出版社，2008。

兴业"作为实现"富国强兵"的重要手段,引导政治、经济、文化教育等各个领域的改革。奉行兴办教育为"立国之本"的国策,时任文部大臣井上毅进行学制改革,把重点放在实业教育上,制定了优先发展实业教育的方针,促进实业教育的实施。

(二)开端建制期的概况

第一,1872年日本政府颁布《学制》,1874年东京开设"制造学校教场",标志着日本第一个中等职业技术教育机构的成立。但是由于该时期日本职业技术教育的官办性质,财政危机的出现及随之而来的产业亏损,政府逐渐意识到职业技术教育的发展必须本土化,不能盲目学习西方的先进经验。1880年,文部省颁布《教育改正令》,规定各个职业技术教育学校及机构转由文部省直接管理,就此统一了职业技术教育的领导权,同时划分了职业学校的类型,实现了专业与产业的对接。1881年,东京又开设了官立职工学校。"甲午战争和日俄战争在给各国人民带来深重灾难的同时,也极大地促进了日本的工业革命。工业的发展必然要求大量的技术人才,因此,日本国内对大力发展职业技术教育,培养一批一线工人的呼声日高。"[1]在时任文部大臣井上毅的倡导下,日本首先开始建设初等实业学校。1893年日本发布了《实习补习学校规程》,规定补习学校对准备就业的儿童进行小学教育补习,同时用简易方法教授职业知识技能。1894年发布《简易农学校规程》,规定用简易方法实施农业教育。1894年发布《徒弟学校规程》,教授初步工业知识和技能,主要培养掌握初步工业知识的技术工人。

第二,确立并改革中等职业学校制度,在普通中学中增加"实科",实施实科中学制度。1894年发布《寻常中学校实科规程》,规定可设置从第一学年起就专门教授实学的"实科中学校"。"手工课"替代了原先设置的"工业初步"。[2] 虽然日本在甲午战争中遭受重创,但清政府的巨额战争赔款也为日本经济发展提供了充足的资金支持。1899年日本颁布了《实业学校法令》,该法令规定实业学校分别为工业、农业、商业、商船和实业补习学校,其办学宗旨是为农、工、商等领域的劳动者提供必要的专业知识。该法令颁布后,文部省又发布了《工业学校规程》《农业学校规程》《商业学校规程》《商船学校规程》《水产学校规程》,并修改了《实业补习学校规程》和《徒弟学校规程》,修改后的《徒弟学校规程》规定徒弟学校包含在工业学校之中,该类型学校对将要从事实业的学徒工施以必要的教育,修业年限为6个月以上、4年之内,入学资格为12岁以上,具有小学及以上的学历。至此,日本"形成男子中等普通教育、女子中等普通教育和职业

---

① 石伟平、匡瑛:《比较职业教育》,94页,北京,高等教育出版社,2012。

② 朱文富:《日本近代职业教育发展研究》,70页,保定,河北大学出版社,1999。

技术教育，三类各成体系，分别承担不同的任务"①。1912年日本进入大正时期，虽然纺织业、造船业、钢铁业和化学工业等快速发展，但第一次世界大战之后，面对依赖国外市场的产业生产过剩以及关东大地震的打击，在国际和平主义、民主主义思潮影响下，日本开始实业教育改革，修改《实业学校令》及其规程。1920年公布的《实业学校令》提出努力涵养德性，允许商工会议所、农会及其他公共团体设立实业学校，取消徒弟学校，允许在道府县设立实业补习学校。除此之外，修改了《工业学校规程》《农业学校规程》，1921年废除《徒弟学校规程》，制定《职业学校规程》，规定实施其他实业教育的学校，招收小学毕业生，修业年限为2～4年，设置裁缝、手艺、烹饪、照相、簿记、通信等学科。

第三，建立专门学校制度，初步进行高等职业技术教育改革，实业专门学校快速发展。虽然中等职业技术教育的发展为日本经济作出了一定的贡献，但学生的学业向上流动问题也显得尤为突出。相比普通中学毕业生有进一步升学继续深造的机会，中等职业技术学校的学生毕业后只能步入社会就业，并且随着日本工业化进程的不断深入，各个产业领域对人才需求的层次逐渐提高，中等职业技术教育不能完全满足产业界对高技术人才的需要，因此日本政府出台专门教育政策，发展专门教育。专门教育是指"建立在普通教育和实业教育之上的高等学术技术的教育。"②1894年发布《高等学校令》，将5所高等中学校改为"高等学校"，作为教授专门学科的场所，也可为准备升入帝国大学者设置预科。1903年文部省公布《专门学校令》《公立私立专门学校规程》，规定专门学校教授高等的学术和技艺，有国立、公立和私立三种办学形式。随着《专门学校令》的实施，政府新设立一些实业专门学校，升格一些实业学校为专门学校，日本专门教育获得快速发展。为促进高等学校的发展，日本修改了《高等学校令》并于1918年颁布，允许高等学校有国立、公立和私立三种办学形式。1919年文部省制定《高等学校规程》，1928年修改《专门学校令》，规定"专门学校应注意陶冶人格和培养国体观念"。③进入20世纪30年代，由于军事扩张的需要，日本成立了实业教育振兴委员会，振兴职业技术教育事业。1931年颁布《中学改革令》，增设公民科与职业科，1937年，实业教育振兴委员会在《新时局下职业教育实施对策》中要求在工业学校中增设采矿、冶金和机械制造等学科。1943年日本政府废除了1899年的《实业学校令》，在《中等学校令》中要求中等职业技术学校加强军事动员，缩短学制，为战争服务。"二战"后，日本经济遭到战争的严重破坏，实业教育发展进入削弱期。

第四，日本企业内职业培训初步发展。《幼年职工养成所规则》相关法令颁

---

①　梁忠义：《日本教育》，251页，长春，吉林教育出版社，2000。

②　[日]井上久雄：《明治维新教育史》，212页，東京，日本吉川弘文館，1984。

③　梁忠义：《日本教育》，287页，长春，吉林教育出版社，2000。

布并实施,企业内实施员工教育,注重培养工人的归属意识,建立起工人晋升制度,如"终身雇佣制"。[①] 1911 年颁布的《工厂法》是最早与职业培训有关的法律,对工人的雇用、培训等方面作出了详细的规定,该法于 1916 年以《工厂法施行令》为标志正式实施。1938 年日本政府颁布"工厂实业场技能者养成令",要求民间企业承担一定数量的熟练技能工人培训工作。

(三)实业教育的特点与问题

在森有礼国家主义的文教政策推动下,日本从社会和国家利益着眼,建立了由实业学校、实业专门学校和实业补习学校构成的实业教育体系。日本实业教育的特点是:其一,以国家需求为导向,重点发展工业学校。实业教育于明治中期随着国家主义教育体制的确立而建立,本着教育服务于经济的原则,经济的发展向职业技术教育提出要求,职业技术教育的发展推动了经济的发展,国家发展实业教育的根本归旨是服务于富国强兵的目标。为满足军需产业发展的需要,《实业教育费国库补助法》重点对重工业的工业学科进行补助,"目前,与补助农业、商业教育相比,要以补助工业教育为主。"[②]国家的政策性支持使得工业教育处于主导地位,这是典型的"追求经济目的"的职业技术教育。其二,实业教育制度的法制化。从 1893 年发布《实业补习学校规程》,1899 年发布《实业学校令》,到 1943 年该法令被废除,一系列法令、规程的发布标志着实业教育制度的法制化。《实业学校令》是职业技术教育的原则性法令,规定了实业教育的目的、学校的类型。以此为基础,国家陆续出台《徒工学校规程》《工学学校规程》《水产学校规程》《实业补习学校规程》《专门学校令》《实业补习教育主事规程》《实业补习学校标准学科课程》《实业补习学校公民科教学纲要及其教学要旨》等学校设置标准和课程教学标准,对多种类型学校的入学资格、修业年限设置及教学科目作出具体的规定。此外,为服务于经济发展,国家动态修订《实业学校令》及其规程(1920 年)。其三,实业教育体系中,初、中、高等教育阶段上下衔接,工、农、商、商船、水产等门类齐全,高、中、低比例合理。战前以双轨制学制为基础、以中等教育阶段实业学校为核心,实业教育由上至高等教育阶段的实业专门学校,下至初等教育阶段的实业补习学校、高等小学实业科构成,形成了涵盖初、中、高等教育三个层次的职业技术教育体系。在"富国强兵、殖产兴业、文明开化"三大政策作用下,日本将实业教育作为富国的基本条件,先是优先发展初等实业教育机构,设立工业补习学校、简易农学校和徒弟学校。同时,在中等普通教育学校教学科目中导入实科,设置"实科中学校",

---

① 王川:《西方近代职业教育史稿》,461 页,广州,广东教育出版社,2011。
② [日]细谷俊夫:《技术教育概论》,肇永和、王立精,译,127 页,北京,清华大学出版社,1984。

高等女学校中设置裁缝课和技艺专修科等实科,扩充高等专门学校。接着,颁布《实业学校令》,明确实业学校类型,即工业学校、农业学校、商业学校、商船学校和实业补习学校。然后重点发展中等职业技术教育。1903 年将高等教育实业学校改为实施高等职业技术教育的实业专门学校,有国立、公立和私立 3 种办学形式,扩大实业补习学校的设置主体。在初等教育基础上确立中等教育的结构,形成由男子中等普通教育、女子中等普通教育和职业技术教育构成的教育体系,建立并快速发展专门学校制度。伴随着第一次教育改革,日本不断完善职业技术教育体系建设,初等实业教育有小学手工、实业补习学校等,中等实业教育有普通中学的实业科目(农、工、商)、实业中学,高等实业教育有专门学校。日本在大力发展实业教育体系的同时,注重实业教育的师资建设、教育投入建设。1894 年实施《实业教育费国库补助法》(1920 年修改),1899 年制定并实施《实业学校教员养成规程》,1902 年重新制定《实业学校教员养成规程》,增加东京美术学校、商船学校等学校,并为这些学校的学生提供补助,增强实业教育教师职业的吸引力,确保实业学校师资,解决资金短缺问题。

不难看出,日本第一次教育改革将振兴实业、谋求殖产兴业作为基本教育政策,伴随着近代教育制度的建立,日本将实业教育纳入国家主义教育体制中实施普及,强调社会和国家利益。特别是实业教育后期强调军需忽视民需,扩充工业学校、限制商业学校,甚至畸形发展工业学校,职业技术教育功利化倾向日益明显。

二、职业技术教育改革恢复期：产业教育(1951—1970 年)

20 世纪 50 年代,日本颁布《产业教育振兴法》(法律第 228 号,1983 年 12 月 2 日修订),该法明确了产业教育的定义和意义。"产业教育",是指初级中学(中等教育学校的前期课程以及特别支援学校的初级中学部,以下同)、高级中学(中等教育学校的后期课程及特别支援学校的高级中学部,以下同)、大学或者高等专门学校以对学生传授从事农业、工业、商业、水产业及其他产业所必要的知识、技能及态度为目的的教育(含家庭科教育)。[①] 与"实业教育"局限于中等教育不同,《产业教育振兴法》引入"产业教育"的新概念,"意味着产业教育不限于中等教育,包括中学到大学的补助对象。"[②]产业教育时期,日本职业技术教育经历了改革、恢复和重建之后,初步形成了学校职业技术教育制度和社会职业技术教育制度。学校类型更加丰富,学历层次具有中、高两级,办学体制、管理体制等逐渐完善,职业技术教育特色日趋鲜明。

---

① ［日］佐藤史人:《産業教育振興法の成立過程に関する実証的研究：戦後高校職業教育行財政研究の側面から》,载《産業教育学研究》,1999(01)：53-60。

② 同①。

(一)产业教育兴起与发展的原因

第一,政治和经济原因。"二战"之后的日本百废待兴,由于"道奇计划"的实施以及1950年朝鲜战争的爆发,日本进入了"无援助自立"的经济发展阶段。从20世纪50年代中期到70年代初,日本经济进入高速增长期,产业以重工业和化学为中心,推行高度增长政策,实现国民经济现代化。经济产业结构的转型和快速发展对高技术人才的需求逐渐增大,现行的职业技术教育体系无法满足产业转型发展的需要。20世纪50年代末,日本开始了经济对教育政策与规划的干预,日本经营者团体联盟(简称"日经联")和日本经济团体联合会(简称"经团联")通过《关于新教育制度的再讨论要求》(1952年)、《关于改革当前教育制度的意见》(1954年)、《关于适应新时代要求的技术教育的意见》(1956年)、《关于振兴技术教育的意见》(1957年)、《关于改革大学制度》(1960年)、《关于确立和推进划时代振兴技术教育的要求》(1961年)、《对高中教育的要求》(1965年)等"意见""计划""声明"的方式,向政府提议改革职业技术教育的建议及规划。20世纪60年代以后,产业界对教育的改革建议主要通过中央教育议会报告形式反映。为了配合经济产业结构性变化对教育结构调整的要求,1960年日本政府制定《国民收入倍增计划》,推动产学合作教育制度的确立,加快从小学到大学的教育改革,有计划地培养适应技术革新和经济飞速发展的技术工人和科技人员。

第二,美国教育使节团来访的影响。1946年3月美国教育使节团通过其报告书指导战后日本教育改革,1946年8月27日第二次来日,再次通过报告书指导日本教育改革。第一次使节团报告书重视普通教育改革,第二次报告书重视职业技术教育改革。"报告书第二节专门就职业教育阐述了建议""建议日本的各种大学、学校的职业教育计划要大大加强。"[①]此外,还提出建设高等教育机构多样化的必要性。1949年教育刷新委员会提出振兴职业技术教育的建议,明确初中具有职业技术教育的使命,要求设立以职业技术教育为重点的职业类高中,强化职业技术教育的国库补助。

第三,代替战前的《实业教育费国库补助法》,颁布《产业教育振兴法》,政府出资振兴产业教育,高效服务产业发展。《产业教育振兴法》规定国家奖励地方公共团体振兴产业教育事业,促进与产业界合作,实施产业教育,如产业教育的实验实习获得的经济效益,其受益部分增补到该项实验实习所需的经费中。国家负担国立、公立初中或高中进行产业教育的实验与实习及职业指导的设施或设备,对从事产业教育的教师及负责人进行在职教育或培养,同时,给予私

---

① 梁忠义:《日本教育》,484页,长春,吉林教育出版社,2000。

立学校的设置者以补助金。基于国立、公立初中或高中毕业生从事或准备从事产业工作的青少年，进行以结合地方实际情况的技能教育为主的短期教育，国家负担教育的设备或设施及经营的部分或全部费用。1952 年 9 月 6 日颁布《产业教育振兴法试行令》(政令 405 号，最终修订 2007 年 3 月 22 日政令第 55 号)，规定为高中的产业教育配备实验实习的设施及设备的基准。对中学及高中里作为社会教育进行、以技能教育为主的产业教育，其一年授课时数在 100 小时以上的学校提供经费或补助。产业教育法充实了职业高中的设备设施等物质条件，对初中、高中或高等教育，特别是高中职业技术教育进行必要的财政援助，实施了职业技术教育研究指定校制度，通过研究解决工业教育或商业教育面临的实际问题确立了国内进修制度，支持工业科教师到大学或研究所学习新技术。

第四，日本第二次教育改革。包括战后两个教育发展阶段，即战后初期和经济高速增长期。日本政府以《教育基本法》(1946 年)和《学校教育法》(1947 年)为依据，构建"六、三、三、四"制学校教育体系，取代双轨制。在这次教育改革中，教育投资论和人才开发论对职业技术教育的发展产生了深远影响。其典型标志是文部省于 1962 年发布了名为《日本发展与教育》的教育白皮书，提出"更加重视教育发展的经济效果和教育投资的作用，教育在社会发展中起着重要的作用，教育应该从属于经济，将开发活用能力作为教育的根本使命。"[1]文部省迎合产业界的要求，以能力主义和人才开发为基础全面推进能力主义教育，提高教育的经济效益。

(二)恢复期职业技术教育体系改革概况

1. 初中等职业技术教育的调整与初步的多样化发展

《学校教育法实施细则》(1947 年 5 月 23 日文部省令第 11 号)规定，在义务教育阶段的初中开设"技术""家政"必修科目和选修职业科目。实业教育解体后，新制高中衰退，"带有沿着高等普通教育发展的趋势，因而出现了普通课受到尊重、职业课遭到轻视的局面。以青工、童工为对象的定时制高中不仅丝毫没有普及，反而出现倒退的迹象。"[2]职业技术教育无法满足技术革新和经济高速增长的需求。为扭转这种局面，文部省重点扩充工业高中，关注发展农业高中。1961 年制定《农业基本法》，规定了农业高中的方向，文部省根据《适应农业的近代化高级中学农业教育的改革方案》(1961 年)、《为培养和确保独自经营农业

---

① 日本文部科学省：「日本の成長と教育」(昭和 37 年度)，http://www.mext.go.jp/b _menu/hakusho/html/hpad196201/index.html，2019-03-17。

② [日]细谷俊夫：《技术教育概论》，肇永和、王立精，译，199 页，北京，清华大学出版社，1984。

人才高级中学农业教育的改革方案》(1963 年)，给予农业教育近代化促进费等经费支持，支持农业高中的发展。为了适应产业结构的变化以及工业技术的进步，高中设置了建筑施工科、渔业经营科、服装设计科等新型学科。为满足技术革新和经济快速增长的需要，中央教育审议会于 1966 年提出《关于后期中等教育的扩充与改革》，1971 年发布《关于今后学校教育综合扩充、整顿的基本措施》，确立将高中教育的多样化作为中等教育改革的中心，着眼于适应学生的个性、能力、出路和工种的专业分工，以求高中教育内容的多样化。1969 年 9 月编制《高中学习指导要领》，并于 1973 年开始实施，为保证高中的通用性，高中的工业等职业课程必须遵循。高中主要有三种类型，即以普通课程为主的普通高中，以职业课程为主的职业高中，既设置普通课程又设置职业课程，或设两种以上职业课程的综合高中，职业高中主要为工、农、商、水产、医疗等行业培养熟练工人和初级技术人员。

2. 重点设置两种类型的高等职业技术教育机构

1948 年，日本旧制专门学校发生了分化，国立、公立的专门学校多被并入新制国立、公立大学。文部省接受教育刷新委员会的建议，作为暂定措施，将一些无法达到大学设置基准的私立学校，却又是社会需要的短期高等职业技术教育机构，模仿美国的社区学院确认为短期大学。1950 年短期大学正式建立，有从旧制专门学校改制的，有以新制高中、各种学校为基础设立的，也有附设于四年制大学的。为了弥补具有工业高中毕业程度的技工的明显不足，文部省于 1961 年制定了《高等专门学校设置基准》，1962 年开始设置高等专门学校，以培养中级技术人才(technician)为目标。1964 年短期大学制度的永久化使得短期大学的规模不断扩大，短期大学被纳入大学的范畴，1966 年高等教育达到了大众化的水平。

3. 通过法律规范公共职业训练

"二战"后，为解决大量的归国者、复员军人的失业问题，补充技能工人的不足，日本颁布了《劳动标准法》(1947 年)、《职业安定法》(1947 年)、《劳动基准法》(1947 年)、《职业训练法》(1958 年)，从立法层面明确根据学科、训练期、设备等基准进行共同职业训练，并规定私人可以申办职业介绍机构。公共职业训练的设施和种类包括一般职业训练所、综合职业训练所和障碍者职业训练所、中央职业训练所。1961 年，"中央职业训练所"开设培养指导员的长期课程，最早开始培养劳动行政系统的职业培训指导员，1965 年该训练所更名为职业训练大学校。1969 年《职业训练法》(修订)按统一标准将企业内培训机构和公共职业训练机构进行整合，后者更名为"职业培训校"，培训的重点对象是初中毕业生。职业训练包括养成训练、提高训练、能力再开发训练、指导员训练等。此外，还规定职业训练内容包括职业训练体系，共同职业训练设施及各级各类职业训练校或中心，职业训练的认定及援助，职业训练指导员的任免考核等。

4. 企业内教育快速发展

由于战后重建的需要，企业内的职业技术教育也获得了长足的发展。1947年《劳工标准法》颁布，该法维护了企业工人的权益，促进了企业内开展的职业培训，为经济的恢复培养了大量技术人才。为完善企业内的职业培训，日本于1958年颁布了《职业训练法》，制定了企业培训的规章制度，进一步推动了企业内职业技术教育的发展，提升了企业的竞争力。

(三)特点与问题

一是中等职业技术教育结构由单一化转向多样化。"二战"后，日本政府将高中职业技术教育改革作为中等教育结构改革的重点，增设职业高中。"整个60年代，职业高中和普通高中学生的比例为6∶4(有些地方甚至达到7∶3)"[1]。"增设了一批新的专业学科：如工业高中设汽车科、电子科、化学工业科。到70年代这3个专业已占工业高中专业总数的13.8%。"[2]

二是基础教育与职业技术教育是叠加的，高等职业技术教育类别化。自20世纪50年代开始，日本重点建设高等职业技术教育，设置了短期大学、高等专门学校和公共职业训练机构，初步形成了由职业高中、高等专门学校、短期大学构成的较为完整的职业技术教育体系。

三是企业内教育和高中教育的产学合作教育快速发展、形式多样。企业内教育和高中教育的合作源于培训工双重走读的困惑。按照技工培训章程的规定，培训工在3年期间既要接受企业内职业训练，学习一定学时的课程，还要到定时制高中走读。为减轻培训工双重走读的负担，减少对生产效率的影响，《学校教育法》(1961年修订)对企业内教育同高中的合作进行规定，规定定时制或函授制学员在文部大臣指定的"技工教育的设施"范围之内，以指定的工科为中心的职业训练，可以作为高中的学分。定时制高中和函授制高中同企业合作主要有5种形式[3]，分别是：定时制高中同职业训练机构合作；定时制高中、函授制高中和职业训练机构结合；企业里的初中毕业生集体上函授制高中；高中教师到企业的生产现场进行巡回指导；新录用的初中毕业生脱产到全日制高中去学习，并组成专门班级。1967年合作教育进一步加强，合作对象企业内的技术教育设施大幅度增加。"1962—1967年，每年大约指定10个。由于1967年采

---

① 梁忠义：《日本教育》，554页，长春，吉林教育出版社，2000。

② 蒋萍华：《日本中等职业教育的发展》，载《教育与职业》，1999(07)：53-55。

③ 谷峪：《日本社会转型期的职业技术教育——兼谈对我国职业技术教育发展的启示》，博士学位论文，东北师范大学，2006：62-63。

取了修订措施，1968—1969 年，设施数分别猛增了 170 个和 100 个。1970 年仅增 2 个，累计共指定 328 个设施。其中工业系统各类学校为 11 所，职业训练所为 86 所，工业系统的只占全体的 30％"①。"加大以合作方法所获得的学分认可数，可以认可的总数从原来占高中必修学分的 1/3，提高到 1/2 以内。合作的专业、教程也得到了扩大，除了工业以外，扩大了家政、农业、商业、水产、护理及其他所有有关职业的课程"②。1970 年以后技能合作制度造成定时制教育的学生逐年急剧减少。

职业技术教育恢复时期仍然过分考虑产业界的需要，使中高等教育急剧扩张，"但是由于过分强调教育的经济价值，也带来一系列的负面作用。如经济至上主义严重腐蚀教育目的，成为整个发展的核心内容。"③

三、职业技术教育快速发展与转型发展期：终身职业技术教育（20 世纪 70 年代至今）

1899 年文部省颁布了《实业教育令》，将职业技术教育统一命名为"实业教育"。"二战"后，美国教育使节团报告使用了"职业技术教育"一词，引发了日本的使用。1951 年文部省颁布《产业教育振兴法》，提出"产业教育"概念，"产业教育"代替了"实业教育""职业教育"，"到了 1976 年左右，由于第三产业的扩大，'职业技术教育'又重新被广泛使用。"④实业教育和产业教育都注重强调国家和社会利益。进入 20 世纪 70 年代，随着信息社会的到来，民主主义的大众化，日本职业技术教育价值取向也随之发生改变，在注重经济性的同时，逐步走上对教育性的关注。20 世纪 80 年代中期，日本临时教育审议会的咨询报告（1984—1987）提出改革学校教育、教育行政，建设终身学习社会的目标。"随着专门学校（指专修学校专门课程）的发展以及大学阶段就业准备重要性研究的不断深入，近年来，职业技术教育的概念也包括高等教育阶段了。"⑤20 世纪 90 年代末，中央教育审议会把"职业生涯教育"一词正式写入相关文件。1995 年《关于在终身学习社会期待的职业技术教育》咨询报告中提出"构筑终身学习社会，把走上社会后的学习作为人生体系的重要一环。"1999 年 12 月中央教育审议会颁布《关于改善初等、中等教育与高等教育的衔接》，正式提出必须实施生涯教

---

① ［日］细谷俊夫：《技术教育概论》，肇永和、王立精，译，244 页，北京，清华大学出版社，1984。

② 梁忠义：《日本教育》，556 页，长春，吉林教育出版社，2000。

③ 梁忠义：《日本教育》，553 页，长春，吉林教育出版社，2000。

④ 姜扬：《论日本职业教育的发展》，载《教育评论》，2014(09)：159-161。

⑤ ［日］寺田盛纪：《日本の職業教育：比較と移行の視点に基づく職業教育学》，2 版，184 页，京都，晃洋書房，2011。

育。2004 年文部科学省关于促进生涯教育的综合性调查研究协作会议的最终报告，阐明了生涯教育的本质内涵，重新梳理了"职业教育"与"生涯教育"的关系，明确了以职业生涯教育的理念为中心建立终身职业技术教育体系。2011 年《关于今后学校中职业生涯教育职业教育的应有状态》的咨询报告①提出，构建由从幼儿期教育到高等教育的体系化的"职业生涯教育"和"实践型职业技术教育"共同构成的职业技术教育体系。

(一)动因

1. 经济和社会的快速发展

20 世纪 70 年代，日本确立了经济大国的地位。80 年代，日本进入信息化社会，面对新技术革命的挑战，日本提出"技术立国"战略，依靠教育培养企业所需要的创造型科技人才、管理人才和优秀技术人才。20 世纪 90 年代以后，"泡沫经济"崩溃使日本经济发展进入低迷阶段，经济产业结构重组变化，以大企业为中心、与学历社会相对应的终身雇佣制被打破，雇佣方式多样化。少子化、老龄化速度加快，劳动力成本增高，许多制造业企业将生产基地转移到海外。日本政府意识到经济社会转型对经济、教育以及国家发展的影响，1995 年改变了"技术立国"方针，颁布《科学技术基本法》，提出"科学技术创造立国"的新国策，并且根据《科学技术基本法》，每五年定期出台《科学技术基本计划》，该计划明确提出一定时期教育政策目标以及实现这些目标所要采取的教育改革的基本方向。20 世纪 70 年代，日本《产业教育振兴法施行规则》(1976 年 12 月 21 日文部省令第 36 号，最终修订：2012 年 11 月 16 日文部科学省令第 35 号)提出按照地方产业的实际情况进行产业教育并给予相应的财源支持。② 面对知识经济时代信息化、国际化、高龄化、少子化挑战，2016 年内阁会议在《第五期科学技术基本计划》中首次提出"社会 5.0"概念，以及将日本打造为世界最适宜创新的国家，由日本引领后工业乃至后信息社会的系列对策。

2. 第三次教育改革

面对日本经济产业由高速增长向后工业社会转变，1971 年《关于今后学校教育综合扩充、整顿的基本措施》(简称"四六答申")中提出要进行第三次教育改革。1984 年国会批准了《临时教育审议会》(简称"临教审")，正式组成"临时教

---

① 日本中央教育審議会：「今後の学校におけるキャリア教育・職業教育の在り方について」(答申)，https://www.mhlw.go.jp/stf/shingi/2r98520000015s0j — att/2r98520000015seq.pdf，2019-01-31。

② 日本文部科学省初等中等教育局児童生徒課：《産業教育振興室産業教育振興法施行規則改正に関する資料》，http://www.mext.go.jp/a_menu/shotou/shinkou/setsubi/__icsFiles/afieldfile/2013/03/22/1231073_1_1.pdf，2019-03-01。

育审议会"，标志着日本进入第三次教育改革阶段。这次教育改革对学校设置、课程设置与教学内容、终身教育等方面作出调整和改革，注重学生个性和能力，注重教育内容的"社会化"和"国际化"，注重"选择"和多样性，但由于石油危机的影响，这次教育改革总体进展缓慢。21 世纪以来，日本制定了"21 世纪教育新生计划"等系列教育改革方针政策，全面修订《教育基本法》《学校教育法》，并开始施行，对教育改革与发展提出了整体规划。

（二）概况

1. 以高中教育建设为重点丰富中等职业技术教育类型

中等职业技术教育除了文部科学省所管辖的正规中等职业技术学校的形式，即职业高中（又称专门高中）、各种学校和专修学校外，还有厚生劳动省管辖的职业能力开发校等。发展中等职业技术教育，首先重点建设的是高中教育。1976 年《关于改革高中职业技术教育》的报告提出重视高中职业科的基础教育，修改各类课程的学分数，使教育课程具有伸缩性，改革学科结构，合并相近的学科，使之综合化，加强劳动体验教育、实验与实习，培养学生的劳动观和职业观。20 世纪 80 至 90 年代，日本高中主要有普通科（以普通课程为主）和职业科（以职业课程为主）两种形式。终身教育和经济发展要求普通科与职业科融合，1993 年日本将高中职业学科改为专业学科，开始实施综合学科制度（综合高中），综合高中 1994 年设置以选修制为特征的综合普通教育和职业技术教育的"综合学科"。"综合学科的教育课程由高中必修课、综合学科原则选修课、综合选修课和自由选修课组成。"[1]综合科既设置普通课程，又设置职业课程，普通课程主要为学生升学做准备，职业课程供学生选修，也为就业做准备，至此，高中教育形成普通科、职业科和综合科三足鼎立之势，给予学生更多自主选择学习科目的机会和权利，以提升其自主性与创造力。其次是"各种学校"，是指正规学校体系之外施行类似于正规学校教育的各种非正规职业学校，在学校设置标准、入学条件、教学时间、修业年限等方面相对于其他学校较为灵活，20世纪 70 年代"各种学校"的发展达到鼎盛时期。最后，大力发展专修学校教育。1975 年专修学校制度出台，1976 年公布《专修学校设置基准》，一些"各种学校"转换升格为专修学校，其中的"一般课程"可以自由入学。1981 年《关于终身教育的咨询报告》指出，从终身教育观点出发进一步充实完善专修学校，使专修学校在 20 世纪 70 至 90 年代实现了飞跃式的发展。

2. 从类型和教育衔接上充实高等职业技术教育

20 世纪 70 年代后，日本重点推行专门学校制度，大力发展专门学校教育，

---

① 陆素菊：《九十年代日本中等职业教育的改革动向及其启示——兼析日本综合学科的设置及其初步成果》，载《华东师范大学学报（教育科学版）》，2002(04)：48-54。

促进高等职业技术教育类型多样化，20 世纪 90 年代后重点发展研究生教育，促进高中和大学（以下简称"高大"）教育衔接，使日本高等阶段的职业技术教育呈现多样化、多极化特点。具体体现在：

其一，大力发展专门学校教育。1976 年日本公布了《专修学校设置基准》，成立了专门进行职业技术教育和训练的机构——专门学校，实施 2～4 年教育。满足《针对专修学校专门课程毕业生授予专门士称号的规定》（1994 年文部省告示第 84 号）规定的条件的专门学校毕业生授予"专门士"称号，满足《针对专修学校专门课程毕业生授予专门士和高度专门士称号的规定》（2005 年文部科学省告示第 139 号）规定的条件的专门学校毕业生授予"高度专门士"称号，获得研究生入学考试资格。20 世纪 90 年代中期，专门学校承担失业者、转职者的"回归教育"机能，"进入 21 世纪，'社会责任''高端化''社会人教育'成了专门学校教育发展的关键词。"[①]为规范管理专门学校，提升专门学校教育质量和社会信誉度，2002 年修订《专修学校设置基准》，开始通过评价建设促进学校运营透明化、健全化，2007 年开始全面实施专门学校第三方评价制度。

其二，促进高大教育衔接，确立高等教育中的职业技术教育体系。20 世纪 90 年代后，随着经济全球化、IT 产业兴盛等对技术人才的素质要求逐渐提高，为提高企业竞争力，提高高等职业技术教育吸引力，政府着力解决高大衔接的教育问题。为解决高等专门学校学生继续升学问题，1976 年日本政府创办两所新型的高等层次职业技术教育的实施机构"技术科学大学"，招生对象为高等专门学校的毕业生和具有同等学力的人员，开设的专业大多与新科技有关，实行本科与研究生教育一贯制，为职业学校学生提供接受更高一级教育的机会，连接高等专门学校毕业生升入大学的通道，1978 年长冈和丰桥两所技术科学大学开始有学生入学。技术科学大学分大学部和研究生部，大学部实施本科教育，研究生部分为硕士和博士课程，毕业后授予硕士、博士学位。1991 年《关于高等专门学校的改善》的咨询报告提出，对满足一定条件的高等专门学校毕业生授予"准学士"学位，1999 年设置日本技术人员教育认定机构，开始实施对工学教育课程的认定制度。1992 年高等专门学校在五年教育基础上设置专攻科，毕业生满足规定条件授予学士学位。对于短期大学，满足一定条件的毕业生可授予"短期大学士"学位，专攻科的学生可授予"准学士"学位，2005 年改为授予"短期大学士"和"高度专门士"学位，获得这些学位的学生具备进入研究生院继续深造的资格。"1991 年大学的编入学扩大到 55 所国立大学、4 所公立大学、51 所私立大学。高专毕业生的大学编入学者数 1987 年占 10%，1995 年超过了 20%，

---

① 胡国勇：《日本高等职业教育研究》，176-177 页，上海，上海教育出版社，2008。

2011 年达到了 25％。"①

其三，大力发展研究生教育。20 世纪 90 年代末，日本开始探索建立研究院，发展研究生教育。1998 年日本大学审议会通过的《21 世纪的大学及其改革方案》中提出建设多样化、个性化的高等教育机构，"努力建成以培养专门职业化人才为目标的研究生院，并为培养特定职业所需要的高级专业知识、能力，设置一些实践性硕士课程。"②1999 年日本开始试点建立"专门研究生院"（専門大学院）。2000 年政府选取 6 所大学作为"试点"，成立"专门研究生院"，专门培养管理经营类、医学及会计等专业领域的应用型人才。2002 年日本发布咨询报告书《关于研究生院对高层次专门职业人才的培养》，2003 年颁布《专业学位研究生院设置基准》，将原来的专门研究生院改为"专门职业研究生院"（専門職大学院），从 2003 年 4 月 1 日开始招收硕士专业学位研究生，设置技术管理、商学等专业性学科。在原来的试点大学基础上，采用依托国立、公立和私立大学或者单独成立形式培养应用型职业人才。

其四，增设实践型职业技术教育机构。随着第四次工业革命的来临，产业结构的急剧转换，国际竞争激化以及就业结构的变化，高等教育的升学率不断提升，产业界提出实践型教育的需求，呼吁增设"专门职大学"。根据 2016 年教育再生实行会议，与会者提出将专门学校升格为"专门职大学"的草案。2017 年日本修改《学校教育法》，内阁会议正式通过设置"专门职大学"的决议。2019 年开始创建了作为实行实践型职业技术教育的新的高等教育机构——"专门职大学（専門職大学）""专门职短期大学（専門職短期大学）""专门职学科（専門職学科）"。③

3. 公共职业训练的长足发展

1985 年《职业训练法》更名为《职业能力开发促进法》，开启了新的职业能力开发制度，"经过 1986 年、1987 年、1992 年、1993 年、1997 年、2001 年、2002 年、2004 年、2005 年、2006 年的历次改正，形成了日本现有的职业训练体制"④。公共职业训练承担义务教育以及高中毕业生训练，还承担在职者及离

① 日本独立行政法人国立高等专门学校机构、全国公立高等专门学校协会、日本私立高等专门学校协会：《高等专门学校 50 年の步み》，34 页，独立行政法人国立高等专门学校机构本部，2012。

② 日本文部科学省大学审议会：《21 世纪の大学像と今後の改革方策について—競争的環境の中で個性が輝く大学—（答申）》http://www.mext.go.jp/b_menu/shingi/old_chukyo/old_daigaku_index/toushin/1315932.htm.，2019-10-26。

③ 日本文部科学省：《専門職大学·専門職短期大学·専門職学科》，http://www.mext.go.jp/a_menu/koutou/senmon/index_pc.htm，2019-03-29。

④ 王文利：《日本大学校发展研究》，85 页，北京，人民出版社，2016。

职者的职业训练，"现在日本共同职业训练的核心是以高中毕业生为对象的专门课程以及作为其延长的应用课程。"①

4. 企业内部培训开始向社会化、市场化过渡

20 世纪 70 年代以后，企业内训练对象从初中毕业生扩大到在职人员。1985 年颁布的《职业能力开发促进法》重视企业内职业训练，要求国家以及地方政府对企业进行技术性援助。90 年代，日本在全社会推行职业资格证书制度，政府随之又出台了一系列法规，提出企业有义务和责任加强对劳动者的职业培训以及"无固定职业者再教育计划"。② 日本现行企业内职业培训主要有三种模式③，一是 OJT(on the job training)，指以企业为主导，在日常工作过程中进行的阶段性、持续性的在岗职业培训；二是 OFF-JT(off the job training)，指以企业为主导，暂离工作岗位进行的离岗职业培训；三是自我启发，指以员工为主导，根据自身职业生涯规划，为提高职业能力进行的自主职业能力开发。厚生劳动省《职业能力开发基本调查》数据显示，"2016 年日本重视或比较重视 OJT 模式职业培训的企业占比为 74.5%，OJT 仍然是职业能力开发的核心。但三种模式中 OFF-JT 和自我启发的投入逐渐加大，与 2010 年相比，2016 年实施 OFF-JT 的企业占比提高了 6.9%，对正式员工自我启发提供支援的公司占比提升了 18.7%。"④

(三)特点与问题

战后初期，日本学校职业技术教育体系仅包括职业高中和暂时性质的短期大学。20 世纪 60 年代以后，日本开始加快构建多层次多类别的现代学校职业技术教育体系。终身职业技术教育阶段的特点是，其一，中等职业技术教育类型日趋多样化。日本自明治维新时期开始进行职业技术教育，至 20 世纪初基本形成了多样化中等职业技术教育体系。其二，高等职业技术教育的多样化、多级化。20 世纪 50 年代开始，日本各地纷纷设置高等职业技术教育学校，之后随着产业高度化，促进高大衔接，设置技术科学大学、专门职业技术教育研究生院，形成了高大衔接，具有多类型、多层次的高等职业技术教育体系。其三，职业训练体系相对独立。在战后初期形成的日本职业训练基本框架的基础上，日本建设了包括企业内职业训练以及公共职业训练的职业训练体系，"强调进行

---

① 胡国勇：《日本高等职业教育研究》，212 页，上海，上海教育出版社，2008。

② 吴显嵘：《日本职业教育体系建设的历史沿革、经验及启示》，载《教育与职业》，2018(09)：84-89。

③ [日]中野贵比吕：《我が国における能力开发の现状》，http://www5.cao.go.jp/keizai3/discussion—paper/menu.html，2019-08-07。

④ 李博、薛鹏、丁海萍：《日本企业内职业培训现状分析及经验启示》，载《职业技术教育》，2018，39(12)：73-76。

贯穿劳动者整个职业生涯，有阶段的、成体系的、适宜的、必要的能力开发。"①其四，职业技术教育强调实践性，彰显职业技术教育在第四次工业革命时代的类型特征。其表现是增设专门职大学，重视高度实践力与创造力养成，在其他类型职业技术教育机构中注重培养实践型技术人才。

随着日本职业技术教育的快速发展，职业技术教育完成了从经济性到教育性的转换，同时也呈现诸多问题：如，作为技术人员不足时期政府"计划"产物的高等专门学校，在少子化、老龄化和人才需求高端化时期，其规模和招生数量明显减少，面临空前的压力；随着高等教育大众化、职业能力高度化，企业对短期大学毕业生的需求逐渐减少，女性逐步趋向选择四年制大学，学生人数日渐减少；等等。

第二节　职业技术教育发展及变革的特征

日本形成了一套完善的职业技术教育体系及其运行保障机制，为国家经济发展过程中的振兴、恢复、重建和稳定做出了重要贡献，也为世界各国职业技术教育的改革和发展提供了一定的借鉴。

一、职业技术教育发展的本土化

日本职业技术教育之所以能够快速发展，虽然与明治维新时期学习他国先进经验紧密相关，但更离不开政府"保驾护航"，以及在教育的市场化下，多元办学主体对职业技术教育本土化、特色化的探索与推进。日本对本国职业技术教育本土化的推进始于"实业教育"，发展于"产业教育"，成形于"终身职业技术教育""实践型职业技术教育"。在本土化的历程中，产业界针对产业结构变化对教育结构提出意见和建议，国家通过相关法律对职业技术教育提供财政支持，第三方机构评价、自我评价与认证评价引导职业技术教育注重提高质量，提升职业技术教育的社会信誉度。在这些内外部影响因素的积极作用下，日本从借鉴西方发展职业技术教育经验，转换到建设符合本国国情、教情特点的本土化职业技术教育发展模式。

二、完善的职业技术教育法律法规

日本素以重视教育立法著称，教育法规非常健全。"凡要发展教育、实施教育改革都以教育立法为先导"②。1872年，日本颁布了其近现代教育史上第一个

---

① 王文利：《日本大学校发展研究》，22页，北京，人民出版社，2016。

② 祝士明、王君丽：《日本与职业教育相关的立法特点》，载《中国职业技术教育》，2007(20)：58。

《学制》，对职业技术教育作出专门的规定，这是日本第一次明确地以立法的形式对职业技术教育进行规定。1879 年，日本政府颁布《教育令》，对职业技术教育和职业学校提出了明确要求。1903 年颁布《专门学校令》，提出建立职业技术教育体制，该法令的颁布标志着日本职业技术教育体系的基本形成。1950 年日本成立了"制定职业技术教育法促进委员会"，展开促进职业技术教育法治化的全国性运动。日本还颁布了《实业教育费国库补助法》(1893 年)、《实业学校令》(1920 年)、《学校教育法》(1947 年)、《产业教育振兴法》(1951 年)、《职业训练法》(1958 年，此后多次修订)、《失业紧急对策法》(1963 年)、《短期大学设置标准》(1975 年)、《专修学校设置标准》(1976 年)、《部分修改职业教育法》(1978 年)、《职业能力开发促进法》(1985 年)、《雇佣能力开发机构法》(1999 年)等法案，成为各个时期日本职业技术教育发展的纲领性文件。迄今为止，日本职业技术教育相关法规达 100 多种，包括学校办学设置规范类、学生管理类、教师教育研修与管理类、财政经费类、教育质量评价类、职业训练类等。日本在与时俱进进行职业技术教育立法的同时，也随着社会的发展不断地修订并动态完善职业技术教育法规体系，促进职业技术教育的规范化发展。

三、国家社会的高度重视

日本职业技术教育的快速发展与国家和社会的重视紧密相关。在"殖产兴业""贸易立国""技术立国""科学技术立国"等战略思想的指导下，日本产业界不仅指责教育的滞后性、脱离产业实际的问题，而且对教育结构的调整提出了实质性建设意见。以产业需求为导向，国家通过系列政策引导教育界紧贴产业发展培养人才，《科学技术基本计划》《制造业白皮书》《教育白皮书》，对一定时期日本科学技术、产业和教育发展的情况进行归纳总结，对下一个时期的发展作出详尽的规划。在职业技术教育与产业体系同步规划机制作用下，二者和需求紧密对接，职业教育与培训处于良性发展状态。

四、职业技术教育体系的完整性

建立健全职业技术教育体系是增强职业技术教育服务能力的重要举措，自明治维新以来，日本紧贴经济结构性调整要求，构建职业技术教育体系。目前日本已经形成了学校职业技术教育、企业内部培训和公共职业训练"三位一体"的现代职业技术教育体系。体系内学校职业技术教育与培训互补、普通教育与职业技术教育相互沟通，初、中、高等职业技术教育上下衔接。随着产业结构的不断调整，日本不断调整学校职业技术教育的机构，加强高等层次的职业技术教育建设。学校职业技术教育中初等、中等、高等以及研究生院教育相互衔接，满足了经济社会发展和个体个性化学习需要。

五、经费来源的多元性

日本学校内的职业技术教育分为国立、公立和私立三种，其中，国立学校的办学经费主要来自中央政府；公立学校的办学经费主要由都道府县政府筹措。同时，国家会根据各地实际情况，对经济落后地区的公立学校给予一定的补助。私立学校的办学经费主要来源于学费收入，国家也会给予适当的补助。对于职业训练，日本政府以"职业形成促进补助金"[①]的形式鼓励企业内的职业技术教育。"政府投资则作为辅助"，"政府在稳定增加对公共职业训练的投资以基本保证公共职业训练经费的同时，积极倡导、鼓励民间团体和个人投资于职业训练"。[②] 日本多元的职业技术教育经费来源，为本国职业技术教育的顺利发展提供了重要的物质保障。

六、职业技术教育的全员化

日本建立了由下至上、从学校到社会的完整的职业技术教育体系。从管理主体上看，职业技术教育与培训机构由文部科学省和厚生劳动省共同管辖；从办学性质上看，包括国立、公立和私立三类；从办学类型上看，包括学校职业技术教育、企业内部职业训练、公共职业训练三类；从教育对象上看，包括在校学生、应届毕业生，也有在职者、失业者、残疾人、老年人、转岗人员、女性、白领等；从教育质量评价主体上看，既有政府、学校和企业，也有社会、监护人多元主体参与。由此可见，日本职业技术教育涉及范围非常广泛，是一种全员化的职业技术教育。

第三节　职业技术教育发展的挑战与趋势

职业技术教育是需求导向型教育，未来由"需求"引发职业技术教育要面对两个重大挑战，既有经济结构性变化的挑战，也有学习和教育方式转变的挑战。

一、职业技术教育发展的挑战

人类经过狩猎社会、农业社会、工业社会发展到信息化社会，生产方式和社会结构发生了飞跃性变化。一是"工业 4.0"时代社会经济结构的巨大变化。日本提出建设"Society 5.0"，也称"超智能社会"，随着人工智能（AI）、大数据、物联网（IoT）、机器人等尖端技术高度化。生产方式和社会结构发生了飞跃变化。二是

---

① 郭志燊、韩凤芹：《日本职业教育的发展及启示》，载《经济研究参考》，2016(61)：31。

② 梁忠义：《日本职业训练制度的特点、问题及发展趋势》，载《外国教育研究》，1994(05)：1。

终身教育结构的再建构。学校职业技术教育不是人的唯一需要，新的学习方式的出现，人的价值观的多样化，要求国家不断调整教育结构。经济和个体需求的变化对于职业技术教育来说，既蕴含着机遇，更是前所未有的挑战。

(一)第四次产业革命对职业技术教育的挑战

"Society 5.0"背景下，AI技术迅速发展并投入使用，生产性向上，将来大量工作被AI和机器人所代替，产生了大量失业人员。随着AI相关市场的飞跃性发展，信息科学和AI研究人员、技术人员以及经营战略策划人员数量不足。推动"Society 5.0"发展，关键要培养具有技术革新兼具价值创造能力、心系社会的人才。同时着眼于未来需求，培养共通能力，"具有必要的知识技能学力的基础之上，能够正确阅读理解文献和信息，进行逻辑思维的理解力，与他人协作深入思考、判断、表达的对话能力等社会技能"[1]。

产业结构的急剧变化带来人才需求的变化，职业兴衰的周期短期化、预测困难化，为职业技术教育以需求为导向精准定位人才培养的目标、专业的设置调整及课程内容带来困惑。社会5.0学校（"学习"的时代）即将到来，AI和大数据等尖端技术会给学校教育带来深刻的变革。要求学校摆脱单一的统一授课模式，在确保学生阅读理解能力等基础学力的同时，尊重个体的成长、能力和兴趣。不仅要改革教室学习，而且要利用研究机构、企业、教育文化体育设施、乡村丰富的自然环境等教育资源和社会资源，促进学习者随时随地学习，满足多样化学习需要。

(二)社会少子化、老龄化对职业技术教育体系内部结构产生冲击

2018年10月，日本政府提出，拟将员工退休年龄从现在的65岁提高到70岁。日本国立社会保障·人口问题研究所在2017年的国势调查后预测，到"2065年日本年少人口（0～14岁）从2015年的1 595万人下降至898万人，38.4%人口是65岁以上的老龄人口（高龄化率）。"[2]由于社会的少子化、低出生率和老龄化问题严重，生产年龄人口减少，势必会影响学校和社会两种形式职业技术教育的发展。由于青少年一代数量下降，可能会造成学校形式的职业技术教育资源的闲置与浪费。相反，人口老龄化的到来，社会对企业和公共职业培训的需求

---

① Society 5.0に向けた人材育成に係る大臣懇談会新たな時代を豊かに生きる力の育成に関する省内タスクフォース：《Society 5.0に向けた人材育成～社会が変わる、学びが変わる～》，http://www.mext.go.jp/component/a_menu/other/detail/__icsFiles/afieldfile/2018/06/06/1405844_002.pdf，2018-06-05。

② 日本国立社会保障·人口問題初究所：《日本の将来推計人口（平成29年推計）》，https://resemom.jp/article/2017/04/11/37546.html，2019-04-11。

急剧增加，可能会形成资源短缺的局面。如不及时调整职业技术教育体系的内部结构，职业技术教育发展的现状很难满足社会的发展需求，将不利于社会经济的持续发展。

(三)终身学习社会对职业技术教育提出更高的要求

随着终身学习社会的到来，职业技术教育也应随之作出调整。首先，终身学习社会涉及的人群更加广泛，要注重采用因材施教的方式，对不同年龄阶段的人群采用合适的方法进行适当的教育。其次，摆脱千篇一律的授课方式，促进学习阅读能力等基础学力提高的同时，使学校成为与个人的发展、能力、兴趣相适应的学习场所，在统一学习基础上，开展适应学习经历、学习问题的不同年龄、不同学习团体的协作学习。终身学习社会人才培养的目的是满足经济社会的发展需求，由于社会正处于快速的发展时期，产业转型对职业技术教育内容的更新提出了更高的要求。最后，随着日本逐渐向终身型学习社会发展，在注重开展旨在提高劳动者职业能力的培训的同时，更应构建适应终身学习社会的"终身培训型"体系，该体系的建立需要职业技术教育向更高的层次和纵深发展。

二、职业技术教育发展的趋势

职业技术教育是一种跨界性的教育，其发展变化与经济社会的发展紧密相关，"在终身教育体制下，日本职业技术教育的规定性(正当性)被重新定义了，包括劳动的、产业的和教育的功能，其中促进人的发展功能最为核心。"①职业技术教育呈现体系化、高等化、国际化和终身化的发展趋势。

(一)职业技术教育体系化

历经一百多年的发展演变，日本已形成多层次、多样化的职业技术教育体系。从横向来看，日本职业技术教育包括学校职业技术教育、企业内的职业技术教育和社会举办的公共职业训练三大部分。从纵向来看，学校职业技术教育除了初中的技术和家庭课职业启蒙教育外，还包括"专业高中、综合高中、专修学校(专门课程)、高等专科学校、短期大学、科学技术大学和专业研究生院"②。企业内职业技术教育主要涉及对企业内各个层次、各个阶段的员工进行的培训，包括工人的教育培训、技术人员的教育培训、管理人员和领导人员的教育培训三种。公共职业训练主要为职前、职中、职后和转岗等群体提供全方位的培训

① 陆素菊、[日]寺田盛纪：《在经济性与教育性之间：职业教育的基本定位与未来走向》，载《华东师范大学学报(教育科学版)》，2019，37(02)：151-156。

② 李文英、史景轩：《"二战"后日本职业教育的发展趋势》，载《教育与职业》，2010(12)：20-22。

服务，包括养成训练、提高训练、能力再开发训练、对残疾人的职业训练、对职业训练指导员的训练等。日本的职业技术教育是终身职业技术教育体系，随着少子化、低出生率和老龄化以及经济结构的急剧变化，体系内部的专业设置、学校职业技术教育与企业内部教育训练、公共职业训练的结构会发生调整，形成一个从下到上、从学校到社会、覆盖社会全体的网状式的相互贯通、相互衔接、动态变化的职业技术教育体系。

(二)职业技术教育的高等化

20 世纪 60 至 70 年代，日本设置了高等专门学校、短期大学、专门学校和公共职业训练机构，高等职业技术教育开始类型化。90 年代以来，日本建设专业研究生教育制度。进入第四次工业革命时代，随着技术的高度化，社会对用人需求提出更高的要求，不断提高职业技术教育办学层次成为一种趋势。

(三)职业技术教育的国际化

职业技术教育国际化不仅能够提升本国职业技术教育在国际社会的竞争力，扩大国际影响，同时也有利于拓展人才培养的国际视野，提高国际型职业技术人才的质量，提升日本职业技术教育在全球人才竞争中的优势。20 世纪 80 年代以来，日本借助"10 万留学生计划"和"30 万留学生计划"带动本国职业技术教育国际化，配合日本国家战略和外交政策的展开。随着教育国际化的深入，日本职业技术教育国际化的内涵日趋丰富，不仅侧重吸引海外留学生，还注重向海外派遣留学生。2010 年以后，文部科学省实施两大工程，即"全球化人才育成推进事业"和"大学的世界展开力强化事业"。在国际化政策的推动下，学校内的职业技术教育不仅注重将国际视野整合到职业技术教育中，而且日趋重视在学生指导、师资培养、学校管理和教育内容等方面加强国际交流与合作，职业技术教育国际化将是日本提升职业技术教育和企业国际竞争力的重要手段。

(四)职业技术教育的终身化

自 20 世纪 60 年代联合国教科文组织提出"终身教育"理念以来，日本便将其作为本国教育改革的指导思想。1978 年，日本政府颁布《部分修改职业训练法的法律》，将职业技术教育纳入终身教育体系，1981 年中央教育审议会发表了《关于终身教育》的咨询报告，系统阐释了终身教育理念，提出终身教育改革的设想。1985 年颁布《职业能力开发促进法》，促进劳动者职业训练长期化、制度化。1988 年文部省发表教育白皮书《我国的文教政策——终身学习的新发展》。20 世纪 90 年代，日本颁布并实施了《终身学习振兴法》《关于振兴终身学习和完善都道府县事业推进体制的基准》，以法律手段助推终身学习措施和机制的形成。1995 年《关于在终身学习社会期待的职业技术教育》咨询报告提出要构筑终身学习社会，把走上社会后的学习作为人生的重要一环。系列法律规章和权威报告，有力地推动了终身职业技术教育理念的普及。伴随着职业资格制度和职业段位制度逐渐完善，日本确立了终身职业技术教育体系。目前，日本已建立了包括学校职业技术教育、高度职业能力和地方职业能力开发促进中心在内的面向 21 世纪的终身职业能力开发体系。劳动者终身职业能力开发的不断发展，为终身教育的落实提供了现实条件，同时，也为职业技术教育在未来的可持续发展提供了保障。

相关链接

《产业教育振兴法》(1951 年 6 月 11 日法律第 228 号)节选①

最终修订：2006 年 12 月 22 日法律第 120 号

目次

第 1 章　总则(第 1 条～第 10 条)

第 2 章　地方产业教育审议会(第 11 条～第 14 条)

第 3 章　国家的补助

　第 1 节　公立学校(第 15 条～第 18 条)

　第 2 节　私立学校(第 19 条)

附则

第 1 章　总则

(目的)

第 1 条　本法的目的是，发挥产业教育在我国产业经济发展和国民生活提高的基础作用，依据教育基本法(2006 年法律第 120 号)的精神，通过产业教育确立正确的劳动信念、传授产业技术的同时，培养具有创造能力，并为经济自立作出贡献的有为的国民，以谋求产业教育的振兴为目的。

(定义)

第 2 条　本法中所谓的"产业教育"，是指初级中学(中等教育学校的前期课程以及特别支援学校的初级中学部，以下同)、高级中学(中等教育学校的后期课程以及特别支援学校的高级中学部，以下同)、大学或者高等专门学校以对学生传授从事农业、工业、商业、水产业及其他产业所必要的知识、技能及态度为目的的教育(含家庭科教育)。

---

①　日本文部科学省初等中等教育局、児童生徒課産業教育振興室：《産業教育振興法施行規則改正に関する資料》，http://www.mext.go.jp/a_menu/shotou/shinkou/setsubi/__icsFiles/afieldfile/2013/03/22/1231073_1_1.pdf，2019-03-01。

（国家的任务）

第3条 国家在根据本法及其他法令的规定，谋求振兴产业教育的同时，应奖励地方公共团体根据下列方法振兴产业教育。

一、制订有关振兴产业教育的综合计划。

二、改善有关产业教育的内容及其方法。

三、改善并充实产业教育的设施或设备。

四、制定并实施对从事产业教育的教师或指导人员进行在职教育或培养的计划。

五、就产业教育的实施，促进产业界的合作。

（实验实习产生的收益）

第4条 地方共同团体在其设置的学校因进行有关产业教育的实验实习而产生的收益，应将此项收益用于实验实习所需经费的增加和补充上。

（教师的资格等）

第5条 根据产业教育的特殊性，对从事产业教育的教师资格、定员及待遇，应制定特别措施。

（教科书）

第6条 根据产业教育的特殊性，有关产业教育教科书的编撰、审定及发行，应制定特别措施。

第7条到第10条 删除

第2章 地方产业教育审议会

（设置）

第11条 根据本法的规定，都、道、府、县及市町村（含市町村的组合及特别区）的教育委员会要设置地方产业教育审议会。

（主管事务）

第12条 地方产业教育审议会（以下称"地方审议会"）要分别对本都道府县或市町村区域内所进行的产业教育，就第3条各项所列举的事项及其他有关产业教育的重要事项，应根据都道府县的教育委员会、知事或市町村教育委员会的咨询进行调查审议，并就上述事项向都道府县的教育委员会、知事或者市町村的教育委员会提出建议。

（委员）

第13条 一、地方审议会的委员应分别由都道府县或市町村的教育委员会，从对产业教育有学识经验的人员以及有关行政机关的职员中任命。

二、在按前款规定任命委员时，都道府县的教育委员会应首先听取知事的意见，市町村的教育委员会应首先听取市町村长的意见。

三、委员为非专任职务。

四、委员为尽职务所需费用可以报销。

五、前款规定的费用分别由都道府县或市町村负担。

六、委员的人数、费用报销金额及其支付方法应按照条例规定。

（对教育会规则的制定）

第14条　一、有关地方审议会的必要事项，除本法规定的内容外，将分别按照该都道府县或市町村的委员会规则予以规定。

二、在制定前款的规则时，都道府县的教育委员会和市町村的教育委员会应首先分别同知事和市町村长协商。

第3章　国家的补助

第1节　公立学校

（国家的补助）

第15条　公立学校的设置者在下述所列的设施或设备中，拟将未达到经审议会商议以政令规定的标准时，国家可负担其所需全部或部分经费，以资助其达标。

一、高级中学内进行产业教育实验实习的设施或设备。

二、初级中学或高级中学为进行产业教育而共同使用的实验实习设施或设备。

三、初级中学进行职业指导所需的设施或设备。

四、对从事产业教育的教师或指导人员进行在职培训、培养的大学中，为对上述人员进行在职培训或培养的教学本身所需的设施或设备。

除前款规定的设备外，国家在预算范围内应对公立学校设置者负担下列各项的全部或部分经费。

一、为了发展国家或地方的产业而进行必要的产业教育的高级中学、短期大学或高等专门学校，为搞好该项教育，需充实必要的实验实习设施或设备所需的经费。具体申请办法分别为，高级中学由文部大臣根据都道府县教育委员会推荐；短期大学或高等专门学校则由文部大臣根据设置者的申请来指定。

二、作为地方产业教育及有关产业教育研究中心设施，根据文部大臣和都道府县教育委员会的推荐，指定初级中学或高级中学进行该教育或研究所必需的实验实习设施或设备所需经费以及从事该项研究所必需的其他经费。

三、对从事产业教育的教师或指导人员进行在职教育所需必要的经费。

四、被认为奖励产业教育而特殊需要的其他经费。

（短期产业教育）

第16条　公立初级中学或高级中学为毕业后从事或准备从事产业工作的青少年，进行以结合当地实际情况的技能教育为主的短期教育（包括预科教育及学校中的社会教育）时，国家要负担为进行该项教育所必需的设施或设备以及其他运营管理的全部或部分费用。标准根据经审议会讨论，由政令决定基准。

（补助金的退还等）

第 17 条　领取补助金者在符合下列各项情况之一时，文部大臣要停发该年度以后的负担金，同时要令其退还已发放的该年度的负担金。

一、违反了本法律或根据本法律发布的政令规定时。

二、违反了补助金的发放条件时。

三、查明以虚伪的报告领取了补助金时。

（有关政令的委任）

第 18 条　除本节规定的内容外，关于补助金发放的必要事项，由政令予以规定。

第 2 节　私立学校

（关于私立学校的补助）

第 19 条　一、关于国家对私立学校的补助，准用第 15 条至第 18 条的规定。准用时要将第 15 条第（一）款第 1 项中的"初级中学"改为"初级中学或者高级中学"，同款第二项中"设施"改为"设施或者设备"，第 15 条第（二）款第 2 项第 1 号及第 2 号中的"都、道、府、县的教育委员会"改为"都、道、府、县知事"。

二、国家根据前款规定，对私立学校的设置者提供补助时，私立学校振兴补助法(1975 年法律第 61 号)第 11 条至第 13 条的规定适用于此。

第二章
日本职业技术教育基本结构及特征

　　教育的结构与功能是相辅相成的关系，"教育结构是教育活动实现其社会功能的重要形式。无论是维护社会的稳定，还是促进社会的发展，或者是改变社会的结构等，教育结构在发挥教育活动的社会功能方面，都具有十分重要的意义。而且，教育结构本身的不同特点和差异，也将影响这些社会功能的发挥。"①鉴于教育的结构对教育功能的直接影响，日本明治维新时期就开始积极效仿西方进行教育结构的改革。1817年成立文部省，1872年明治政府颁布第一个教育改革法令《学制》，主要以法国教育为参照进行教育结构体系改革。至此，日本开始进行现代学校教育制度的建设。1983年日本颁布了《实业补习学校规程》，之后通过颁布《实业学校令》确立了职业技术教育系统。经过百年历程，日本形成了符合本国经济和教育发展需要的职业技术教育基本结构。

第一节　职业技术教育结构现状

　　理念是行动的先导，对职业技术教育有什么样的理解，就会建设什么样的职业技术教育体系。日本的职业技术教育是指"为了获得农业、工业、商业、水产、家庭等职业所必要的知识、技术（技能）和态度，在初中的职业科和高中的有关职业学科实施的教育。但是，随着高等教育的普及，职业技术教育的概念逐步发展扩大为广义和狭义两种含义。"②从广义上看，"职业技术教育"主要是"在学校和中等后教育机构实施的一定产业和专业学科的职业基础教育""培养职

---

　　①　谢维和：《教育活动的社会学分析——一种教育社会学的研究》，524页，北京，教育科学出版社，2007。

　　②　[日]寺田盛紀：《日本の職業教育：比較と移行の視点に基づく職業教育学》，2版，5页，京都，晃洋書房，2011。

业上所需要的能力",包括"初中的职业与家庭科""高中的职业技术教育""高等专门学校的专业职业技术教育"。① 从狭义上看,"职业技术教育"主要是"劳动行政部门管辖的职业能力开发学校""专修学校的职业技术教育""企业内教育培训"。② 概括地说,日本的职业技术教育与培训体系是由"文部科学省所管辖的学校职业技术教育(vocational education)与厚生劳动省所管辖的职业培训(vocational training,现改为职业能力开发)构成"③。在多样化办学理念指导下,职业技术教育体系内部的各种类型教育坚持差异化发展的原则,其培养目标和功能等存在差异,既各有侧重又相互补充,共同构成日本的职业技术教育体系。

一、学校职业技术教育

学校实施的职业技术教育主要以"未就业者"为培养对象,其目标是为他们将来步入社会提供就业前的职业技术教育,使之具备将来从事岗位工作所需的知识和技能,以实现顺利就业。学校形式的职业技术教育在 20 世纪 70 年代末,主要指"高中阶段的职业技术教育。1980 年以来,除了职业高中、短期大学、五年一贯制的高等专门学校外,专门学校、职业能力开发校等职业技术教育机构的制度化。"④

(一)中等职业技术教育

20 世纪 60 年代,由于产业发展需要大量的中坚技术人员,日本进入高中扩张时期,为产业培养"中坚技术人才",他们"实际上是处于日本技师和技工之间的阶层"⑤。这一时期的学校职业技术教育以高中教育阶段的职业技术教育为主。进入 20 世纪 70 年代,高中职业技术教育的比重相对下降,培养目标也随之发生变化。"1978 年版的《学习指导要领》实施以后,职业技术教育的目标不再是在 3 年内完结性地完成,而是从形成高中毕业以后的职业规划(并非体制上的接续)出发,把重点放在掌握职业的'基础、基本'知识和技能上了。"⑥当前,高中教育在中学教育的基础上,根据学生身心发展的特点和发展需求,进行高度的普通教育和专门教育。高中的职业技术教育主体是职业高中。与普通高中和综合高中

---

① [日]寺田盛紀:《日本の職業教育:比較と移行の視点に基づく職業教育学》,2 版,6-7 页,京都,晃洋書房,2011。

② 同①7-8 页。

③ 陆素菊:《国家或地区:日本职业教育改革的最新动向与发展趋势》,366 页,见姜大源:《当代世界职业教育发展趋势研究》,北京,电子工业出版社,2012。

④ 同③。

⑤ [日]寺田盛紀:《日本の職業教育:比較と移行の視点に基づく職業教育学》,2 版,74 页,京都,晃洋書房,2011。

⑥ 同⑤72 页。

的人才培养目标不同，职业高中主要为农、工、商、水产、医疗等行业培养具有良好的勤劳观、职业观和丰富的感性、创造性的熟练工人和初级技术人员。

1. 日本高中职业技术教育现状

日本的全日制高中从办学性质上看，有国立、公立和私立三种，其中公立学校最多。根据提供教育及其方法的不同，将高中分为全日制高中、定时制高中、通信制高中三类。根据教育内容的不同，将高中分为普通高中、职业高中和综合高中。普通高中主要以普通课程为主，综合高中设置两种以上职业课程，职业高中既设置普通课程又设置职业课程，主要以职业课程为主。除此之外，还有学分制高中、初中与高中一贯制学校，按照学生的能力、个性、兴趣、出路、希望等进行多样化的教育。从办学性质上看，公立高中学校数量和在校生人数最多，学校数量占比 73.0%，学生人数占比 66.7%，详见表 2-1。

表 2-1　国立、公立和私立高中数量与学生人数情况表①

项目	学校类别			合计
	国立高中	公立高中	私立高中	
学校数量/所（占比）	15（0.3%）	3 604（73.0%）	1 320（26.7%）	4 939
学生人数（占比）	8 623（0.2%）	2 334 864（66.7%）	1 156 020（33.0%）	3 499 507

从不同类型学校数量上看，职业高中数量占比 38.3%，明显少于普通高中，综合高中数量最少。从学生人数上看，职业高中数量占比 21.9%，明显少于普通高中，综合高中数量极少，详见表 2-2。职业高中开设农业、工业、商业、水产、家庭、护理、信息、福祉及其他专业，其中工业科学生人数最多，占比 35.1%，其次为商业科，学生人数占比 27.9%，详见表 2-3。

表 2-2　不同类型高中数量/学生人数（不包括通信制及专攻科、其他科）表

项目	普通高中	职业高中	综合高中	合计	通信制	专攻科	总计
学校数量/所（占比）	3 797（56.3%）	2 587（38.3%）	362（5.4%）	6746			
学生人数（占比）	2 409 432（72.8%）	724 126（21.9%）	176 055（5.3%）	3 309 613	180 393	9 501	3 499 507

---

① 日本文部科学省平成 27 年度（2015 年）学校基本调查：《我が国の高等学校教育の现状と今後の改革の方向性》，https://www5. cao. go. jp/keizai－shimon/kaigi/special/reform/wg4/280826/shiryou2. pdf，2019-08-26。

表 2-3　开设不同专业的职业高中数量及学生人数表①

项目	领域								
	农业	工业	商业	水产	家庭	护理	信息	福祉	其他
学校数量/所	309	537	636	42	277	94	28	98	566
学生人数（占比）	83 040（11.5%）	254 524（35.1%）	202 308（27.9%）	9 193（1.3%）	42 230（5.8%）	14 756（2.0%）	3 130（0.4%）	9 465（1.3%）	105 480（14.6%）

2. 中等职业技术教育的特点

(1)毕业生的出路多样化。毕业生有升学、就业两种选择。升学的路径多样化，可以升入大学、短期大学、专门学校、公共职业能力开发校等高校。如表 2-4 所示，1995—2018 年，高中升学率上升趋势明显，其中普通高中上升趋势明显高于职业高中，2018 年普通高中升学率为 63.8%，职业高中升学率为 21.4%。截至 2018 年 5 月，职业高中学生数约为 59 万人，占整个高中学生总人数的 18.3%。

表 2-4　日本 1955—2018 年职业高中与普通高中升学率情况表②

年份	职业高中升学率/%	普通高中升学率/%
1955	6.5	25.4
1960	4.4	25.7
1965	7.7	37.5
1970	7.2	35.7
1975	14.4	46.3
1980	9.6	42.2
1985	8.8	39.3
1990	8.3	37.7
1995	11.5	45.5
2000	17.1	53.3
2005	19.4	55.4
2006	19.8	57.9

① 日本文部科学省平成 27 年度（2015 年）学校基本调查：《我が国の高等学校教育の现状と今後の改革の方向性》，https://www5.cao.go.jp/keizai－shimon/kaigi/special/reform/wg4/280826/shiryou2.pdf，2019-08-26。

② 日本文部科学省：《普通科·職業学科別進学率就職率》，http://www.mext.go.jp/a_menu/shotou/shinkou/genjyo/021202.htm，2019-08-26。

续表

年份	职业高中升学率/%	普通高中升学率/%
2007	20.6	60.0
2008	21.5	61.9
2009	22.3	63.0
2010	23.5	63.1
2011	22.3	62.9
2012	21.0	62.8
2013	20.8	62.2
2014	20.6	63.2
2015	20.7	63.9
2016	20.9	64.1
2017	21.3	63.9
2018	21.4	63.8

根据文部科学省《学校基本统计（学校基本调查报告书）》的数据，2018 年职业高中各学科专业毕业生升学人数明显少于就业人数，升入大学、短期大学等的毕业生人数所占比重为 21.4%，其中护理学科最高，所占比重为 87.4%；升入专门学校、公共职业能力开发校等的毕业生人数所占比重为 22.3%，其中家庭学科最高，所占比重为 31.6%。职业高中毕业生就业率明显高于普通高中、综合高中，职业高中的工业学科就业率最高，为 67.8%，其次为水产学科，就业率为 63.2%，详见表 2-5。

表 2-5　2018 年职业高中各学科专业毕业生升学和就业情况表[①]

专业种类	毕业生人数	升学及就业人数占比/%			
		升入大学、短期大学等	升入专门学校、公共职业能力开发校等	就业	其他
职业高中职业学科合计	194 124	21.4	22.3	53.4	2.9
其中：农业学科	26 187	14.1	29.8	52.9	3.2
工业学科	79 793	14.5	15.4	67.8	2.3
商业学科	63 377	27.3	26.9	42.7	3.1
水产学科	2 891	16.7	17.6	63.2	2.5
家庭学科	13 277	25.8	31.6	38.0	4.6

---

① 日本文部科学省：《高等学校卒業者の学科別進路状況》，http://www.mext.go.jp/a_menu/shotou/shinkou/genjyo/021203.htm，2019-03-01。

专业种类	毕业生人数	升学及就业人数占比/%			
		升入大学、短期大学等	升入专门学校、公共职业能力开发校等	就业	其他
护理学科	4 692	87.4	8.9	2.3	1.4
信息学科	981	39.1	30.2	24.4	6.3
福祉学科	2 926	19.2	28.4	48.1	4.3
其他学科	34 003	68.7	18.4	5.8	7.1
综合学科	55 604	35.9	30.8	27.4	5.9
普通学科	772 647	63.8	21.4	8.2	6.6
合计	1 056 378	54.7	22.0	17.5	5.8

(2)注重教育衔接。为满足职业高中毕业生升学的需要，职业高中的升学路径多样化，除升入高一级学校外，各地职业高中内纷纷设置专攻科，使高中教育与高等教育紧密衔接。高中设置的专攻科广泛分布在普通高中(普通学科)和各个专业(职业学科)领域。根据《学校教育法》第 58 条规定，设置专攻科的目的是以高中毕业生等为对象，通过特别的教授、研究和指导提高其精深程度。专攻科修业年限为 1 年以上，学生通过专攻科的学习，取得资格，深化高级技术等专业教育。设置专攻科的学校，职业高中中的护理高中最多，设置比例为80.0%，其次为水产科，设置比例为61.9%，详见表 2-6。

表 2-6　2012 年设置专攻科的学校数量及其在籍学生人数情况表①

项目	专业领域									合计
	普通学科	农业	工业	商业	水产	家庭	护理	信息	福祉	
高中数量/所	3 857	311	550	677	42	285	95	29	102	5 948
设置专攻科的高中数量/所	3	7	19	1	26	3	76	0	3	138
专攻科在籍学生人数	125	230	468	19	545	138	6 726	0	82	8 333
设置比例/%	0.1	2.3	3.5	0.1	61.9	1.1	80.0	0.0	2.9	2.3

---

①　日本文部科学省平成 27 年度(2015 年)学校基本调查:《我が国の高等学校教育の现状と今後の改革の方向性》，https://www5.cao.go.jp/keizai－shimon/kaigi/special/reform/wg4/280826/shiryou2.pdf，2019-08-26。

(3)运用 PDCA 进行教育质量管理。学校进行教育质量透明化管理，提高教育质量，国家以及设立高中的地方、学校和社会多方共同提高学校教育质量。"国家制定课程标准和财政保障，建立分权分责的教育管理体制，推进地方和学校自主性教育行政改革，建立财源保障体系，建立起由市町村和学校分权负责的管理机制。提高学校的自主性、自律性，同时，还要承担向家长和参与学校评价的居民进行说明解释的义务"①。设立高中的地方公共团体，依据法令充实PDCA 管理。根据《教育基本法》第 17 条，地方公共团体制定《教育振兴基本计划》，教育委员会对事务管理及其执行状况检查评估，学校对其运营情况进行评价，并基于评价结果采取必要的措施予以改善。

(4)重视开展实践型职业生涯教育。高中阶段的职业生涯教育有两种形式，一是开设具有职业预备教育性质的课程，如"产业社会与人"，充实高中生职业生涯教育。同时通过开展以培养学生的勤劳观和职业观为目的的多种职业体验活动，提高学生对职业意义、劳动意义的理解，树立正确的勤劳观和职业观。以学科课程和活动课程为载体实质性推动职业生涯教育。二是进行进路指导（career guidance），加强职业资格与教育科目之间的联系。

(5)扎实推动产业现场实习与实践。产业现场实习与实践源于"日本版双元制"，即 20 世纪 60 年代的产学合作共同教育活动，是指在职业高中的工业科、家庭科等进行的产业现场实习与实践。产学合作教育活动的形式多样，如学生到企业顶岗实习、企业员工集体接受高中函授教育、企业内设置学校实施高中教育、高中与公共职业培训机构合作职业培训等。由于初中毕业生的升学需求、校企人才供需矛盾、学校经营管理混乱等原因，这种产学合作教育活动逐渐衰退。"20 世纪 60 年代'日本版双元制'和高中职业技术教育'校内化'的进程，由于 70 年代以后职业学科人数的递减，重新重视现场实习"②，产业现场实习与实践又重新受到重视。职业高中利用课题研究中的"产业现场等实习"和"产业社会与人"课程中的到企业现场见习环节，进行就业体验活动。

为避免学校与工作世界脱节，解决年轻人的就业问题，2003 年日本文部科学省等四个政府机构联合发布《青年自立和挑战计划》，提出实施日本模式职业技术教育"双元制"。"双元制"于 2004 年 4 月正式实施，实施的对象不仅包括高中在校生，还包括未就业的毕业生、无业人员和不定业人员。实施类型分为"教育培训机构主导型"和"企业主导型"两类。前者是指"在教育培训机构接受培训之后，由学校等教育培训机构寻找相应的能够接收学生培训的企业，学校和合

---

① 田慧生、[日]田中耕治：《21 世纪的日本教育改革——中日学者的观点》，36-37 页，北京，教育科学出版社，2009。

② [日]寺田盛紀：《日本の職業教育：比較と移行の視点に基づく職業教育学》，2 版，102 页，京都，晃洋書房，2011。

作企业共同制订培训计划，在实行学校内职业理论学习的同时，委托企业实施实践培训"。后者是指"由企业将年轻人以非正式雇用的形式录用为培训生，然后企业寻找相应的学校等教育培训机构，与学校共同制订培训计划，在企业内实施OJT(岗位培训)的同时，在合作学校实施集中培训(Off-JT)的理论教育"①。

(二)高等职业技术教育

日本的高等职业技术教育机构具有多样性。"二战"后，随着教育体系建设的逐步深化，高等职业技术教育机构的类型也在发生变化。"战前日本的高等职业技术教育机构是专门学校，战后日本的高等职业技术教育机构是短期大学、高等专门学校、专门学校(专修学校的专门课程)等，尽管都是高等职业技术教育，但其性质是完全不同的。"②目前，高等职业技术教育机构又有新的变化，2019年创建了专门职大学。从起源来看，专门学校的历史最为悠久。

1.专门学校(専門学校)

"专门学校的名称最早见于1873年(明治6年)4月颁布的教育法《学制二编追加》里"，认为专门学校是"由外国教师教授专门学科(法律、医学、天文学、数学、物理、化学和工业等)的高级学校"③。随着《大学令》的实行，部分实力较强的专门学校升格为大学。"二战"后，由于高等教育的大众化，提高了日本高等教育的入学机会，加之经济复苏的需要，专门学校和学科得以扩充，其社会地位和法律地位得到巩固和确立。1976年《专修学校设置基准》公布，专修学校是以培养职业或实际生活所需要的能力或教养为目的的实践型职业技术教育机构，在满足授课实践、教师人数、设备设施等专修学校设置基准的情况下，经过主管厅都道府县知事的认可后方能设立。专修学校(専修学校)包括高等专修学校、专门学校和一般专修学校三种类型。专修学校中设置以高中毕业生为对象的专门课程，被定位为专门学校。

2014年1月至今，专门学校的学生修业年限为2年以上，完成1 700(62学分)总课时数后，进行考试成绩评价，基于该评价修了认定的课程的专门学校毕业生被授予"专门士"学位。2005年文部科学省对修业4年以上，完成3 400(124学分)总课时数后，进行考试成绩评价，且基于该评价修了认定的课程的专门学校毕业生授予"高度专门士"称号，并具有大学、研究生院的入学考试资格。

---

① 陆素菊：《国家或地区：日本职业教育改革的最新动向与发展趋势》，见姜大源：《当代世界职业教育发展趋势研究》，北京，电子工业出版社，2012。

② 胡国勇：《日本高等职业教育研究》，38页，上海，上海教育出版社，2008。

③ [日]角野雅彦：《日本近代高等教育与专门学校发展研究》，2页，保定，河北大学出版社，2008。

(1)专门学校的现状。从办学性质上看，专门学校分为国立、公立和私立三种类型，私立的最多。目前专门学校招生对象为高中毕业生或三年制高等专修学校毕业生。由于专门学校以取得职业资格为目标，所以大学、短期大学、高等专修学校学生毕业后为了取得职业资格而进入专门学校学习的学生很多，2016年达到了1.7万人。文部科学省2016年度（平成28年度）学校基本统计显示，专修学校（专门课程）589 050人，占比89.7%；高等专修学校（高中课程）38 962人，占比5.9%；一般课程学校28 637人，占比4.4%，详见表2-7。其中，医疗关系、文化教养关系领域的学生数量最多。

表2-7　2016年日本专修学校及其学生数量分布情况表①

学校类别	学校数量/所	学生人数
专修学校（专门课程）	2 817	589 050
高等专修学校（高中课程）	424	38 962
一般课程学校	157	28 637

(2)专门学校的特点。

①以市场为导向办学。为促进学生就业，获得职业资格，着眼于自身的生存和发展，专门学校一直注重紧贴市场需求办学。多数学校规模较小，私立学校多，学校的学科专业较少，有的学校只设置一种学科，极度重视与职业资格相对应，以灵活应对劳动市场的人才需求变化。如表2-8所示，根据文部科学省2016年度（平成28年度）学校基本统计，专科学校中专门学校数量最多，占比82.9%，一般课程学校数量占比最少。从开设的专业领域看，主要有服饰家政、农业、医疗、文化教养、卫生、工业、商业实务和社会福祉教育。其中医疗和文化教养领域学生数量最多，医疗领域为211 760人，占比最多，文化教养领域为148 018人。

表2-8　2016年专门学校各个领域学生人数表②

项目	专业领域							
	服饰家政	农业	医疗	文化教养	卫生	工业	商业实务	社会福祉教育
学生人数	18 271	5 102	211 760	148 018	78 464	83 865	73 284	37 885

专门学校学生毕业后，成为活跃于社会的具有即战力的人才。文部科学省

———————————

① 日本文部科学省：《数字で見る専修学校》，http://www.mext.go.jp/component/a_menu/education/detail/__icsFiles/afieldfile/2017/03/31/1332361_4.pdf，2017-03-31。

② 日本文部科学省：《数字で見る専修学校》，http://www.mext.go.jp/component/a_menu/education/detail/__icsFiles/afieldfile/2017/03/31/1332361_4.pdf，2017-03-31。

2016 年度(平成 28 年度)学校基本统计显示,专门学校就业率为 81.3%,短期大学就业率为 79.2%,大学就业率为 74.7%。由统计数据可知,专门学校毕业生就业率高于大学和短期大学。文部科学省 2013 年(平成 25 年度)专门学校调查显示,专门学校毕业生多分布于制造业、医疗福利、批发与零售业等领域。

②注重实践性。专门学校的一大特色是注重实践性的专业技术教育。文部科学省 2015 年(平成 27 年度)职业实践专门课程的调查研究显示,从总体上看,企业内实习占比 7.3%,实习演习占比 46.0%,讲授占比 46.7%。尽管各个学科不同,实践课学时所占比重存在差异,但实践课学时均大于理论课,详见表 2-9。

表 2-9　各学科实践课时分布表①

专业领域	职业实践专门课程及占比/%		
	企业内实习	实习演习	讲授
工业	1.4	66.8	31.8
农业	11.2	44.5	44.3
医疗	17.9	25.1	57.0
卫生	5.2	54.4	40.4
社会福祉教育	17.9	31.0	51.1
商业实务	4.9	37.0	58.1
服饰家政	6.0	73.1	20.9
文化与教养	2.8	61.9	35.3

专门学校设置职业实践专门课程,该课程是专门学校和企业等密切联系开发,经过文部科学大臣认定,能使学生掌握最新的实务知识、技术、技能的实践性职业技术教育学科。

2. 短期大学

依据《学校教育法》的规定,短期大学是与 4 年制大学具有不同目的和学习年限的大学。自 1950 年(昭和 25 年)创立以来,在普及高等教育特别是女性高等教育和实践性职业技术教育方面发挥了重要作用。"对《学校教育法》的一部分进行修改,为短期大学毕业生授予'短期大学士'的学位(2005 年 7 月 15 日公布,10 月 1 日施行)。"②短期大学有国立、私立和公立三种办学形式,短期大学以私立为主,如表 2-10 所示。

---

① 日本文部科学省:《数字で見る専修学校》,http://www.mext.go.jp/component/a_menu/education/detail/__icsFiles/afieldfile/2017/03/31/1332361_4.pdf,2017-03-31。

② 日本文部科学省:《「短期大学士」制度の創設》,http://www.mext.go.jp/a_menu/koutou/tandai/05080201.htm,2019-08-20。

表 2-10 2018 年(平成 30 年度)短期大学数量、入学人数和在校生人数表①

学校类别	学校数量/所	入学人数	在校生人数
国立	0	0	0
公立	18	2 685	6 068
私立	315	51 173	108 706
合计	333	53 858	114 774

(1)短期大学专业设置情况。目前,短期大学进行多个领域的教育,尤其在培养幼儿园教师、保育员、营养师和护理师等领域的专门职业人才方面发挥了重要作用。短期大学学生毕业后可升入 4 年制大学以及短期大学专攻科继续学习。短期大学主要有人文、社会、教养、工业、农业、保健、家政、教育、艺术等专业领域,2017 年学生总数为 119 728 人,2018 年学生总数少于 2017 年,为 114 774 人,其中农业专业领域人数减少的比重最大。如表 2-11 所示,2018年教育专业领域学生最多,占比 37.1%,其次为家政专业领域,占比 18.0%,2013—2017 年,约 60%的学生升入大学。

表 2-11 2018 年(平成 30 年度)短期大学部分专业领域学生数②

项目	合计	各专业领域学生分布									
		人文	社会	教养	工业	农业	保健	家政	教育	艺术	其他
学生人数	114 774	11 418	10 978	2 357	2 680	538	10 441	20 700	42 539	4 379	8 744
百分比/%	100	9.9	9.6	2.1	2.3	0.5	9.1	18.0	37.1	3.8	7.6

(2)短期大学学生出路情况。短期大学是女性化的高等职业技术教育机构,女性的比例占 90%以上,私立学校居多,多数学生毕业后就业,2018 年学生就业率为 81.4%,少数学生升入大学等学校,2018 年为 9.0%,详见表 2-12。

(3)短期大学的特点。

①注重教养教育。短期大学之所以得到女性的青睐,其中一个原因是它兼具教养教育和职业技术教育两大功能。"日本短期大学是一种主要针对女性的,

---

① 日本文部科学省:《短期大学について》,http://www.mext.go.jp/a_menu/koutou/tandai/index.htm,2018-03-01。

② 日本文部科学省:《短期大学について》,http://www.mext.go.jp/a_menu/koutou/tandai/index.htm,2018-03-01。

以人文教养为主，兼有职业教育功能的高等职业教育机构。"①短期大学具有高等教育、职业技术教育和教养教育的多种功能，由于多数短期大学规模比较小，所以这些功能都具备的短期大学少。

表2-12　2018年(平成30年3月)短期大学毕业生出路情况表

项目	合计	出路情况						(参考)大学编入学者数
		升入大学等	就业	升入专修学校、国外学校等	临时就业	左记以外	死亡、不详	
毕业生人数	54 598	4 937	44 451(男 3 392，女 41 059)	775	979	3 354	102	3 925
百分比/%	100	9.0	81.4(男 7.6，女 92.4)	1.4	1.8	6.1	0.2	

②办学地方特色鲜明。为提高学校竞争力，短期大学主要分布在小城市和县城，学校本着为社区服务的办学宗旨，聘任大量兼职教师，及时调整专业。"短期大学为了使得学生在毕业后能够更加对口地找到相关工作，或是说直接为相关的企业或工作岗位定向培养实用型人才，也为了使得学校与相关地区的经济联系更加紧密，选择与相关的工商界合作，在学校的相关体制中吸收大量的工商界精英人才，从相关工商界人士那里获取就业信息和大量的社会人才的需求信息，进而对学校的一些专业、课程的设置进行进一步调整与审核。这样做使得学校对专业的设置更具针对性，同时，也为学校和政府减少了一些因为专业设置不合理或者不符合社会的需求而造成的教育投资上的浪费"②。

③灵活设置课程。许多短期大学课程设置采用各领域"课程包"方式的"领域与单元"体系。如2003年开始认定设置地区综合学科。所谓的"地区综合学科"③，并非某个学科的名称，不像普通学科那样将内容限定于特定领域，而是以各个地区的需求为目的，将多个领域纳入一个学科，通过灵活设置课程，满足学生的升学及其他多样化学习需要，保持充足的生源。

3. 高等专门学校

根据文部科学省网站中关于高等专门学校的介绍，从目的、规模、特色三个方面描述高等专门学校的现状。

---

①　胡国勇：《日本高等职业教育研究》，57页，上海，上海教育出版社，2008。

②　蔡明威：《高职院校办学特点的比较研究——以美国社区学院、日本短期大学和中国民办高职院校为例》，硕士学位论文，厦门大学，2017。

③　日本文部科学省：《地域総合科学科》，http://www.mext.go.jp/a_menu/koutou/tandai/04031902.htm，2018-09-07。

（1）目的与规模。高等专门学校是以培养实践型和创造型技术人才为目的的高等教育机构。从办学性质上看，全国高等专门学校有国立、公立和私立三种，目前，共有 57 所学校，在校生约 6 万名。如表 2-13 所示，从学校数量、学科数量、入学人数、在校生数量来看，高等专门学校以国立学校为主，公立和私立学校很少。

表 2-13　2016 年（平成 28 年度）高等专门学校的学校、学科和学生数量情况表①

学校类别	学校数量/所	学科数量/个	入学人数	2016 年在校生人数
国立	51(51)	201	9 360	48 756(2 813)
公立	3(3)	7	720	3 546(192)
私立	3(2)	8	460	2 251(44)
合计	57(56)	216	10 540	54 553(3 049)

注：①（　）表示设置主攻科的学校数量或者专攻科在校生人数。
　　②学科数量、入学人数不包括禁止招生的学校。
　　③在校生人数的依据是学校基本调查报告。

（2）特色。高等专门学校自 1962 年成立，"第一批 12 所国立高等专门学校设立"②。"除了新设的之外，还有从职业高中升格的（如商船、电波高等专门学校）以及从原国立工业短期大学转型的（如长冈、宇部、久留米高等专门学校）。"③

①实行五年一贯制教育。高等专门学校招收初中毕业生，学制五年（商船学科是 5 年零 6 个月），是一种"中职"＋"高职"教育，即前三年接受的教育相当于中等职业教育层次，后两年接受的教育相当于高等职业教育层次。通过连续 5 年（商船学科是 5 年零 6 个月）的一般科目和专业科目学习，培养学生丰富的教养和系统的专业知识。

②重视实验实习的专业教育。高等专门学校为了让学生能够将所学的知识应用于实践，非常重视实验、实习和毕业设计，培养创造型的技术人才。每个学校所开设的学科不同，大致分为工业、商船学科，工业学科有机械工学专业、电气工学专业、电子控制工学专业、信息工学专业、物质工学专业、建筑专业、环境城市工学专业等，商船学科有商船专业。除了工业、商船学科以外，也有设立经营信息学科、信息设计学科、交流信息学科、国际流通学科的学校。

③举行全国机器人竞赛、编程竞赛、设计竞赛、体育竞赛等竞赛。

---

①　日本文部科学省：《高等専門学校（高専）について》，http：//www.mext.go.jp/a_menu/koutou/kousen/index.htm，2016-01-01。
②　胡国勇：《日本高等职业教育研究》，110 页，上海，上海教育出版社，2008。
③　胡国勇：《日本高等职业教育研究》，111 页，上海，上海教育出版社，2008。

④产业界对毕业生给予高度的评价。毕业生多活跃于制造业的各个领域，产业界对毕业生的评价高，毕业生的就业率高。

⑤设置专攻科(2 年)。多数高等专门学校设置了专攻科。专攻科是指学生在高等专门学校学习 5 年(商船专业是 5 年零 6 个月)，再进行 2 年的技术教育，完成专业课程学习后，经过独立行政法人大学评价学位授予机构的审查，可获得学士学位(相当于大学本科)。2012 年学校基本调查显示，毕业生就业人数占比 57.5%，升学人数占比 39.1%，其他占比 3.4%，毕业生中进入制造领域就业的占比 56.7%。

(3)高等专门学校教育和高中、大学等的关系。

①以下人员可以升入高等专门学校。初中毕业生、修完中等教育学校前期课程或者根据文部科学大臣规定具有同等以上学历者。各个学校每年 1 至 2 月进行升学选拔，选拔方式分为根据学力测试成绩选拔和推荐选拔两种形式。此外，高中毕业生也可以编入高等专门学校，大部分高等专门学校实行住宿制，第 1、2 年原则上全部住宿。学生们在 15～20 岁时经历共同的宿舍生活，有利于健全人格的形成。

②学校与地区的合作。各个学校都十分重视和地区的合作，通过地区共同技术中心和地区产业界等开展共同研究、委托研究和技术咨询，对地区产业界、居民开展公共讲座等活动。

4. 专门职大学、专门职短期大学、专门职学科

(1)概况。专门职大学、专门职短期大学、专门职学科是日本新创立的高等职业技术教育机构，即 4 年制课程的专门职大学和 2 年制或者 3 年制课程的专门职短期大学。专门职大学的专业设置以旅游观光、农业、信息领域为主，课程分为前期课程和后期课程，课程目标强调学生高度实践力与创造力的养成。前期课程结束后就业，再学习后期课程，或者为了让社会人重新学习而从后期课程开始编入学等。在大学制度中，专门职大学等重点是进行实践型职业技术教育，通过和产业界的密切合作，强化专业职业人才的培养。对专门职大学毕业生授予"学士(专门职)"学位，对专门职短期大学毕业生授予"短期大学士(专门职)"学位。修完专门职大学的前期课程授予"短期大学士(专门职)"学位。

(2)特色。该机构的特色是实践型高等职业技术教育机构。具体体现在以下几方面[1]。特色一，强调实践技能培养。课程中有 1/3 是实习实践课程，培养高度的"实践力"。特色二，研究型和实务型教师。学校由精通理论的研究型教

---

[1]　日本文部科学省：《専門職大学等の概要・特色》，http://www.mextgo.jp/a_menu/koutou/senmon/1387235.htm，2019-05-18。

师和具有丰富现场实践经验的实务型教师授课，原则上授课人数是 40 人以下。特色三，企业内实习现场体验的时间长。在校外的企业诊疗所等实习现场学习知识和技术，总计要 600 小时以上（四年制），培养解决问题的思考力。特色四，不限于一个专业的学习，着重培养应用力。通过基础科目、综合科目、职业专门科目、选修科目的学习，引导学习者成为具有新创意的人才，具有引领所就业的行业和职业变化的人才。特色五，毕业后多种出路。毕业生可获得"学士（专职）"和"短期大学毕业生（专职）"学位。据此，大学毕业生（短期大学毕业）可以就业、考研或留学。

二、企业内教育培训

企业内教育培训是日本职业技术教育的一大特色，是日本公共职业训练体系的一个重要组成部分，它以"就业者"为培养对象，由厚生劳动省主管。企业内教育培训的产生主要有两大因素，一是组织的需要，需要弥补企业员工实际的能力与企业所要求的能力的差异；二是个人的需要，植根于企业的每一个员工对劳动者终身学习时代职业能力开发必要性、重要性有充分的理解。企业内教育培训"不仅具有'来自企业、为了企业、企业实施'的色彩，而且还进行超越职业技术教育培训范围的人格陶冶和对企业人（公司员工）的精神教育。"①日本的企业内教育培训按照培训方式可以分为在岗培训（OJT）、脱岗培训（OFF-JT）和自我启发教育三种形式。"在岗培训"是日本企业采用最多、最普遍的方式，是指员工不脱离岗位，在日常工作中接受上级或前辈的指导，在工作岗位上边工作边训练。20 世纪 60 年代后期，OJT 成为一种制度，因企业规模不同，在职教育训练的具体方法也不同。"大企业多采用让其参与制订计划"。"设计课题让其撰写研究报告"等方式进行。② "脱岗培训"是指让员工脱离原来的工作岗位，在岗位之外的教室或训练场所接受的集中专业或技能培训，主要用于新员工的集训、技术人员和管理干部的外部脱产培训。③ 自我启发教育是完全自主进行学习的企业内教育培训方式，员工按照一定的目标自己进修，开发职业能力。"自我启发培训可以说是职业技术教育动机的形成、能力开发的根源和职业技术教育的基础。尤其对于在学校没有系统地接受职业技术教育培训、专业人

---

① ［日］寺田盛紀：《日本の職業教育：比較と移行の視点に基づく職業教育学》，2 版，9-10 页，京都，晃洋書房，2011。

② ［日］田中万年、大木荣一：《终身职业能力开发——劳动者的"学习论"》，蓝欣、姜征、马金强，译，134 页，天津，南开大学出版社，2008。

③ 顾红、徐觉元：《日本职业技术教育体系研究及借鉴》，载《天津中德职业技术学院学报》，2015（05）：53。

士培训的员工来说，在企业里的自我启发教育是不可缺少的。"①

(一)企业内教育培训现状

日本企业内职业技术教育体系分为五大类，即"入职前教育、新入职教育、骨干职员教育、监督者教育、管理者教育等"。② 入职前教育是以内定录用者为对象，目的是让即将入职的新员工了解掌握企业的规章制度、劳动条件、工资福利待遇等基本情况。这种形式的企业内教育训练以函授教育为主，通过问卷调查与汇报、现场参观与实习、研修会、合宿研修等方式进行。新入职教育时间一般为两周，主要让员工熟悉公司的环境，掌握工作岗位的基础知识等，主要分为岗前教育和岗位分配后教育两种形式。岗前教育一般是历时三个月的实习，岗位分配后教育一般是两周左右的集体培训和现场实习。开展骨干职员教育的目的是理解其职位和作用，加强对企业的责任感、判断力和协调性，深入理解企业的经营过程及企业生产效率。通过经营案例分析等方式，理解企业的经营内容、工作责任以及提升人际关系和解决问题等工作能力。监督者教育是采用企业内外研修的形式，对监督者或主任等重要现场责任者所进行的教育。管理者教育是企业较为重视的一种教育训练形式，一般要经过半年的挂职锻炼，通过学习企业的经营管理理论，提高其职务所要求的共通能力和知识水平。

目前，企业追求利用有限的教育培训投资，最大限度地提高教育培训效率，将人力投资与企业效益结合起来成为新的课题。企业内教育培训，"原来作为'企业责任'，在'总公司主导'下，在'公司内部'实施的'全员训练'出现了向由'事业所、事业部主导'的'选拔式教育训练'转换的趋势""积极推进'外部实施''外部委托'训练方式"。③

(二)企业内教育培训的特色

随着终身雇佣惯例的逐步消失，在社会老龄化、少子化的背景下，企业管理由企业单向型人事管理转变为企业和员工个体双向型人事管理模式。企业人事制度多元化促进企业内教育培训发生了转型，体现为如下几个特点。

1. 培训理念的人本化

全球化时代企业发展的不确定性与人力资本的竞争激烈性，要求企业内的教育培训以人本主义理念为指导，既要关注组织需要，又要关注个人需要。不

---

① 金双鸽、梁晓清：《日本企业内职业教育的发展及其对我国的启示》，载《教育理论与实践》，2015，35(36)：30-31。

② 同①。

③ ［日］田中万年、大木荣一：《终身职业能力开发——劳动者的"学习论"》，蓝欣、姜征、马金强，译，128页，天津，南开大学出版社，2008。

仅要通过内部培训促进员工在企业内部的职业发展，而且还要从员工个人职业发展的角度，在企业内部教育培训中给予员工人文关怀。职业能力开发的出发点不仅局限于企业，还要对员工职业能力的形成提供支援。在新的培训理念指导下，企业调整"职能别研修"和"课题别研修"这些分阶层研修课程或内容，融入选择型研修内容。早在 2003 年，"已经导入员工选择研修课程的选修型研修的企业占总数的 38.3％，正在研究导入的企业占 25.8％，两者合计达到 64.1％。特别是大企业中导入了选择型研修的企业比例更高，而且研修的人都是生产一线的专业人士。"①由单纯以企业的需要作为职业能力开发的出发点，转变为从企业、社会、市场的视角出发，将分阶层研究课程或内容转变为选择型研修课程或内容。人本化培训理念下企业内培训内容的变化，不仅有利于员工学会反思自己的职业能力，做好未来职业生涯规划，也有利于促进企业员工应对技术革新高速发展对职业世界的挑战。

2. 企业主导型培训与外部机构活动型融合

迫于外部环境发展的需要，企业内的教育培训由企业主导型培训转变为企业主导型培训与外部机构活动型融合。20 世纪 90 年代以后，企业的内部教育培训面临两个方面的威胁，一是本国泡沫经济的出现。企业为了应对严峻经济环境的挑战，不得不减少系统内部教育所需要的庞大成本；二是技术革新速度加快的挑战。企业要面对独自进行内部职业能力开发的风险。新形势迫使企业压缩内部基本教育训练的内容，同时，按照效率优先的原则，积极推进"外部实施、外部委托"的教育培训方式，"后一种类型的'研修委托费、参加费'占47.2％，其余都是前一种情况，所支出的费用为 52.8％"。② 随着培训方式的变化，企业开始调整教育培训新政策。一方面，利用有限的教育培训费用最大限度提高内部教育培训的效果，另一方面，教育训练的主体由"总公司主导"发展为重视事业所、事业部主导的"选拔式"教育培训的企业越来越多，越来越多的大企业采用了"外部委托"教育培训方式。

三、公共职业训练

在整体性人才开发理念作用下，日本自"二战"后通过《职业安定法》《劳动基准法》《职业训练法》《职业能力开发促进法》等制度，推动社会公共职业训练的发展，为失业者、转换职业者以及残障人士等社会人员提供就业必需的技能培训。

---

① ［日］田中万年、大木荣一：《终身职业能力开发——劳动者的"学习论"》，蓝欣、姜征、马金强，译，150-151 页，天津，南开大学出版社，2008。

② 同①128 页。

社会公共训练这项工作由厚生劳动省下属的职业能力开发学校和各都道府县下属的职业技能培训机构承担，除了承担在职人员和离职人员等的职业训练外，还承担义务教育以及高中毕业生训练。

（一）公共职业训练的现状

日本 1985 年制定的《职业能力开发促进法》规定，公共职业训练课程主要有五种："养成训练、提高训练、能力再开发训练、对残疾人的职业训练、对职业训练指导员的训练。实施机构有专修职业训练学校、高等职业训练学校、职业训练短期大学、身心残缺者职业训练学校和职业训练大学等。"[①]

（二）公共职业训练的特点

1. 公共职业训练课程内容丰富、种类繁多

日本的《职业能力开发法》规定，公共职业训练有普通种类的、高级种类的和单纯针对指导员的训练课程。第一类，普通种类的公共职业训练有两种类型，即普通训练课程和短期训练课程。前者是以初中或高中毕业生为对象的长期课程，后者是以在职者、离职者为对象的短期课程。第二类，高级种类的公共职业训练有四种类型，即专门训练课程、应用训练课程、专门短期训练课程和应用短期训练课程。专门训练课程是对高中毕业生进行的长期训练课程，应用训练课程是对专门课程毕业生进行的长期课程，专门短期训练课程是对相当于高中刚毕业水平的在职者进行的短期课程，应用短期训练课程是对专门课程毕业水平进行的短期课程。第三类，指导员训练课程有五种类型，即长期、专门、研究、应用、研修训练课程。长期训练课程是对高中毕业生进行的 4 年长期课程。专门训练课程是对职业训练指导员及具有该资格证书的人进行的追加资格的课程。研究训练课程和应用指导员训练课程，前者注重研究能力的培养，后者注重应用能力和研究能力的培养，研修训练课程注重提高职业训练指导员的资质。

2. 公共职业训练机构繁多

公共职业训练由厚生劳动省管辖，职业能力开发局承担公共职业训练，在国立、都道府县和雇佣能力开发机构设立的职业训练设施中实施。职业能力开发局的下一级组织机构由雇佣能力开发机构、海外职业训练协会、中央职业能力开发协会、都道府县职业能力开发机构等构成。这些公共职业训练

---

① 王江涛：《日本职业教育体系的历史溯源及其现代化启示》，载《中国职业技术教育》，2013（30）：67。

机构还有许多下级机构，如职业能力开发机构的下级组织机构、包括职业能力开发大学校、附属短期大学校等。除此之外，还有都道府县公共职业训练机构的下一级训练机构，包括职业能力开发短期大学校、职业能力开发校等。

3. 注重培养实践型技术者

与学校教育和企业内部的教育培训不同，公共职业训练机构注重培养实践型技术者。公共职业训练机构不拘泥于传统的、反复的操作技能训练的职业培训形式，而是创新教育训练方法，采用"实学融合"的教育训练方法，以"现场""课题"等学习方式提高学生的社会适应性。

4. 公共职业训练规范化

为规范化公共职业训练机构的职业训练行为，国家出台系列法律法规，通过制度建设规范化管理公共职业训练。一方面，利用《雇佣保险法》等法律管理职业训练的财源；另一方面，建设系统的职业资格制度，通过职业能力评价制度引导、规范公共职业训练机构的办学行为。日本的职业能力评价制度包括"技能鉴定制度、企业内部检定认定制度、职业能力评价标准制度，以及根据职业能力评价标准实施的商务技能考核制度、超市资格认定制度、事务处理技能考核认定制度等"[①]。依据职业能力评价制度中的职业能力评价标准，公共训练机构强化课程教学质量。

第二节　职业技术教育的衔接

教育衔接是教育结构建设的基本内容，通常用沟通与衔接表现教育结构内部各种学制之间的相互关联。为打通技术技能人才系统化培养的通道，日本自20世纪90年代后期开始进行高大衔接改革。从系统的观念来看，日本的高大衔接改革是"深层次"教育体系改革，"并不是把所有高中生都'嫁接'到大学"，"也不等同于大学入学考试改革"，"不是减少对知识与技能的培养的改革"，[②]日本以建立学位证书制度、技能鉴定制度、职业资格证书制度、学分认定与互换制度等终身教育评价制度为主线，支持各级各类教育之间的实质性衔接和沟通。

---

① 亚玫、樊晓光：《日本"职业段位"制度的实施背景及特点》，见姜大源：《当代世界职业教育发展趋势研究》，375页，北京，电子工业出版社，2012。

② 吕光洙：《日本高大衔接改革：高中教育、大学教育、大学入学选拔为一体》，载《外国教育研究》，2015，42(10)：24-33。

一、培养目标衔接

(一)普通教育与职业教育的横向衔接

日本通过《学习指导要领》《教育基本法》《学校教育法》对各级、各类学校人才培养目标作出明确的规定。2006年修订的《教育基本法》，在原有教育目标，即"尊重个人价值，发展能力，培育创造性、自主和自立精神"规定的基础上，提出为了加强教育与职业的联系，增加了"重视与职业以及生活的联系，培养尊重劳动的态度"的内容。具体落实在《学校教育法》中，关于义务教育的目标内容，被规定为"培养有关职业的基础性知识和技能，尊重劳动的态度以及适应个性的对将来出路的选择能力"；高中学校实施"适应(学生)身心发展和出路"的高中普通教育与专业教育；大学"以学术为中心，在传授宽广知识的同时，掌握精深的专业技能，拓展知识的、道德的以及应用的能力，培养实践性和创造性技术人才。"[1]基于此，在大中小学教育阶段，培养目标都涵盖教育性与职业性两个维度，以目标上的教育性和职业性为基础，普通教育与职业教育实现横向衔接，有利于学生多种选择的实现。

(二)职业教育之间的纵向衔接

遵循技术技能人才系统化成长和发展的规律，日本通过同类型学校教育目标的衔接，促进高等职业教育专攻科以及技术科学大学、专门职业研究生院这类技术类学校的一体化教育。不同层级的学校职业教育机构以明确的目标定位为教育衔接和贯通的基础和依据，教育目标中都注重增强体验性、实践性教育教学内容。很多高等专门学校、短期大学设置专攻科(学士学位水平)，在本高等职业教育机构内部通过教育目标衔接实现高等职业教育和本科之间的衔接。以高等专门学校为例，文部科学省在官方网站上关于高等专门学校"五年一贯制"教育的介绍中指明其目标是培养掌握丰富的教育和系统的专业知识的技术人员，培养目标定位为重视体验的早期创造性教育。"专攻科"教育要求采用包含与社会的产学结合共同教育体验的，由融合复合型科目构成的课程，培养"涵盖通过以科学性知识为背景的知的技能和体验用身体技艺的知识(身体知)"。[2]"专攻科"以及技术科学大学的设立，打通了学生进入同类型高一级学校学习的

---

① 陆素菊：《日本推进中高等(技术)教育衔接的经验及其启示》，载《比较教育研究》，2014，36(04)：44。

② ［日］四ツ柳隆夫：《高専の新領域への拡大について　歴史と展望》，http://www.mext.go.jp/b_menu/shingi/chukyo/chukyo4/016/gijiroku/08022902/003.htm，2017-04-25。

通道。① 为促进新时代技术技能人才贯通培养，中央教育审议会提出新时代大学教育根据"明确的'毕业认定与学位授予方针''教育课程的编制实施方针''招生方针'，重视'学力的三个要素'即'思考力''判断力''表现力'，制定选拔规则"。② 文部科学省 2016 年下发《大学入学选拔实施要领》，明确要求各大学根据本校的教育理念、教育内容制定入学招生政策，努力做到选拔方法多样化，评价尺度多元化。

二、学制衔接

日本的职业技术教育学制衔接种类多样，除教育一贯制之外，还以招生制度改革促进学制衔接。

（一）实行教育一贯制

日本的职业技术教育一贯制表现为高中教育阶段和高等职业教育阶段。高中教育阶段"中高一贯教育"，1999 年开始制度化，主要有三种形式③：一是独立的初高中 6 年一体化的一贯制教育的中等教育学校；二是"并设型"初高中，即同一设置者所设置的初中和高中的"中高一贯教育"；三是"联合型"初高中，即不同设置者所属的初高中联合体。2013 年、2016 年"中高一贯教育"三种形式学校数量如表 2-14 所示，2016 年中等教育学校、并设型学校数量均比 2013 年多。

表 2-14　2013 年、2016 年日本"中高一贯教育"学校设置情况④　　　　单位：所

学校类别	中等教育学校	并设型	联合型	合计
公立	31(29)	87(74)	80(81)	198(184)

① 陆素菊：《日本推进中高等（技术）教育衔接的经验及其启示》，载《比较教育研究》，2014，36(04)：44。

② 日本文部科学省：《高大接続改革の進捗状況》，http://www. mext. go. jp/component/a_menu/education/micro_detail/__icsFiles/afieldfile/2018/01/29/1397723_001. pdf，2018-10-01。

③ 日本文部科学省：《「中等教育学校並びに併設型中学校及び併設型高等学校の教育課程の基準の特例を定める件」及び「連携型中学校及び連携型高等学校の教育課程の基準の特例を定める件」の改正について（通知）》，http://www. mext. go. jp/b_menu/hakusho/nc/1314011. htm，2019-11-01。

④ 日本文部科学省：《高等学校教育の改革に関する推進状況について》，http://www. mext. go. jp/a_menu/shotou/kaikaku/detail/__icsFiles/afieldfile/2017/04/13/1384268_001. pdf，2017-03-01。

续表

学校类别	中等教育学校	并设型	联合型	合计
私立	17(17)	373(243)	2(1)	392(261)
国立	4(4)	1(1)	0(0)	5(5)
合计	52(50)	461(318)	82(82)	595(450)

注：(1)（ ）内是 2013 年(平成 25 年度)设置的学校数量。

(2)并设型及联合型，以初中、高中 1 组为 1 所学校进行统计。

(3)2003 年(平成 15 年度)在和歌山县、2009 年(平成 21 年度)在神奈川县设置的国立大学附属中学、县立高中的联合型初高中一贯制教育学校，包含在公立学校统计数据内。

高中教育阶段的教育一贯制还表现为专攻科。2016 年创设高中专攻科毕业学生编入大学制度，高中设置专攻科修业年限为 1 年以上，设置的主要目的是促进取得职业资格，深化高度技术的专门教育。如表 2-15 所示，文部科学省的调查显示，设置专攻科的高中，护理类的高中最多，其次为水产类、工业类，普通高中设置专攻科的比较少。

表 2-15 　2012 年设置专攻科的高中及其学生情况[①]

项目	普通科	农业科	工业科	商业科	水产科	家庭科	护理科	信息科	福祉科	合计
高中(A)/所	3 857	311	550	677	42	285	95	29	102	5 948
设置专攻科的高中数(B)/所	3	7	19	1	26	3	76	0	3	138
专攻科在籍学生数/人	125	230	468	19	545	138	6 726	0	82	8 333
设置比例(B/A)/%	0.1	2.3	3.5	0.1	61.9	1.1	80.0	0.0	2.9	2.3

高等职业技术教育阶段的教育一贯制主要表现为专攻科，如短期大学的专攻科，包括得到学位授予机构认定的相当于大学本科专攻科和未认定的专攻科两种形式。高等专门学校的五年一贯制(准学士学位)、七年一贯制(专攻科，学士学位水平)、专门学校的"专门士""高度专门士"。修业年限 2 年以上，总授课

① 日本文部科学省：《我が国の高等学校教育の现状と今後の改革の方向性》，https://www5.cao.go.jp/keizai－shimon/kaigi/special/reform/wg4/280826/shiryou2.pdf，2016-08-26。

时间 1 700 课时以上，通过课程认定的毕业生获得"专门士"称号，修业年限 4 年以上，总授课时间 3 400 课时以上，通过课程认定的毕业生获得"高度专门士"称号。教育一贯制既能够促进职业技术教育学生学力的提高，同时也保持了多样化的教育生态。

(二)推荐入学衔接

日本大学入学者考试在积极利用一般学力考试，即"入学者学力评价考试"的同时，还采用推荐入学选拔方式和 AO 考试。

1. 推荐入学选拔方式

推荐入学选拔方式与其他入学方式不同，由考生在读学校向大学推荐学生，目的是吸引具有特殊才能的学生。"在推荐入学中，大学对考生的报考资格有一定的要求，如有些大学要求必须是第一志愿、高中期间所有评价的平均值达到 4.3 以上等，大学自主决定选拔的标准和参考的资料"①。实施推荐入学方式的大学，确定一些定点学校作为生源学校，双方或多方达成合作协议。职业高中和综合高中的职业科设置了大量科目，与高等职业技术教育机构、技术科学大学的相关专业对接，借助推荐书、调查书以及面试等方式来录取学生。2014 年（平成 26 年度）日本采用"推荐入学"制度的国公立大学共计 157 所，占国公立大学总数（163 所）的 96.3%，同年采用"推荐入学"制度的私立大学共计 578 所，占私立大学总数（580 所）的 99.7%；2014 年通过"推荐入学"升学的学生共计 205 849 人，占总人数（599 234 人）的 34.3%②。可见，推荐入学是日本实现中、高职衔接的行之有效的措施。推荐入学方式在一定程度上促进了高中、高等职业院校和技术本科教育的衔接。

2. AO 考试

"AO"是"大学的入学担当事务局（Admissions Office）的简称，即负责招生业务的大学专门机构"③。20 世纪 90 年代，日本效仿美国开始实施 AO 考试，AO 考试评价方法多样，一般由综合素质测试、论文和面试几个环节组成，重点考查考生是否适合在该大学学习。相比于推荐考试，AO 入学考试的审查更加严格、细致，这种考试形式为在大学考试中心统一考试中因学力不足无法考

---

① 张爱：《日本大学多样化入学选拔模式的形成及特征》，载《清华大学教育研究》，2011，32(01)：108-119。

② 张海燕、成玉峰：《多样化、市场化、个性化背景下的日本职业教育的衔接》，载《科学大众（科学教育）》，2016(01)：161-162。

③ 同①。

取大学的考生创造了机会。

三、学分衔接

日本的中职、高职之间有多种相互衔接的渠道，学分制是衔接中职、高职和大学的桥梁。1988 年日本在定时制和通信制高中实施学分制，1993 年学分制扩大到全日制高中，2015 年创立了高中专攻科毕业生编入大学制度，学分制促进了高中与大学、高等职业技术教育的衔接。

日本允许高中阶段的学生直接跳级进入高等职业院校学习，对于那些"学有所长"或有学习欲望的学生，允许他们在高中阶段就选修中高职衔接课程获得学分，或以旁听生的身份到大学课堂学习而获得相应的学分，这些学分可以认定为进入大学后的课程所修学分。此外，中、高职之间的衔接活动还包括大学教师"走出去"到高中授课，如面向高中生进行公开授课、讲座等形式。"日本的学分制为学年学分制：既规定在校学习的年限，又规定毕业的最低学分数，只有当这两个条件同时具备时方可毕业。"[①]高等职业技术教育阶段，依据学校设置基准规定的学分，获得相应的学位，进行教育衔接。如高等专门学校学习准学士学位课程获得 167 学分授予准学士学位，获得 62 学分则可进入专攻科学习。学校设立职业资格考试合格转换为学分的制度，引导学生积极应对各种资格考试，作为具有编入大学资格的要件。

四、学位衔接

从现代职业技术教育体系视角看，日本的职业技术教育体系是由高中层次、专科、本科层次的技术科学大学以及研究生院等组成的职业技术教育系列的贯通培养体系。高等专门学校毕业的学生获得专门士学位，短期大学、专门学校毕业的学生获得准学士学位、高度专门士学位，技术科学大学毕业的学生获得学士学位。此后，学生可进入研究生院继续攻读硕士、博士学位，实现职业技术教育不同阶段学位之间的衔接。

第三节　职业技术教育结构的特点

一、日本职业技术教育结构的特点

日本在劳动者的终身学习理念以及整体人力资源开发理念的作用下，紧贴

---

① 郑延才：《美、日、中高校学分制模式的比较与评析》，载《黑龙江高教研究》，2008（01）：73。

经济结构性调整而构建现代职业技术教育结构，并使之呈现如下特点。

(一)注重纵向的贯通和横向的融通

纵向的贯通首先表现在注重夯实中小学职业启蒙教育。小学和初中阶段通过设置职业启蒙教育的学科课程和活动课程，培养学生的劳动观和勤劳观。高中阶段以职业高中为主、普通高中和综合高中为辅对学生进行职业技术教育，高等教育阶段既有大专层次的短期大学、专门学校、高等专门学校，又有本科层次的技术科学大学，还有专业研究生院。纵向上的贯通培养既满足了技术技能人才系统化培养的要求，又满足了教育普及化和教育多样化发展的要求。日本形成了从小学到博士的完整的职业教育层次。在高中教育阶段，通过职业体验和职业见习方式加强横向融通；在高等教育阶段，则通过"实践性""体验性"等方式促进横向融通。

(二)培养标准的系统化

人才培养标准系统化是构建职业技术教育体系的基础工作。人才培养标准系统化主要表现在以下两方面：其一，促进大中小学校培养标准衔接。文部科学省自20世纪90年代末开始强化教育衔接建设，基于一体化的思想，通过《学习指导要领》引导中小学校协同教育。其二，以社会适应性为导向，政府委托第三方评价机构供给专业教育质量标准，作为检验评价高等专业教育的手段和工具。大学、专门职研究生院、高等专门学校等高等工程教育机构，有针对性地实施日本技术者教育认定制度，日本技术者教育认定机构(JABEE)对"认定基准"作出明确规定，高校提出申请的教育计划必须满足该机构"认定基准"对教育目标、教育手段及教育改善等方面的系列要求，"认定基准"最低限度保障了高技能人才培养质量。为推动人才培养标准的落实，检验标准的制定与实施效果，及时更新标准，大中小学校评价坚持采用校内自我评价、学校关系者评价和第三方评价相结合方式，进行目标达成度评价。

(三)类型多样、结构合理

日本的学校有国立、公立和私立之分，国家注重引导多种社会力量办学，促进教育多样化发展，通过设置标准和教育质量评价，规范各类型办学机构规范办学行为。遵照学校设置标准，行业、企业、民间团体等多方利益相关者，积极发展职业技术教育。日本的职业技术教育除了学校教育以外，还有企业内部教育培训以及社会公共训练，受教育对象不但包括未就业者，还包括就业者以及职业转换者、社会残障人士等，职业技术教育满足了人们对多样化教育的需要，同时构建普职沟通、中高职甚至本科教育衔接的立交桥，现代职业技术教育体系的完善增强了职业教育的吸引力。

二、日本职业技术教育结构对我国的借鉴意义

理性借鉴他国经验，补充我国现代职业技术教育结构的短板，需要促进人才培养体系的横向贯通和纵向融通，按照产业发展需要和人的多样化教育需要，动态完善职业技术教育结构建设。

(一)加强现代职业技术教育结构的纵向贯通

补充我国职业技术教育人才培养体系的短板，既要发展学校职业技术教育，也要振兴职业培训事业。学校职业技术教育结构的完善，要抓两头促中间，强化纵向贯通，体现教育的连续性、层次性。"一头"要丰富职业技术教育人才的教育文化基础，充实中小学职业启蒙教育，并给予职业启蒙教育相应的支持，为技术技能人才系统化培养筑牢根基。"另一头"要顺应技术技能人才培养层次高移的趋势，促进职业技术教育层次高移。日本于 20 世纪 90 年代以后重点发展研究生院制度，我国应根据经济结构性调整需要，通过大力促进应用型本科转型，开展新工科教育改革，促进本科与研究生教育衔接，引导应用型、研究型和技能型高校错位发展，健全高等职业技术教育多类型、多级化人才培养体系，使高等职业技术教育层次高移。

(二)促进职业技术教育结构的横向融通

促进普通教育与职业技术教育的协调发展，实现高水平的内部协调与外部协调的统一。一方面要促进普职沟通，健全大中小学人才培养标准体系，引导大中小学校从以往只重视招生选拔的"选拔衔接"，转向重视包括课程和教学方法在内的"整体衔接"；另一方面是要促进教育结构内部与外部的融通。促进政产学研用多方主体内外联动，创新人才培养模式、产教相知相融人才培养过程，全力提高人才培养质量，提高人才培养对经济增长的贡献率。

相关链接

日本中小学职业启蒙教育支持体系：制造业人才成长的"摇篮"

摘要：Society 5.0 社会背景下，为培养制造业人才的现场力，日本建立了学校、政府、产业界、家庭和社会"五位一体"的协同职业启蒙教育支持体系，通过职业启蒙教育，加深中小学生对制造业重要性的理解，提高其制造的兴趣和相关素养。理性借鉴日本的经验，从制造业人才资源一体化开发角度出发，科学系统建设我国的职业启蒙教育支持体系，需注重体现其整体性、社会适应性、实践性和动态发展变化性特征。为促进该体系有效运行，政府主导建立内外部协同支持职业启蒙教育的机制，方能形成教育合力，补充制造业人才培养

的短板。

关键词： Society 5.0；日本；制造业；职业启蒙教育；教育支持体系

Society 5.0 背景下，产业方迫切要求制造业人才具有"现场力"这一关键能力。"现场力"不仅限于生产现场，还包括人类活动的所有现场。数字化时代的"现场力"是指能够捕获高质量的现场数据，并将其作为数字劳动和数据的资本化，工艺（技能）技术的系统化，隐性知识的形式化等能力。[1]遵循"现场力"的专注力、转化力和捕捉力的特质及其循序渐进生长的规律，日本从中小学教育阶段开始系统化培养制造业人才，构建了学校、政府、产业界、家庭、社会"五位一体"职业启蒙教育支持体系，全面夯实中小学生的科学文化知识基础，加深对制造业重要性的理解，提高制造的兴趣和相关素养，为高等教育阶段以及工作世界中"现场力"的提升奠定基础。

一、基于制造业人才培养的"五位一体"职业启蒙教育支持体系

对 2017 年、2018 年文部科学省修订的最新《小学学习指导要领》《中学学习指导要领》《高中学习指导要领》，以及《日本制造业白皮书 2018》进行内容分析，发现日本以学科课程和活动课程为载体在学校教育中实施制造业人才职业启蒙教育。

（一）中小学职业启蒙教育的课程支持体系

1. 日本以学科课程和活动课程为主渠道实施制造业人才职业启蒙教育。中小学课程体系中指向制造业人才培养的职业启蒙教育学科课程有：小学的"图画手工""家庭"，初中的"技术家庭""美术"，高中"艺术"中的"工艺"和"家庭"部分、"产业社会与人"。除此之外，还包括理科、信息等学科课程和活动课程中的渗透教育。从小学第一学年开始直到高中教育阶段统一设置"特别活动"课，从小学第三学年开始设置"综合学习时间"活动课。[2]

2. 职业启蒙教育课程内容及目标。开设上述学科课程和活动课程的总体目标之一是提升中小学生对制造业的关注，培养制造业从业人员的相关素养。小学"图画手工"课，主要通过造型游戏、绘画立体手工表达、鉴赏等活动，培养学生对生活、社会中丰富的形状和颜色等艺术素养。"家庭"课第五学期开始开设，主要让学生掌握日常生活所需的基本知识及技能，并培养为家庭作贡献的态度。[3]中学的"技术家庭"是制造业人才职业启蒙教育的主干课，其目标是学习"材料与加工""能量转换""生物培育""信息"等相关领域的基本知识和技术，同时从便利性、环境负荷、安全性等观点出发，进行产品设计、制作、改善现有产品等课题研究，加深对技术与社会、环境关系问题的理解，培养适当地评价、利用技术的能力和态度。[4]"美术"课程主要培养学生利用材料及道具的特性，表达自己的心情及意图。高中"家庭"课程主要培养学生主动解决家庭、地区生活问题，提高充实生活的能力和实践的态度。"艺术"课程的"工艺"部分通过广泛的工艺创造活动，加深对工艺传统和文化的理解，培养学生具有丰富的审美体验和终身爱好工艺的情感及充实生活的态度，提高创造力、表现力和鉴赏能力。"产业社会与人"课程主要培养学生认识产业社会及选择和从事职业所必需的能力、态度。活动类课程目标是让学生在各种集体活动中自主实践，尽可能地发挥能力，养成解决集体和自我生活问题的资质和能力。"综合学习时间"课程通过跨学科综合性学习，培养学生掌握学习方法和思维方式，自主发现问题，主动学习思考判断，提升解决问题的资质和能力，形成创造性协作的态度和积极的生活方式。理科、信息等课程培养学生形成扎实和较宽厚的先进制造业基础理论知识。

3. 职业启蒙教育课程的教学方式。主要采用综合体验性学习和课题研究性学习等方式，促进主体型、对话型深度学习。学科课程常用观察、实验、调查、研究、发表、讨论及实践等教学方式，其中理科课程较为重视反复(螺旋)指导、观察、实验和问题导向学习。从国际的通用性、内容的系统性观点出发充实指导内容，着重加深对原理和法则的理解，进行制造相关科学性体验活动。活动类课程活动形式多样，如"特别活动"课，有班级活动、儿童会活动(只有小学才有)或学生会活动、俱乐部活动(只有小学才有)、学校活动、家庭活动(只有高中才有)等体验活动，侧重自然体验、志愿者活动和生产制作活动等跨学科综合探究性体验学习活动。

4. 职业启蒙教育课程实施评价。主要采用目标达成评价模式进行学习评价。"《学习指导要领》重点解说"中明确了"如何学习，学到了什么"，对学科课程的目标及内容、各学年的教育目标及内容、教师指导计划的制订及内容做了具体的规定，给出"内容标准"作为学习评价的依据。国立教育政策研究所对小学到高中教育阶段各学科、各学年段等课程教学的评价观点及主要内容，评价标准的制作、评价方法等提出指导性意见。[5]"职业生涯教育手册"专门对职业启蒙教育课程评价做出明确规定。教师依据上述规定，运用观察、检查、自评与互评等多种评价方式对学生学习活动进行综合评价。

(二)中小学职业启蒙教育的政府政策支持体系

日本政府对中小学职业启蒙教育的政策支持包括营造职业启蒙教育氛围，完善职业启蒙教育制度，为职业启蒙教育制度化提供相应的保障。

1. 提高利益相关者对中小学职业启蒙教育重要性的认识。"二战"后，日本于1954年颁布了《理科教育振兴法》，通过理工扩大政策引导学校大力培养制造业人才。80年代中后期，日本出现大量"逃离理工"现象，为避免人才流失对制造业发展产生不良影响，解决2007年"团块世代"高技术技能人才纷纷退休后造成的制造业人才缺失问题，1999年3月，日本颁布《制造基础技术振兴基本法》，明确提出通过各种机会提高青年和其他公民对制造基本技术的兴趣和了解。从充实中小学校技术教育开始，振兴学校教育和社会教育中的制造基础技术学习。[8]1999 年发布《关于改善初等、中等教育与高等教育的衔接》报告，提出从小学教育阶段开始实施职业生涯教育。2001 年发布《关于对年轻熟练技能技术人员进行制造的教育和学习方法》报告，提出通过有计划的、连续性的学校教育、社会教育，培养制造业人才的意义、效果及有效实施方法，以引起整个社会的关注。[6]

2. 促进中小学职业启蒙教育制度化。自 2001 年起，日本连续编制《制造业白皮书》，总结制造业人才职业启蒙教育情况，提出改革的具体构想，引导文部科学省根据产业结构转换升级的变化，制定并修订《学习指导要领》，规范职业启蒙教育的实施。1999 年 12 月，中央教育审议会《关于改善初等、中等教育与高等教育的衔接》咨询报告中，首次提出"职业生涯教育"这一概念，建议从小学教育阶段开始实施职业生涯教育，此后，通过《改正基本教育法》《学校教育法》和《为了培养每一个学生的劳动观》等法律、报告推动中小学职业生涯教育的实施。2003 年文部科学省通过中小学《学习指导要领》《小学、初中、高中推进生涯教育手册》等课程标准文件，规范、指导中小学职业启蒙教育。《学习指导要领》对职业启蒙教育的课程体系做出规定，《生涯教育手册》不仅对校内组织的充实、计划的制定、教育评价方面做出具体规定，对每一个学段的目标、内容、方式与课程的关系做出说明。此外，还对学校和家庭及监护人的合作、地区企业产业界、不同学校之间的合作做出具体说明。为激励多方利益相关者协同支持职业生涯教育，文部科学省和经济产业省建立"生涯教育推进合作表彰"制度，对学校相关人士、地区社会和产业界等相关人士的合作、协作生涯教育进行表彰。日本政府设置内阁总理大臣奖、文部科学大臣奖和经济产业大臣奖等，对在制造业领域获得特别优秀成果的个人或团体进行表彰，营造制造光荣的氛围，促进全社会对职业启蒙教育的认同。2017 年 3 月，文部科学省、总务省及经产省设立了"未来学习协会"，促进民间企业、团体组织参与职业启蒙教育教材开发，推动建立学校方便运用外部人才的支持体制，2018 年提供发布编程教育实践事例的网站。新《学习指导要领》将"信息运用能力"视为"学习基础的资质和能力"，并注明以跨学科培养为宗旨，在小学、初中和高中教育阶段充实编程教育。2018 年 3 月文部科学省发行《小学编程教育入门（第一版）》，初中的技术家庭课中充实与编程有关的内容。高中阶段的信息课，除编程以外，还有网络与数据库的基础知识。[7]

3. 提供师资、经费和物质保障支持。《产业教育法》规定"高级中学内进行产业教育的实验与实习设施或设备，初级中学或高级中学为进行产业教育而共同使用的实验实习设施或设备，初级中学进行职业指导的设施或设备，"[8]国家要负担职业启蒙教育所需要的全部或部分经费。2005 年中央教育审议会向文部科学省提交的《义务教育体制改革》报告，提出由国家来承担中小学教职员配备、学校设施和教材教具等保障性经费和教育装备。

(三)产业界对中小学职业启蒙教育的指导、监督和实践支持体系

为提高制造业人才培养质量，产业界通过"标准""咨询"等方式监督、指导和支持职业启蒙教育的实施。一是制定并修订中小学技术教育标准，为课程标准的制订提供依据。产业技术教育学会发布《21世纪的技术教育》，对学前教育、小学教育、中学教育和高中教育阶段的技术教育理念、内容做出明确规定。[9]以"大项目""小项目"形式明确各教育阶段技术教育的"内容标准"，"大项目"由若干个"小项目"构成。用"技术对象的基础"和"设计计划"，分别阐释"大项目"所需要的知识和技能，前者明确技术性课题的基础知识，包括解决技术课程的"科学依据的知识"和相关的"技术关联知识"。后者明确解决课题所需的具体知识和技能，由"设计要素""构想的表现手法""工程计划"构成。[10]文部科学省依据行业指导意见，编制中小学《学习指导要领》。二是支持职业启蒙教育体验活动。2003年日本高中开始实施"双轨制学习"，学生一周至少3天在企业实习。2005年的"青少年自立、挑战计划"，要求学校与地区产业方合作，以初中为中心，学生每学年进行5天以上时间的职业岗位体验活动。为提高教育体验活动的实效性，学校邀请企业人员作为课外教师到校座谈。2009年文部科学省和经济产业省及地方教育委员会合作实施早期工学人才培养工程，以初、高中生等为对象，鼓励本地企业通过开放设备设施，以及派遣技术人员到学校讲座等形式，共同进行职业启蒙教育。[11]

(四)中小学职业启蒙教育的家庭和社会体验教育支持体系

日本家庭教育和社会教育中包含了丰富的制造业人才启蒙教育内容，家庭和社会是制造业人才体验教育的实践基地。2001年日本制订了"21世纪教育新生计划"，提出培育心灵丰富的日本人，提高家庭教育和社会教育能力。2006年教育再生会议第4次报告将"社会全体参与的儿童、青少年和家庭支援"作为一个议题进行探讨。2006年修订的《教育基本法》第10条对家庭教育支援做出明确规定，提出将自立心的涵养和促进身心协调的发展作为努力的目标，第13条对有关学校、家庭和居民间的相互合作做出规定。系列家庭教育和社会教育政策推动了家庭和社会教育中职业启蒙教育的融入。在家庭教育中，家长非常支持孩子学好家政课，在家庭生活中注重培养孩子缝纫、修理等制造基本技能，在日常生活中注重通过言传身教培育孩子的劳动观、职业观、自立观。除家庭教育外，社会教育中包含了大量制造体验教育内容。社会教育关系团体等利用科学未来馆、文化馆、公民馆、图书馆、博物馆等社会教育设施，开展制造体验教育活动和传统工艺体验活动，营造全民重视制造业人才职业启蒙教育的良好氛围。

二、基于制造业人才培养的"五位一体"职业启蒙教育支持体系特点

(一)职业启蒙教育支持体系的系统性

日本"五位一体"制造业人才职业启蒙教育支持体系是一个系统，这个系统

由学校支持、政府支持、产业界支持、家庭支持和社会支持五个相互联系的部分或子系统组成。制造业人才职业启蒙教育支持体系的一体化，有利于形成全员、全过程和全方位培养制造业人才的格局。除了教育支持体系的系统性之外，每个职业启蒙教育支持体系也体现了系统性。如学校职业启蒙教育支持体系，其系统性不仅体现在中小学各教育阶段的职业启蒙教育内容相互衔接，而且各有侧重，小学以参观为主，中学以职场体验为主，高中以职场见习为主，是分层递进式教育体系。

（二）职业启蒙教育支持体系的动态发展性

早在明治时期的 1881 年，日本就在中学及师范学校开设了"工业"课程。1886 年，日本在《小学校令》中规定在高小的教学科目中加设"手工"科，与此同时，在师范教育中，将"手工"作为男子的必修课。这并不是一般的以陶冶为目标的单纯教学科目，而是重视与实业关系的特别教学科目。[12]实业教育解体后，根据《学校教育法实施细则》（1947 年 5 月 23 日文部省令第 11 号）的规定，日本在义务教育阶段的初中开设"技术""家政"必修科目和选修职业科目。1958 年文部省修订《学习指导要领》，之后约每 10 年修订一次。日本产业技术教育学会课题研究委员会 1998 年制订并发布《21 世纪的技术教育》，明确了普通教育各阶段技术教育内容，2014 年进行了修订。[13]

（三）职业启蒙教育支持体系的内外部协同性

职业启蒙教育支持体系的内外部协同性不仅表现为政府、学校、产业界、家庭和社会"五位一体"协同推动职业启蒙教育，而且还表现为各个支持体系内部主体之间的协同。如，教育内部机构协同支持中小学职业启蒙教育，具体表现为：一是大学对职业启蒙教育的支持。1999 年文部科学省通过中央教育审议会发布的《关于改善初等、中等教育与高等教育的衔接》咨询报告、2005 年《我国高等教育未来》咨询报告、2013 年第二期《教育振兴基本计划》等制度，促进大中小学教育衔接，使中小学教育从以往只重视招生选拔的"选拔衔接"，转向重视包括招生选拔、课程和教育方法在内的"整体衔接"，改革和完善大学升学选拔制度，进一步加强与职业生活的联系，为大学乃至全社会注重职业启蒙教育奠定了基础。[14]在政策性文件引导下，文部科学省通过项目形式，促进大学与中小学校协同创新理科教育模式。从 2002 年开始，文部科学省指定的部分综合制高中和学分制高中，即超级科学高中（SSH），将科学技术、理科和数学作为教学重点，开展理科和数学课程，并与大学及研究机构有效合作。2017 年开始由大学成立"少年博士培养学校"，对特别热爱数理科目且能力突出的中小学生提供特殊教育项目，大中小学校联手教育委员会，开展初高中生科研实践推进项目。二是职业院校对职业启蒙教育的支持。职业高中、高等职业院校面向中小学生开设公开讲座、来访实验、上门授课、科学教室、机器人比赛等职业启蒙教育活动，提高中小学生对理科、科学和技术教育的关注。

三、启示

当下，我国正在大力推动德智体美劳全面发展的教育体系建设和新工科建设，为理性借鉴他国经验，建立健全职业启蒙教育支持体系带来契机。从本国国情出发，补充我国制造业人才培养体系的短板，有效开展职业启蒙教育，既要完善制造业人才支持体系，又要建立相应的机制，促进其有效运行。

（一）科学系统建设职业启蒙教育支持体系

遵从制造业人才系统化培养规律，从教育的连续性、层次性和社会适应性角度出发，科学系统设计职业启蒙教育支持体系。

1. 要完善职业启蒙教育课程支持体系，促进大中小学教育衔接。明确中小学教育阶段职业启蒙教育目标，目标定位要体现系统性、层次性、递阶性和联系性，难易适中，避免教育内容重复。

2. 整体推动职业启蒙教育支持体系建设，体现职业启蒙教育综合性特征。不仅要整体推动中小学职业启蒙教育的课程体系、教学体系、教材体系、管理体系和思想政治工作体系改革，而且要从制造业人才一体化开发角度，协同推动政府支持体系、产业支持体系、家庭和社会支持体系建设。

3. 职业启蒙教育支持体系改革要考虑制造产业需求，增强社会适应性。一方面要在中小学校加强制造体验教育，实现做中学、学中做。另一方面，要提高家长、社会对职业启蒙教育重要性的认识，主动支持职业启蒙教育。进一步推进高考制度与人才选拔制度改革，引导大中小学校从以往只重视招生选拔的"选拔衔接"，转向重视包括课程和教学方法在内的"整体衔接"。完善职业启蒙教育社会实践基地建设，推动社会教育中制造体验教育的开展。

4. 系统化课程标准建设，提高职业启蒙教育的规范性和先进性。兼顾本土性与国际性，教育行政管理部门在产业界的指导下，制定职业启蒙教育课程标准，并动态调整教育标准，以标准建设引领职业启蒙教育的国际化、信息化、高度化和多样化。

（二）构建多方主体协同建设职业启蒙教育支持体系的机制

为促进制造业人才职业启蒙教育支持体系的有效运行，政府发挥主导作用，通过政策性措施，引导推动利益相关者协同实施职业启蒙教育。

1. 政府主管部门协同完善制造业人才一体化开发制度体系，通过制度管理使利益相关者形成自主建设制造业人才职业启蒙教育支持体系的合力。通过立法等手段，明确利益相关者职业启蒙教育的责权利，促进职业启蒙教育制度化，提高利益相关者对制造业人才职业启蒙教育的关注度，形成共同治理的新格局。

2. 教育部门与行业指导部门建立合作育人机制，提高产业界的参与度。密切产业与教育的联系，利用大数据等技术手段建立产教信息沟通长效机制，确保职业启蒙教育目标、教育内容适应制造产业发展实际需求。明确行业指导作用，使之切实履行职业启蒙教育指导职责，在中小学生职业启蒙教育标准的制定、实践教学中发挥应用的作用，提高职业启蒙教育的实践性和针对性。

3. 以项目等方式搭建平台，形成教育内部协同支持职业启蒙教育的凝聚力。支持职业院校、应用型大学面向中小学校开展技术教育、理科教育等职业启蒙教育援助活动，既有利于提高职业教育、应用型大学的吸引力，又有利于保障职业启蒙教育的实施。

参考文献

［1］［2］［7］日本经济产业省、厚生劳働省、文部科学省. ものづくり白書［EB/OL］. http://www. meti. go. jp/report/whitepaper/mono/2018/honbun_pdf/index. html，2018-09-01.

［3］日本文部科学省. 小学校学習指導要領（平成 29 年告示）［EB/OL］. http://172. 18. 71. 17：83/2Q2WA8699EDDC7A928D8C1DBDE9C9D3267D2A8CD8BBF _ unknown _ 5356A30AD3EA8E62A9DDB05F663751F9F6575F0B _ 6/www. mext. go. jp/component/a _ menu/education/micro _ detail/_ _ icsFiles/afieldfile/2018/09/03/1384661_4_3_2. pdf，2018-09-01.

［4］日本文部科学省. 中学校学習指導要領（平成 29 年告示）［EB/OL］. http://172. 18. 71. 11：81/2Q2W9761A3AE45DF39277DCEB8E8D1C7C0092467A8D9 _ unknown _ 15170B207FD94EA6E8A8F9090B494EAB739AE919 _ 1/www. mext. go. jp/component/a _ menu/education/micro _ detail/_ _icsFiles/afieldfile/2018/05/07/1384661_5_4. pdf，2018-09-01.

［5］日本文部科学省. 学校、中学校、高等学校及び特別支援学校等における児童生徒の学習評価及び指導要録の改善等について（通知）［EB/OL］. http://www. mext. go. jp/b_menu/hakusho/nc/1292898. htm，2018-09-01.

［6］日本厚生劳働省. 若年者に対する熟練技能技術者によるものづくり教育・学習の在り方について：ものづくり教育・学習に関する懇談会［EB/OL］. https://www. mhlw. go. jp/houdou/0106/h0629-2. html，2018-05-29.

［8］日本文部科学省初等中等教育局 児童生徒課産業教育振興室. 産業教育振興法施行規則改正に関する資料［EB/OL］. http://www. mext. go. jp/a_menu/shotou/shinkou/setsubi/_ _icsFiles/afieldfile/2013/03/22/1231073 _ 1 _ 1. pdf，2019-03-15.

［9］［日］大黒康弘. 小・中学校のつながりを意識した技術教育の授業づくり：中学校入門期のガイダンス授業実践を通して［J］. 福井県教育研究所研究紀要，2012（03）：139-152.

［10］［13］日本産業技術教育学会. 21 世紀の技術教育（改訂）：各発達段階における普通教育としての技術教育内容の例示［J］. 日本産業技術教育学会

誌，2014(04)：1-7.

[11]汪辉，李志永. 日本教育战略研究[M]. 杭州：浙江教育出版社. 2014.

[12][日]细谷俊夫. 技术教育概论[M]. 江丽临，译. 上海：华东师范大学教育科学研究所，1983.

[14]日本中央教育審議会. 初等中等教育と高等教育との接続の改善について(答申)[EB/OL]. http://www.mext.go.jp/b_menu/shingi/12/chuuou/toushin/991201.htm，2018-03-01.

第三章
日本职业技术教育课程与教学

　　课程是职业技术教育的主渠道，也是职业技术教育反映社会需求变化和个人需求变化的透视镜。"二战"后，日本在赶超欧美、尽快实现现代化的目标下，紧贴产业需求、科技进步和国际教育思潮的变化，不断推动职业技术教育课程与教学改革。学校职业教育机构在国家课程政策的引导下，开发特色的职业技术教育课程，凸显自身的职业教育类型特征和办学优势。本章重点介绍日本学校职业技术教育的特色课程，主要有职业高中的多样化课程、专门学校的职业实践专门课程、短期大学的地区综合学科课程、高等专门学校的楔形编制课程和职业能力开发机构的"实学融合"专门课程。

第一节　职业技术教育课程设置

一、高中阶段的职业技术教育课程

　　日本高中阶段的专业教育（职业技术教育）课程是在高中统一课程框架即《高中学习指导要领》指导下实施的，平均每 10 年修订一次。在 Society 5.0 时代，随着信息化、全球化特别是人工智能（AI）的快速发展，日本通过修订《高中学习指导要领》，进行高中教育阶段的职业技术教育课程改革。2018 年 3 月 30日，日本文部科学省公布了最新修订的《高中学习指导要领》，该课程标准于2019 年 4 月 1 日起在全日本作为过渡性措施试行，2022 年开始正式实施。

(一)高中教育阶段的职业技术教育课程设置

　　高中教育阶段的职业技术教育课程设置包括日语、外语等所有高中生都必修的普通科目和专业（职业技术教育）科目。

1. 普通科目及学分

　　全体高中生（不管是普通科学生还是职业科学生）共通的必修普通科目及学分分别为日语（现代日语、言语文化各 2 学分）、地理历史（地理综合、历史综合各 2 学分）、公民（公共 2 学分）、数学（数学Ⅰ减少到 2 学分）、保健体育（体育 7～8 学分，保健 2 学分）、外语（英语交流Ⅰ减少到 2 学分）以及信息（信息Ⅰ2学分）。每个学科科目的标准学分数如表 3-1 所示。

表 3-1　日本高中普通学科科目及综合学习时间①

学科	科目	标准学分	必修科目	学科	科目	标准学分	必修科目
日语	现代日语	2	○	保健	体育	7～8	○
	语言文化	2	○	体育	保健	2	○
	论语国语	4					
	文学国语	4					
	国语表现	4					
	古典探究	4					
地理历史	地理综合	2	○				
	地理探究	3					
	历史综合	2	○				
	日本史探究	3					
	世界史探究	3					
公民	公共	2	○	艺术	音乐Ⅰ	2	
	伦理	2			音乐Ⅱ	2	
	政治·经济	2			音乐Ⅲ	2	
					美术Ⅰ	2	○
					美术Ⅱ	2	
					美术Ⅲ	2	
					工艺Ⅰ	2	
					工艺Ⅱ	2	
					工艺Ⅲ	2	
					书法Ⅰ	2	
					书法Ⅱ	2	
					书法Ⅲ	2	
数学	数学Ⅰ	3	○减到2学分	外语	英语交流Ⅰ	3	○减到2学分
	数学Ⅱ	4			英语交流Ⅱ	4	
	数学Ⅲ	3			英语交流Ⅲ	4	
	数学A	2			伦理表现Ⅰ	2	
	数学B	2			伦理表现Ⅱ	2	
	数学C	2			伦理表现Ⅲ	2	
理科	科学和人类生活	2	包括"科学和人类生活"的2个科目或3个基础科目	家庭	家庭基础	2	○
	物理基础	2			家庭综合	4	
	物理	4		信息	信息Ⅰ	2	○
	化学基础	2			信息Ⅱ	2	
	化学	4		理数	理数探究基础	1	
	生物基础	2			理数探究	2～5	
	生物	4					
	地学基础	2		综合学习时间		3～6	○减到2学分
	地学	4					

① 日本文部科学省:《高等学校学习指导要領》,http://www.mext.go.jp/component/a_menu/education/micro_detail/__icsFiles/afieldfile/2018/07/11/1384661_6_1_2.pdf,2018-03-30。

2. 职业科目及学分

职业科高中的选修科被称作"职业选修"，《高中学习指导要领》中明确规定了"职业选修"中的各学科、科目，包括农业（30种）、工业（59种）、商业（20种）、水产（22种）、家庭（21种）、护理（13种）、信息（12种）、福祉（9种）、理数（7种）、体育（8种）、音乐（8种）、美术（13种）、英语（7种）等学科。《高中学习指导要领》从产业人才需求的角度出发，工业科新设"船舶工学"、商业科新设"观光商务"、家庭科新设"综合烹饪实习"、信息科新设"信息安全"及"媒体与服务"。《高中学习指导要领解说》（工业篇）、（农业篇）等文本对各个专业学科设置的科目作出规定。

农业学科的科目包括农业和环境、课题研究、综合实习、农业和信息、作物、蔬菜、果树、花草、畜产、栽培和环境、饲养和环境、农业经营、农业机械、植物生物技术、食品制造、食品化学、食品微生物、食品流通、森林科学、森林经营、林作物利用、农业土木设计、农业土木施工、水循环、造园计划、造园施工管理、造园栽培、测量、生物活用、地域资源活用。

工业学科的科目包括工业技术基础、课题研究、实习、制图、工业信息数理、工业材料技术、工业技术英语、工业管理技术、工业环境技术、机械工作、机械设计、发动机、电子机械、生产技术、汽车工学、汽车保养、船舶工学、电路、电器、电力技术、电子技术、电子线路、电子计量控制、通信技术、编程技术、硬件技术、软件技术、计算机系统技术、建筑构造、建筑计划、建筑结构设计、建筑施工、建筑法规、设备计划、空气调节设备、卫生防灾设备、测量、土木基础力学、土木构造设计、土木施工、社会基础工学、工业化学、化学工学、地球环境化学、材料制造计划、材料工学、材料加工、陶瓷化学、陶瓷技术、陶瓷工业、纤维制品、纤维染色技术、染织设计、室内装饰计划、室内装备、室内元件生产、设计实践、设计材料、设计史。

商业学科的科目包括商务基础、课题研究、综合实践、商务交流、营销、商品开发与流通、观光商务、商务管理、全球经济、商务法规、簿记、财务会计Ⅰ、财务会计Ⅱ、成本计算、管理会计、信息处理、软件利用、程序设计、网络利用、网络管理。

水产学科的科目包括水产海洋基础、课题研究、综合实习、海洋信息技术、水产海洋科学、渔业、航海仪器、船舶运用、船舶机关、机械设计工作、电气理论、移动通信工学、海洋通信技术、资源增殖、海洋生物、海洋环境、小型船舶、食品制造、食品管理、水产流通、潜水、海上运动。

家庭学科的科目包括生活产业基础、课题研究、生活产业信息、消费生活、保育基础、保育实践、生活与福利、室内生活设计、服饰文化、流行时尚造型基础、时尚造型、时尚设计、服饰手艺、食品设计、饮食文化、烹饪、营养、食品卫生、公共卫生、综合烹调实习。

护理学科的科目包括基础护理、人体的构造和机能、疾病的确诊和康复的促进、健康支援和社会保障制度、成人护理、老年护理、儿童护理、母性护理、精神护理、居家护理、综合护理和实践、临时护理实习、护理信息。

信息学科的科目包括信息产业与社会、课题研究、信息的表现与管理、信息技术、信息安全、信息系统编程、网络系统、数据库、信息设计、内容制作和传播、媒体和服务、信息实习。

福祉学科的科目包括社会福祉基础、护理福祉基础、交流技术、生活支援技术、护理过程、综合护理练习、护理实习、身心理解、福祉信息。

理数学科的科目包括理数数学Ⅰ、理数数学Ⅱ、理数数学特论、理数物理、理数化学、理数生物、理数地学。

体育学科的科目包括体育概论、体育Ⅰ、体育Ⅱ、体育Ⅲ、体育Ⅳ、体育Ⅴ、体育Ⅵ、体育综合演习。

音乐学科的科目包括音乐理论、音乐史、演奏研究、音乐基础训练、声乐、器乐、作曲、鉴赏研究。

美术学科的科目包括美术概论、美术史、鉴赏研究、素描、结构、绘画、版画、雕刻、视觉设计、手工艺设计、信息媒体设计、影像表现、环境造型。

英语学科的科目包括综合英语Ⅰ、综合英语Ⅱ、综合英语Ⅲ、表达Ⅰ、表达Ⅱ、写作、散文Ⅰ、散文Ⅱ。

各专业(职业技术教育)相关学科都有原则上所有学生都必须选修的科目(必修科目),如工业科共59个科目中,"工业技术基础""课题研究"两个科目是必修科目,其中"工业技术基础"主要学习各学科共通的基础内容,"课题研究"旨在培养学生课题解决的能力和自发、创造的学习态度。"工业科各科目的共通科目"(指导项目)包括"实习""制图""工业信息数理""工业材料技术""工业技术英语""工业管理技术""工业环境技术"7个科目。其中,"实习""制图""工业信息数理"3个科目是各学科共同的指导项目。"工业材料技术""工业技术英语""工业管理技术""工业环境技术"4个科目分别为各学科特色和根据学生学习意愿选修的科目。除上述学科外,剩下的工业各领域的相关科目共50个,学生可根据工业相关各个学科的特色、学习意愿兴趣和关注等情况,以各个领域的科目为中心进行选修。

各学校根据《学习指导要领》中开设的学科、科目及规定的各个学分数,对学生选修的各个学科、科目及其学分数进行适当的规定。所有学生学习的"职业选修"学分不低于25学分,商业学科为20学分,外语为5学分。为了适应地区的实际和学科的特色等,学分设置者具有专业学科和科目标准学分数的决定权。公立学校所在地的各都道府县教育委员会、私立学校的法人规定标准学分数,各个学校根据该地区的实际及其学校的实际情况、资格证书要求,在编制教育课程时，可以适当提高专业科目的学分。如表 3-2 所示，爱知县规定工业高中机械科专业科目为 37 学分，占比 47％。

表 3-2　爱知县立起工业高中机械科 2015 年以后入学教育课程①

学科	科目	标准分数	学分数			合计	备注
			第 1 学年	第 2 学年	第 3 学年		
日语	日语综合	4	2	2		4	
	现代文 A	2			2	2	
	现代文 B	4		②	②	④	
地理历史	世界史 A	2		2		2	
	日本史 A	2	2			2	
公民	现代社会	2			2	2	
数学	数学 Ⅰ	3	3			3	
	数学 Ⅱ	4		2	2	4	
	数学 B	2		②		②	
	微积分概论	2			②	②	信息科学
理科	科学与人类生活	2		2		2	2 学分可代替信息
	物理基础	2	2			2	技术基础
保健体育	体育	7～8	2	2	3	7	2 学分
	保健	2	1	1		2	
艺术	书法 Ⅰ	2	2			2	
外语	英语交流 Ⅰ	3	2	2		4	
	英语交流 Ⅱ	4			②	②	
	英语表现 Ⅰ	2		②		②	
	英语会话	2			2	2	
家庭	家庭基础	2			2	2	
信息	信息科学	2	代替				
共通科目合计			16	13＋④	13＋④	42＋⑧	
工业	工业技术基础	2～4	3			3	
	课题研究	2～9			3	3	
	实习	6～20	3	6	5	14	

---

① 爱知县立起工业高等学校：《教育课程》，http://www.okoshi－th.aichi－c.ed.jp/okoshi3/gakkou－annnai/kyouikukatei/2627M.pdf，2016-03-24。

续表

学科	科目	标准分数	学分数			合计	备注
			第1学年	第2学年	第3学年		
工业	制图	2~10	2	2	2	6	综合学习时间3学分代替课题研究3学分
	信息技术基础	2~4	2			2	
	生产系统技术	2~6		△②	△②	△④	
	工业管理技术	2~8		△②		△②	
	机械工作	2~8		2	△②	2+△②	
	机械设计	3~8	3	2	2	7	
	发动机	2~4		▽②	▽②	▽④	
	汽车工学	2~8		▽②	▽②	▽④	
工业科目合计			13	12+④	12+④	37+⑧	
体育	体育Ⅰ	3~18		④		④	
	体育Ⅱ	3~18			④	④	
共通科目合计			16	13+④	13+④	42+⑧	
专业科目合计			13	12+④	12+④	37+⑧	
特别活动	教师指导下活动	3	1	1	1	3	
综合学习时间		3~18		代替			
合计			30	30	30	90	

注：(1)○标记表示"日语·外语""数学·外语""体育""工业"的选修科目组合，学生根据需求，2年选修4学分，3年选修4学分。

(2)△标记为生产系，▽标记为汽车系，学生可任选其一。

在具体实施时，学校在明确责任的前提下，可以将专业学科、科目的目标和内容与必修科目相互替代。如表3-2所示，信息学科中的"信息科学"2学分可代替工业学科中"信息技术基础"2学分，"综合学习时间"3学分可代替"课题研究"3学分，这些替换不是机械固定的，如果替换，要求各学校说明责任。现行《高中学习指导要领》在注重掌握职业基础知识和技能的同时，注重对学生思考力、判断力和表现力的培养，以提高知识理解的质量，确保学力。

(二)高中职业技术教育课程的多样化

课程的多样化是高中教育多样化的重要显现。日本高中教育课程的多样化，不仅体现在普通教育领域，而且在职业技术教育领域更为明显。职业技术教育课程的多样化首先表现在学科和科目的设置上。根据学科的不同，每一个学科都由若干难度或内容重点不同的科目构成，既有必修科目，也有选修科目。在

《高中学习指导要领》和学校教学计划中，通过"Ⅰ""Ⅱ"符号体现学科的难度差异，用"A""B"等字母体现内容重点不同的科目。其次，共同性与个别性并存。普通高中、专业高中和综合高中设置共通的必修科目及必修学分的最低标准，保证每一个学生都在掌握基本知识和基本技能的基础之上，能够根据自己的多元化需求进入课程的"超市"自由选择课程，进行个性化的发展。第三，高质量的多样化。《高中学习指导要领》中的"工业篇""商业篇"等对每一个职业学科中的具体学科的性质、目标和内容、考核评价标准都作出了规定。学校在规定的最低标准基础上，通过增加科目的课时和学分，自主开设各种学科和科目，保持自身的教育特色。为避免学生多样化课程选择的盲目性，多数高中都为学生设计多种"课程套餐"的学程（course），以此引导学生根据自己的兴趣爱好和未来升学或就业的需求合理科学地选择课程。

二、专门学校的职业实践专门课程

（一）专门学校的课程概况

1976年《专修学校设置基准》（昭和51年文部省令第2号）对专修学校的专门课程作出规定，"必须在高中教育的基础上，深入开设专业性教育课程，培养丰富的人性。"[1]专修学校两年制专门课程毕业学历等同于短期大学毕业。1991年全国专门学校协会成立，1995年，创立了"专门士"制度，规定对修业年限2年以上，总课时1 700以上，通过课程修读认定的专门学校毕业生授予"专门士"称号。2005年，文部科学省对专门课程毕业生授予专门士称号的规程进行了修改，对满足修业4年以上，总授课时间3 400课时以上，完成课程修读认定的专门课程毕业生，授予"高度专门士"称号。

各学校按照"高度专门士"称号的授课时间数的规程有体系地编制教育课程。专门学校采用学年制，以必修科目为中心编制课程。"在护士（师）、营养师、理发师、美容师、保育士、幼儿园教师、护理福利士等领域，教育科目与授课时间数是根据相关法律全国统一的。"[2]各学校按照学生毕业后的多样化出路，即就业、国家考试、资格考试等自主编制课程，绝大多数专门学校采用学年制和必修课程制。"专门学校的专业教育科目以及专业相关的科目占课程总课时的80％左右，并且以实习、实验为重点。"[3]专门学校中的特色课程是职业实践专门课程。

---

① 日本文部科学省：《専修学校設置基準（昭和51年文部省令第2号）》，http://earthresources. sakura. ne. jp/er/Etc_S％26K_S1. html，2019-10-27。

② 胡国勇：《日本高等职业教育研究》，169页，上海，上海教育出版社，2008。

③ 胡国勇：《日本高等职业教育研究》，169页，上海，上海教育出版社，2008。

(二)职业实践专门课程概况及特点

2013 年 8 月 30 日，文部科学省发布《关于专修学校专门课程中职业实践专门课程认定规程》，认定及奖励专修学校专门课程中，以培养职业所必需的实践型专业性能力为目的，有组织地进行专业领域中实务相关知识、技术、技能教育的课程，规范专门学校的教育教学。2013 年至 2021 年 3 月 25 日，得到文部科学省认定的职业实践专门课程数量如表 3-3 所示。根据文部科学省 2021 年（令和 3 年）学校基本统计，专门学校共计 2 779 所，7 446 项课程（修业年限 2 年以上）。2013 年至 2021 年 3 月 25 日，得到文部科学省认定的职业实践专门课程的学校为 1 571 所，占比 56.5%，3 367 项课程，占课程总量的 45.2%，除 2019 年以外，所认定的课程数量整体呈现递减趋势。

表 3-3 2013—2021 年文部科学省认定的职业实践专门课程情况

（截至 2021 年 3 月 25 日）①

年份	学校数量/所	课程数量/项
2013 年	472	1 373
2014 年	295	677
2015 年	272	501
2016 年	150	240
2017 年	94	152
2018 年	98	139
2019 年	104	154
2020 年	86	131
合计	1 571	3 367

各学科领域中，工业学科的职业实践专门课程最多，其次为文化教养、医疗、商业实务、社会福祉教育。

1. 职业实践专门课程的目的

职业实践专门课程是被文部科学大臣认定及奖励的专修学校专门课程中，学校与专业领域相关的企业及其团体等（以下简称为企业等）合作开发的，教授具备符合专门课程目的要求的实务相关知识、技术及技能，以培养职业所必需的实践型专业性能力，提高专门课程实践性职业教育水平为目的的课程。职业实践专门课程是在充分掌握学生就业的行业人才需求动向、地区产业振兴的方

---

① 日本文部科学省：《「職業実践専門課程」の認定状況》，https://mext2. sitesearch. jp/thumbdir/c1/0f9/b5e8cb531cf8135971226d96d9345/0001-m. jpg，2021-03-25。

向性以及新兴产业发展所产生的新的实务性相关知识、技术和技能等需要基础上编制的，满足了社会对多样化职业技术教育的期待，促进了终身学习。如学校与企业等合作组建"教育课程编制委员会"，改善《工业领域》的课程案例①，按照企业等的需求变化，该委员会向学校教务部门、产业合作企划室等职能部门提出修改课程的意见和建议，保留原有的高电压设备基础、电气基础理论、配电理论与配线设计课程内容，增加新兴产业太阳能发电装置的相关内容。为培养学生的实践专业能力，增加了智能住宅管理实习、太阳光发电装置施工实习环节。"工业领域"改编为"电气工程技术"学科，更利于培育电气工程师。

2. 职业实践专门课程的特点

主要表现为，一是设置企业人员参与的"教育课程编制委员会"编制课程；二是和企业等合作实施演习、实习等课程；三是与企业等合作实施教师培训学习最新的实务和指导能力；四是课程认定有详细、具体的认定基准和程序，对修业年限、授课时数、课程内容、实习演习和评价等均有明确的规定。

3. 职业实践专门课程的认定基准

2013年专修学校质量保障与提高调查研究合作者会议提出的"关于职业实践专门课程的创设：活用特化职业实践型教育制度框架的先导性试行"②中，介绍了职业实践专门课程认定规程，指出每个认定基准的注意事项。具体如下：

(1)修业年限和授课时数。该专门课程的修业年限为2年以上，总课时为1 700以上或者62学分以上。

(2)教育课程。与企业等建立密切、有组织的合作机制，开设教学科目和编制其他教育课程(包括改善措施)。

注意点：与企业等建立密切的、有组织的合作机制，设立由企业等人员作为委员的"教育课程编制委员会"，进行教育课程开发。为了证明上述事实，在申请认证时，需要进行以下报告。

(与企业等编制教育课程的合作机制)

①委员会等名称、委员名册、各个规程。

---

① 日本文部科学省：《平成26年4月から文部科学大臣認定の「職業実践専門課程」がスタート》，http://www. mext. go. jp/component/a_menu/education/detail/__icsFiles/afieldfile/2015/06/05/1358640_1. pdf，2015-06-05。

② 専修学校の質の保証・向上に関する調査研究協力者会議：《「職業実践専門課程」の創設について～職業実践的な教育に特化した枠組みの趣旨をいかした先導的試行～(報告)》，http://www. mext. go. jp/component/a_menu/education/detail/__icsFiles/afieldfile/2013/09/03/1339277_2_1. pdf，2019-07-12。

②有关委员会等在校内地位的各种规程。

（教育课程编制的方法）

③和企业合作编制教育课程的基本方针。

④教育课程的编制频率等。

⑤企业对教育课程的编制意见等。

（教育课程编制的基本资料）

⑥相关专业课程授课科目等的概要。

⑦该专业课程的组织图等。

（3）实习模拟等。与企业等建立密切的、有组织的合作体制，进行实习、实践操作、实验或训练（以下称为"实习、训练等"）。

注意点一：作为与企业等密切合作的组织体制，将学校和企业等的协议书等列入条款。

（在校外实施的实习情况）

①合作实习的基本方针（包含合作协议书等）。

②合作方概要（设备、设施概要等）。

③实习计划概要（概要、内容、期限、学习量、教师和企业等指导人员的合作体系）。

④学业成绩评价（评价方法的概要、教师和企业等的指导人员合作的评价方法、学分认定方法等）。

（校内实习练习等的情况）

⑤合作实习训练等的基本方针（包含合作协定书等）。

⑥授课科目概要（概要、内容、时间、学习量、教师和企业等指导人员的合作体制）。

⑦学业成绩评价（评价方法的概要、教师和企业等指导人员合作的评价方法、学分认定方法等）。

注意点二：2011年（平成23年度）1月的答复中，实习训练等课程占专业课程总授课时数的平均比例为50%。但是，实习训练等所占专业课程的比重多种多样，以一定的授课比例为基础判断高质量实践性的职业技术教育未必合适。为此，实习训练授课的比例不作为认定基准。

（参考）实习、演习等的授课比例

实习训练等课程的比例

①平均49.4%。

②高领域：农业领域占比71.5%，服饰与家政领域占比71.4%。

③低领域：商业实务领域占比33.4%，医疗领域占比42.1%。

教育课程授课方法：一定程度的职业实践训练型授课（实验、实习、实际技能等），约占4到5成的比例。

（4）教师的资质提升。以获得和提升指导能力为目的，与企业等合作组织研修，促进教师掌握和提升必要的专业领域的实务知识、技术和技能以及指导能力。

注意点一：在与企业等合作实施实践型职业技术教育的基础上，通过有组织的研修获得最新的知识技术和技能，提高授课以及学生指导能力等，在认定申请时做如下报告。

①教师的研修、研究的基本方针。

②有关研修、研究的各项规定。

③研修、研究的实绩（概要、主办者、研修和研究名、对象、时间、企业等的合作体制、听课人数等）。

④培训和研究计划（概要、主办者、研修和研究名、对象、时间、与企业等的合作体制等）。

另外，研修（企业等主办和实施等）。

注意点二：2011 年（平成 23 年）1 月答复中的"教师资格、教育组织等"要求作为每一位教师的专业资格，重视卓越的实际业务和指导能力。由于专门学校各个专业领域教师资格多样化，现阶段对教师具有卓越的实际业务和指导能力不做统一要求。

（5）学校评价及信息的提供。在学校自我评价的基础上，实施由企业等人员作为委员的学校相关者评价，并公开结果。

注意点一：

①学校评价的基本方针。

②学校工作人员评价委员名单。

③在学校关系者评价中，企业等委员的意见如何。

（信息提供）为推进企业等学校相关者的合作，提供教育活动以及其他学校管理的相关信息。

注意点二：

①对企业等学校关系者提供信息的基本方针（包括与学校有关人员合作的措施）。

②信息提供的状况（是否公开提供每项信息项目）以及公开方法等。

（6）其他。关于充分考虑国际通用的结业资格、称号等，将参考外国的实际情况，继续讨论学习者的学习成果能否得到国际评价。

4. 认定的程序

申请认定的程序为，专门学校向都、道、府、县负责专门学校职业实践专门课程认定的部门提交认定申请（包括实施要项、基本想法等资料），由各专门学校的所辖厅向文部科学省推荐，最终由文部科学省认定。职业实践专门课程网站（「職業実践専門課程サイト」）介绍了职业实践专门课程的工作及案例。

案例

新潟县农业专门课程农业科 B 校的职业实践专门课程案例①

修业年限：2 年　定员数：1 学年 40 名

主要的就业领域：农业法人、JA、食品加工业、农业相关的零售业、种苗店。

1. 学校和企业共同编制课程

学生和教师拜访实习的农户、农业法人，在多次访谈的过程中，教师掌握了教学、实习、模拟的知识和技术，并将其应用于课程教学中。同时，召开实习单位负责人的"教育课程编制委员会"会议，研讨课程改革。

2. 实习、模拟课程

在第 1 年的实习中，学生在几位农户、法人指导下学习水稻、果树、蔬菜等的栽培技术。每年要到农业法人的稻田中去 6～7 次，从法人负责人那里直接学习从插秧到割稻的技术，通过乘坐拖拉机和插秧机学习农业机械的原理。

在第 2 年的实习中，选择自己想要栽培的作物，每年平均每周去一次特定的农户、法人那里，一边接受指导一边加深了解种植技术。如果是经营水稻和果树的农户，双方都要参与栽培。如若遇到下雨天不能工作，则去拜访其他农户、法人，发现因土壤不同，同样种类的作物要改变种植方法，由此扩大了视野。在两年的实习中每次都要写日志，实习负责人写评语，为下次实习指明方向。

3. 提升教师实力的教师研究

推动教师参加新潟县专门学校各种学校协会主办的研修以及本校所属的法人集团主办的研修等。特别鼓励教师搜集信息，积极参加学习最新技术的农业活动，一般参加外部农业团体、工商会议所的演讲会和学习会的教师比较多。

4. 和企业等的合作体制

建校以来，以农业和饮食的合作为目标，积极与饮食店等的企业和农户、法人等进行校外的合作。校长和教职员在实习单位与农户和法人主动打招呼，加强沟通，力争更多的实习机会。

5. 未来专门学校职业实践专门课程的认证目标

截至目前，专门学校一直都和农户、法人合作开展实习活动，被认定为职业实践专门课程，由于具有和农户、法人合作进行现场教育的优势，受到了高中教师的积极评价。进入与专门学校合作的企业实习，不仅就业人数增加，实

---

① 農業専門課程農業科：《B 校(新潟県)．職業実践専門課程実践事例》，http://www.mext.go.jp/component/a_menu/education/detail/__icsFiles/afieldfile/2015/06/05/1358640_3.pdf，2015-06-05。

习日志上学生的观点也会促进学校反思教学。另外，学生除了实习之外，还会作为志愿者参与到乡村的活动中，通过帮忙开设分店等活动活跃乡村生活。农业领域的行政管理部门和专门学校团体，为了使县内专门学校教育更加完善，从行政部门的角度尽可能地给予支持。此外，各协会按计划、持续举办针对专门学校的校长、教师的教育活动和学校管理研修活动。为了提升教师能力，学校支持教师参加新潟县专门学校各种学校协会主办的研修以及该校所属的法人集团主办的研修等。特别鼓励他们积极参加农业最新技术的学习活动，并收集相关信息。

学校设置由企业等人员作为委员参加的"教育课程编制委员会"，通过开设适合企业等要求的专业课程，改善教学方法，实施实践性的专业职业技术教育。

三、短期大学的地区综合学科课程

(一)短期大学课程设置概况

短期大学修业年限短，广泛分布于全国各地，其中约40％分布在人口不到30万人的城市。短期大学系统编制教养科目和专门科目的教育课程，此外，还重视师生交流和志愿者实习、演习等体验性学习活动。短期大学具有教养教育和专业教育的职能，专业教育以教养教育为基础，培养幼儿园教师、保育员、营养师、护士和护理人才等专业人员。短期大学学生毕业后，可以获得幼儿园教师(两种)、保育员、营养师、管理员等任职资格。

1991年，短期大学设置基准大纲化之后，课程编制呈现多样化特点，必修科目减少，学生选修范围扩大，课程编制注重以学生为主体。为促进学生就业，除了正规教育课程外，短期大学还提供现场实习、海外体验等体验性学习活动，进行短期集中学习。文部科学省"2016年短期大学教育改善等状况的调查"[1]显示，开设以培养交流能力、发现课题和解决能力、逻辑思考能力等能力为目的课程的学校215所，占比65.5％；开设外语科目(以语言教育为主要目的)的学校共306所，占比93.3％；开设志愿者活动科目的学校共154所，占比47.0％；开设IT相关学科的学校共258所，占比78.7％；在教育课程中实施生涯教育的学校308所，占比93.0％；开设以培养劳动观、职业观为目的课程的学校共计247所，占比75.3％；开设毕业前实习课程的共计152所学校，占比46.3％；开设以取得资格证书、就业措施等为导向课程的学校共计258所，

① 日本文部科学省高等教育局大学振兴课：《平成28年度における短期大学教育の改善等の状况に関する调查について》，http://59.80.44.98/www.mext.go.jp/a_menu/koutou/tandai/__icsFiles/afieldfile/2019/03/06/1312298_1.pdf，2019-03-15。

占比 78.7％；开设以面向社会人等进行再教育为目的课程的学校共计 31 所，占比 9.5％(2013 年占比 4.7％)；按照教育课程编制、实施方针系统编制教育课程的共计 205 所学校，占比 62.5％；基于 PDCA 进行教育改善的共计 163 所学校，占比 49.7％(2013 年占比 36.0％)。为了强化短期大学的社会人再教育等技能，文部科学省在短期大学基准协会的帮助下，确定了地区综合学科的基本框架。

(二)短期大学的地区综合学科概况及特点

1. 地区综合学科简介

地区综合学科不是实际的各个学科的名称，不像具体学科那样将内容限定于特定领域，而是不限定特定的学问领域，以灵活应对学生或地区的各种需求为目的的新型学科的总称。设置地区综合学科要接受一般财团法人短期大学基准协会的"合格认定"。地区综合学科是日本私立短期大学协会中心以美国的社区学院为模板而进行的实践，作为今后短期大学的方向之一，备受瞩目。地区综合学科是短期大学在高等教育普及化过程中，为了满足社会人对职业技术教育、教养教育的广泛需求，增强自身竞争力所设置的学科。根据文部科学省网站提供的数据[①]，从 2002 年开始，短期大学基准协会对短期大学所设置的地区综合学科进行认定，2003 年被认定的学科开始招生。截至 2017 年 4 月，短期大学设置综合文化学科、生涯开发综合学科、地区综合文化学科、综合生涯教育学科、生涯创造学科、流行综合学科等共计 22 个地区综合学科。地区综合学科的关键在于如何"综合"，为了避免学生产生怎么组合学习才好的问题，许多短期大学采用各领域"课程包"方式的"领域和单元"体系。

例如，宇都宫文星短期大学设置的"地区综合文化学科"[②]，由"生活设计""食品"两个领域和多个单元(专业科目群)构成，学制为 2 年，每个领域将目标的职业、资格所必要的科目作为"单元"来开设，每个领域包含若干个单元。该校 2018 年整合了职业生涯领域和艺术领域形成生活设计领域，其目标指向如下的资格与检定：实践职业生涯实务师、医科 2 级医疗事务、调剂报酬请求事务管理师、计算机会计能力检定考试、托福考试、色彩审定、时尚商务能力检定、服装销售能力检定、服务接待检定、演示文稿的制作检定、网页制作检定以及其他可以挑战获得的资格与检定。此外，还可以学习教养和商务常识，培养现

---

① 日本文部科学省高等教育局大学振興課：《地域総合科学科一覧(平成 29 年 4 月現在(募集停止中は除く)》，http://www.mext.go.jp/a_menu/koutou/tandai/04031903.htm，2019-04-28。

② 同①。

代社会职业人所应具有的通用技能、审美意识和创造思维，掌握作为社会、地区和家庭中的一员所应具有的教养和知识，能够自我设计适合生活方式的人才。食品领域包括"烹饪师""营养师""糕点卫生师"三个单元，其中"烹饪师"单元的学习，目标指向的资格和检定是技术考核、日本料理2级顾问检定、饮食教育指导员、饮食空间3级协调员，其他单元也包括若干个资格和检定目标。学习者可以组合复数的单元学习，每个领域学习后既可以获得某些职业资格，也可以发展兴趣和教养，编入四年制大学。

2. 地区综合学科的特点

地区综合学科具有四个特点，即"多个科目和路线展开""灵活选择科目和路线""多样化课程学习形态""积极接受社会人"①。"多个科目和路线展开"是指对应学生的需要，开设多种多样的科目，同时展开从半年到两年不等的各种各样的期限设定课程路线。"灵活选择科目和路线"是指短期大学士除了修了准学士课程之外，可进行科目学分学习、多个短期课程组合学习等灵活的课程学习；"多样化课程学习形态"是指除了开设远程教学、夜间教学外，通过接受时间制学生，提供多样形态的学习机会；"积极接受社会人"是指提供灵活的课程选择和多样的学习形态，积极鼓励社会人入学。

为彰显地区综合学科的特点，保障教育质量，短期大学基准协会对被称为"地区综合学科"的学科进行第三方机构的"合格认定"。该机构对新学科构思实施合格认定，对超过完成年度的学校进行达成度评价，实施达成度评价后，通过机构认证评价制度进行认定。

四、高等专门学校的课程设置

高等专门学校以培养有创造力和实践性的技术人员为教育目标，招生对象为初中毕业生，五年一贯制学生毕业后选择就业的约占六成，其余的学生继续专业课学习或编入四年制大学学习，也有部分学生学习专业课后升入研究生院继续学习。多数高等专门学校设置在地方城市，本着为区域发展服务的原则，高等专门学校根据学生的年龄特点，在课程教学同时，设置大量的实习、演习等实践活动。另外，高等专门学校还注重教师对宿舍生活的指导，通过共同生活，接受协调性训练，加深彼此的信赖关系。

(一)高等专门学校的教学科目

现行高等专门学校主要学科为工业领域相关学科和商船学科，其中工业领

---

① 日本中央教育審議会大学分科会：《地域総合科学科について》，http://59.80.44.100/www.mext.go.jp/b_menu/shingi/chukyo/chukyo4/037/siryo/__icsFiles/afieldfile/2014/05/15/1347701_5_3.pdf，2019-03-28。

域相关学科有机械工学、电气工学、电子控制工学、信息工学、物质工学、建筑学、环境都市工学等，商船学科主要是商船。高等专门学校准学士阶段的教学科目分为一般科目和专业科目，一般科目和专业科目都包含必修科目和选修科目。1991 年高等专门学校设置基准大纲化后，虽然各个高等专门学校所设置的课程有一些差异，但大体上相同。按照"高等专门学校设置基准中的教育课程设置"①的规定，高等专门学校实行学分制，为了达到高等专门学校以及学科教育的目的开设必要的课程，系统地编制教育课程。学生需取得 167 学分以上（其中一般科目为 75 学分以上，专业科目 82 学分以上），商船学科除练习船实习之外，还要求 147 学分以上（其中，一般科目 75 学分以上，专业科目 62 学分以上），特别活动为 90 学分以上。讲授与演习是 15 学时到 30 学时为一个学分，实验、实习和实际技能是 30 学时到 45 学时为 1 学分。专攻科的课程编制，因申请学士学位和申请技术者认定（JABEE）而不同。前者课程编制的依据是现行《高等专门学校设置基准》中教育课程授课科目及其学分的规定，后者课程编制依据为日本技术者认定机构（JABEE）规定的课程标准。

（二）楔形科目编制方式

高等专门学校教育课程编制最大的特点是楔形科目编制方式。所谓的"楔形教育课程"②是指随着学年递增，普通教育课程所占的比重随之减少，专业技术教育课程比重随之增大，低年级重点是进行普通教育，高年级的重点是进行专业技术教育。高等专门学校实施五年一贯制教育，前三年的普通教育课程比重由大变小，专业技术教育课程比重由小变大，后两年普通教育课程比重逐渐下降，基本都是专业技术课程。采用这种课程编制方式，目的是让学生尽早接触专业，利于尽早培育其专业情感和专业精神。以铃鹿工业高等专门学校机械工学科为例，如表 3-4 所示，第 1 学年开设 24 门课程（含实习），其中专业科目 6 门，所占的比重较小；第 2 学年开设 21 门课程（含实习），其中专业科目 6 门，所占的比重仍旧很小；第 3 学年开设 25 门课程（含实习），其中专业科目 14 门，所占的比重开始大于一般科目比重；第 4 学年开设 39 门课程（含实习），其中专业科目 15 门，一般课程多为选择必修；第 5 学年开设 36 门课程（含实习），其中专业科目 16 门。可见，从第 3 学年开始，专业科目数量递增趋势明显，一般科目的类型发生变化。

---

① 日本文部科学省：《教育課程に係る高等専門学校設置基準の規定》，http://www.mext. go. jp/b_menu/shingi/chukyo/chukyo4/016/gijiroku/07080604/004. htm，2019-01-20。

② ［日］岩本晃代：《高等専門学校における教育課程と教員の資質向上に 関する一考察：全国機関調査の結果をふまえて九州大学大学院博士後期課程》，https://catalog. lib. kyushu－u. ac. jp/opac_download_md/19623/p051. pdf，2019-03-31。

铃鹿工业高等专门学校机械工学科的人才培养目标：培养具有以下知识、技术和能力的本科实践机械技术人员。

(1)作为技术人员的知识、技术和能力。（a、b、e、g）

〈视野〉理解自我与世界的关系，以全球化视野看待事物。（a）

〈技术人员伦理〉认识生产环境和社会的变化及责任。（b）

〈意识〉持续、自律地学习，应对超越已有知识、技术和能力的问题。（e、g）

(2)基础、专业知识及其应用能力。（c、d、e、h、i）

〈基础〉学习数学、自然科学及信息技术知识。（c）

〈专业〉掌握机械主要领域的专业基础知识以及解决机械领域问题所需的专业知识、技术。（d）

〈展开〉以知识为基础发挥创造性，在有限的时间内有计划地总结工作。（c、d、e、h、i）

(3)交流能力。（f）

〈发表〉能够清晰记述、传达和讨论自己解决课题的成果、问题点等。（f）

〈英语〉能用英语进行基本的交流。（f）

注：文末字母表示与 JABEE 标准 1(2)的对应。

表 3-4　铃鹿工业高等专门学校机械工学科 2018 年教学计划①

科目区分		科目	学分数	不同学年每周授课时数									
				1 年		2 年		3 年		4 年		5 年	
				前	后	前	后	前	后	前	后	前	后
一般	必修	化学	2	2	2								
一般	必修	日语ⅠA	2	2	2								
一般	必修	日语ⅠB	2	2	2								
一般	必修	历史Ⅰ	2	2	2								
一般	必修	地理	2	2	2								
一般	必修	英语ⅠA	2	2	2								
一般	必修	英语ⅠB	2	2	2								
一般	必修	保健体育（实技）	1	1	1								
一般	必修	保健体育（保健）	1	1	1								
一般	必修	保健体育（武道剑道）	2	2	2								
一般	必修	保健体育（武道柔道）	2	2	2								

①　鈴鹿工業高等専門学校：《機械工学科》，https：//syllabus．kosen－k．go．jp/Pages/PublicSubjects？ school_id＝25＆department_id＝11＆year＝2018，2018-04-01。

续表

科目区分		科目	学分数	不同学年每周授课时数									
				1 年		2 年		3 年		4 年		5 年	
				前	后	前	后	前	后	前	后	前	后
一般	选修	美术	1		2									
一般	选修	音乐	1		2									
一般	选修	书道	1		2									
一般	选修	海外语言实习	1											
一般	必修	基础数学 A	4	4	4									
一般	必修	基础数学 B	2	2	2									
一般	必修	物理	2	2	2									
专业	必修	信息处理Ⅰ	2	2	2									
专业	必修	工学基础实验	1	2										
专业	必修	机械工作实习	2		4									
专业	必修	机械设计制图	1	2										
专业	选修	创造工学演习	1											
专业	选修	短期实习	1											
一般	必修	化学	2			2	2							
一般	必修	地球生命科学	2			2	2							
一般	必修	历史Ⅱ	1			2								
一般	必修	政治经济	2			2	2							
一般	必修	伦理社会	1			2								
一般	必修	英语ⅡA	2			2	2							
一般	必修	保健体育	2			2	2							
一般	选修	海外语言实习	1											
一般	必修	日语Ⅱ	2			2	2							
一般	必修	英语ⅡB	2			2	2							
一般	必修	英语ⅡB	1				2							
一般	必修	线性代数Ⅰ	2			2	2							
一般	必修	微积分Ⅰ	4			4	4							
一般	必修	物理	3			2	4							
一般	必修	设计基础	1				2							

续表

科目区分		科目	学分数	不同学年每周授课时数									
				1年		2年		3年		4年		5年	
				前	后	前	后	前	后	前	后	前	后
专业	必修	信息处理Ⅱ	1			2							
专业	必修	机械工作法	2			2	2						
专业	必修	机械工作实习	2			4							
专业	必修	机械设计制图	2			2	2						
专业	选修	创造工学演习	1			1	1						
专业	选修	短期实习	1										
一般	必修	日本文学	2					2	2				
一般	必修	日本语教育ⅠA	2					2	2				
一般	必修	英语Ⅲ	2					2	2				
一般	必修	英语专讲Ⅰ	1					2					
一般	必修	英语专讲Ⅱ	1						2				
一般	必修	保健体育	2					2	2				
一般	选修	日语教育ⅠB	1						1				
一般	选修	海外语言实习	1										
一般	必修	线性代数Ⅱ	1					2					
一般	必修	微积分Ⅱ	4					4	4				
一般	必修	数学讲究	1						2				
专业	选修	电气工学概论	1					2					
专业	选修	信息处理应用	1					2					
专业	必修	应用数学Ⅰ							2				
专业	必修	综合实习	4					4	4				
专业	必修	机械工学演习Ⅰ	2					2	2				
专业	必修	机械电子学	2					2	2				
专业	必修	机械运动学	2					2	2				
专业	必修	机械设计制图	3					3	3				
专业	选修	机器人设计学	1					2					
专业	选修	创造工学演习	1					1	1				
专业	选修	短期实习	1										

续表

科目区分		科目	学分数	不同学年每周授课时数									
				1年		2年		3年		4年		5年	
				前	后	前	后	前	后	前	后	前	后
专业	必修	应用物理Ⅰ	2					2	2				
专业	必修	热流体工学基础	1						2				
专业	必修	材料力学Ⅰ	2					2	2				
一般	选择必修	化学	1								2		
一般	必修	保健体育	2	2						2	2		
一般	选择必修	言语表现学Ⅰ	1	1							2		
一般	选择必修	历史学概论Ⅰ	1								2		
一般	选择必修	技术者伦理入门Ⅰ	1								2		
一般	选择必修	法学Ⅰ	1								2		
一般	选择必修	技术经营Ⅰ	1								2		
一般	选择必修	言语表现学Ⅱ	1								2		
一般	选择必修	历史学概论Ⅱ	1								2		
一般	选择必修	技术者伦理入门Ⅱ	1								2		
一般	选择必修	法学Ⅱ	1								2		
一般	选择必修	技术经营Ⅱ	1								2		
一般	选修	日语教育Ⅱ	1								2		
一般	选修	海外语言实习	1										
一般	必修	英语Ⅳ	2							2	2		
一般	必修	英语Ⅳ	2							2	2		
一般	选修	数学特讲Ⅰ	1							2			
一般	选修	数学特讲Ⅱ	1								2		
一般	选择必修	物理学特讲	2							2			
一般	选择必修	现代科学Ⅰ	2							2			
一般	选择必修	现代科学Ⅱ	2							2			
一般	选择必修	现代科学Ⅲ	2							2			
一般	选择必修	现代科学Ⅳ	2							2			
专业	选修	电气电子要素	2								2		
专业	必修	应用数学Ⅱ	2							2	2		

科目区分		科目	学分数	不同学年每周授课时数									
				1年		2年		3年		4年		5年	
				前	后	前	后	前	后	前	后	前	后
专业	必修	创造工学	2							4			
专业	必修	机械工学演习Ⅱ	2								4		
专业	必修	热力学	2							2	2		
专业	必修	水力学	2							2	2		
专业	必修	机械设计法	2							2	2		
专业	必修	机械力学	2							2	2		
专业	必修	工学实验	2								4		
专业	选修	创造工学演习	1							1	1		
专业	选修	短期实习	1							2	2		
专业	必修	应用物理Ⅱ	2							2	2		
专业	必修	材料力学Ⅱ	2							2	2		
专业	必修	材料学	1									2	
一般	选修	英语ⅤA	1									2	
一般	选修	英语ⅤB	1									2	
一般	选修	英语ⅤC	1									2	
一般	选修	英语ⅤD	1										2
一般	选修	英语ⅤE	1										2
一般	选修	英语ⅤF	1										2
一般	选修	实用英语	1									2	
一般	选修	社会学Ⅰ	1									2	
一般	选修	中国语Ⅰ	1									2	
一般	选修	社会学Ⅱ	1										2
一般	选修	中国语Ⅱ	1										2
一般	选修	海外语言实习	1										
一般	选修	文学概论Ⅰ	1									2	
一般	选修	文学概论Ⅱ	1										2
一般	选修	心理学Ⅰ	1									2	
一般	选修	经济学Ⅰ	1									2	

续表

科目区分		科目	学分数	不同学年每周授课时数									
				1 年		2 年		3 年		4 年		5 年	
				前	后	前	后	前	后	前	后	前	后
一般	选修	哲学Ⅰ	1										2
一般	选修	心理学Ⅱ	1										2
一般	选修	经济学Ⅱ	1										2
一般	选修	哲学Ⅱ	1										2
专业	选择必修	电子电路	2									2	
专业	选修	基础嵌入式系统	2									2	
专业	必修	概率统计	2									2	
专业	必修	计算机援用工学	1										2
专业	必修	机械设计制图	2										4
专业	必修	工学实验	2								4		
专业	必修	毕业研究	10									10	10
专业	选择必修	热工学	2									2	2
专业	选择必修	流体工学	2									2	2
专业	选择必修	生产系统	2										2
专业	选择必修	测量工学	2										2
专业	选择必修	弹塑性学	2										2
专业	选择必修	制御工学	2									2	
专业	选择必修	机器人工学	2									2	
专业	选修	创造工学演习	1									1	1
专业	选修	短期实习	1										

五、职业能力开发机构的"实学融合"专门课程

(一)专门课程概况

按照《职业能力开发促进法施行规则》中关于"专门课程的训练基准"①的规

---

① ［日］新井吾朗：《職業能力開発総合大学校と職業能力開発大学校》，载《産業教育学研究》，2000(01)：78-80。

定，职业能力开发机构的专门课程是以高中毕业生或同等以上学历者为对象的长期高度职业训练课程，训练期限为 2 年(最长可延长 1 年)，总训练时间为 2 800 课时以上，毕业相当于短期大学毕业水平。按照劳动省的规定，专门课程培养"兼具必要的生产技能(手腕)和科学技术知识(头脑)，能够进行现场作业的实践型技术者。"①专门课程编制分为一般科目和专门科目，专门科目又分为基础科目和专业科目。一般科目为全学科共通科目，与短期大学学分数相同，除极个别科目外，一般都在第一学年开设，主要学习生活活动中必需的基础理论和基本的技能与技术，第二学年学习生活活动中必需的高级理论和技能、技术。"全部教学科目可以分为实习与科目，两者之间的总课时比例因学科而异，大致是 6：4。"②

(二)专门课程的特点

职业能力开发机构课程编制最大的特点是"实学相融"。职业能力开发机构按照职业能力开发综合大学校编制的专门课程"统一标准"设置学科科目，学校根据训练生能力与毕业后的进路，对科目不作大变动，只是增减内容或改编课程内容。课程编制的原则注重以产业发展背景为导向，强化实践专业技能，实验和实习的课时多，强调职业资格导向、现场作业，理解其中的理论及理论和技能、技术的有机融合。

第二节　职业技术教育课程的特点

日本职业技术教育课程没有统一的固定模式，各个职业技术教育机构为了实现办学个性化目标，开发了适应职业教育需求多样化、发展学习者个性的特色化职业技术教育课程。比较分析职业教育机构课程设置的依据、学科和科目的编制、特色课程的特点，不难看出，日本职业技术教育课程虽然没有统一的模式，但职业技术教育课程编制特色鲜明。

一、日本职业技术教育课程设置的民主模式

(一)课程设置模式及其利弊

课程设置概括起来可以分为 3 种模式，即"集权模式""自治模式""民主模

---

① ［日］永田萬亨：《職業能力開発短期大学校とテクニシャン養成》，载《産業教育学研究》，2000(02)：51-58。

② 胡国勇：《日本高等职业教育研究》，224 页，上海，上海教育出版社，2008。

式"①。"集权模式"是国家代表社会规定学校课程设置，这种模式强调统一要求，但不利于职业技术教育机构个性化发展。"自治模式"是大学自主课程设置，这种模式强调大学个性化发展，但课程设置自由化难以保障教育质量。"民主模式"不同于上述两种模式，其包容性体现在课程设置的主体多元化，包括国家、社会各界人士和学校自身。

(二)日本职业技术教育课程设置的"民主模式"概况

为了保持职业技术教育类型特点，日本政府通过课程政策，促进职业技术教育机构按照自身教育特点规范化、高质量开展课程建设。政府通过《学校教育法》《学校设置基准》《高中学习指导要领》《国立学校设置法》《职业能力开发促进法实施规则》《学位授予方针》《教育课程编制与实施的方针》《招生方针》《认证制度》等教育质量保障制度、学位制度和职业资格制度，以立法、政策的形式对各类职业技术教育机构的学科和科目设置、学制与课时要求、课程学习后的认证等课程编制工作做出具体规定。课程政策的高度制度化体现了学校在不违反国家、地方法律以及教育委员会规则的前提下，以保持自身特点为导向编制课程。"民主管理"的职业技术教育课程设置模式，使得日本职业技术教育机构在竞争和合作、多样性和标准性之间保持一定张力。

完整的课程改革不仅是课程内容、学分制的改革，还包括课程理念、教学评价等改革。20世纪90年代以来，以设置基准大纲化为契机，为促进学校职业技术教育机构在遵从国家统一规定的基础上，按照本校教育理念和目标进行课程改革，国家通过《全球化时代的高等教育》(2000年11月)、《构筑学士课程教育》(2008年3月)等课程政策，引导学校重视专业教育与教养教育的有机联系。《全球化时代的高等教育》提出重视教养教育，充实教育方法与学习指导。《构筑学士课程教育》提出重视学习成果，改善教育内容、方法，构建教育质量保障系统。在课程政策引导下，职业技术教育机构以实现办学个性化为目标，构筑以学生为本位的职业技术教育课程体系。

二、以产业发展为背景突出实践专业技能作为课程编制原则

产业结构的变化与技术创新会直接影响劳动者的就业范围、技术技能人才的能力要求，并直接反映到职业技术教育课程编制中。日本的职业技术教育课程编制坚持产业发展为背景的原则，依据产业政策变化调整专业方向和

---

① 朱永新、王智新：《当代日本高等教育》，136页，太原，山西教育出版社，1992。

课程，突出实践技能的培养。以高等专门学校为例，自 1962 年成立一直到 1991 年高等专门学校设置大纲化，伴随着产业政策的变化，教育主管部门对专业方向和科目进行了三次重大调整，即 1961—1972 年、1972—1976 年、1976—1991 年。

(一)第一阶段：1961—1972 年日本经济高速增长期高等专门学校的学科科目

1960 年以《国民收入倍增计划》(1961—1970 年)的实施为契机，日本经济进入以重化工为中心的高速增长期，政府重点推动钢铁、造船、机械、重型机电设备、化学工业、汽车、石化、核能、计算机、半导体等的发展。由于工业专科学校升格为大学或短期大学，这些领域的中级技术人员缺失。为满足产业发展对人力资源的需求，日本于 1962 年建立了高等专门学校，《高等专门学校设置基准》对高等专门学校的学科和科目设置、授课时数和必修选修课程做出明文规定，并一直沿用至 1972 年。1961—1972 年(昭和 36—47 年)高等专门学校设置的一般科目包括日语、伦理和社会、日本史、世界史、地理、法制和经济、数学、物理、化学、保健和体育、艺术、英语、第二外语，总课时数不超过 2 950。专门学科领域包括机械工学、电气工学、工业化学、土木工学、建筑学、金属工学及其他学科，每个学科领域中包含必修科目和选修科目。详见表 3-5。

表 3-5　1961—1972 年(昭和 36—47 年)日本高等专门学校教学科目[1]

学科	教学科目
机械工学	应用数学、应用物理和实验、图学、机构学、工业力学、材料力学(包括材料试验法)、工业热力学、水力学、电工学概论(包括电子工程学)、机械工作法、金属材料、机械设计制图、机械工学实验、电器工学实验、工作实习、毕业研究(选择科目：机械力学、工学解析法、发动机各论、流体机械、工作机械、生产工学、自动控制、测量工学、非金属材料、塑性加工、其他)
电气工学	应用数学、应用物理和试验、电气电磁学和试验、交流理论、电气测量、电子工学、电路论、机械工学概论、电气机械、电气材料、高电压工学、电气制图、电气设计、电工学实验、毕业研究(选择科目：送配电工学、发变电工学、电力设备、电子管路、电气通信、电气应用、自动控制、电气法规、生产工学、水力学、其他)

[1]　日本文部科学省：《教育課程に係る高等専門学校設置基準の規定》，http://www.mext.go.jp/b_menu/shingi/chukyo/chukyo4/016/gijiroku/07080604/004.htm，2019-01-20。

续表

学科	教学科目
工业化学	应用数学、应用物理和试验、图学、无机化学和试验、有机化学和试验、物理化学和试验、分析化学和试验、材料工学、机械工学概论、电工学概论、化学工学和试验、无机工业化学概论、有机工业化学概论、设计制图、实验和实习、毕业研究(选择科目:高分子化学、机器分析、测量控制、工业材料、工业热力学、应用动力学、机械工程学实验、电子工程实验、理论物理学、安全工程学、其他)
土木工程学	应用数学、应用力学、图学、土木材料学、结构力学和演习、水力学和演习、测量学、机械工学概论、电气工程概论、桥工学和演习、钢筋混凝土工学、设计制图、实验和实习、毕业研究(选择科目:河流工学、道路工程、土质工程、卫生工学、发电水力、地震工学、港口工学、铁路工学、地质学、城市规划、土木机械、建筑学概论、土木法规、其他)
建筑学	应用数学、造型、图学、建筑构造力学和演习、建筑一般构造、建筑材料、测量学和演习、机械工学概论、电工学概论、钢筋结构、钢筋混凝土结构、建筑构造演习和实验、建筑计划和演习及实验、建筑计划制图、毕业研究(选择科目:建筑设计与演习、建筑史、建筑施工、建筑卫生、建筑设备、应用力学、城市规划、建筑法规、土木概要)
金属工学	化学分析和实验、应用物理学和实验、图学、金属物理学、金属分析学、机械工学概论、电气工学概论、物理冶金学和实验、铁冶金学和实验、非铁冶金学和实验、电气冶金学、金属加工学和实验、钢铁材料学和实验、有色金属材料学和实验、金属工学计划及制图、实习、毕业研究(选择科目:铸造工学、粉末冶金学、焊接工学、材料试验法、铁冶金学分析、非铁冶金学分析、工业材料学、冶金机械学、机械工作法概要、其他)
其他学科	为达到相关学科教育目的而认为合适的科目

(二)第二阶段:1972—1976 年日本经济低速增长期高等专门学校的学科科目

1970 年日本制定了《新经济社会发展计划》明确提出普及有效运用电子计算机和系统思考力的新教育,造就专门技术人才。1971 年的《70 年代通商产业政策构想》明确提出"知识密集型产业包括高科技产业、高级组装产业、时髦产业和知识产业"[①]。按照产业政策中的产业结构变化,1972—1976 年(昭和 47—51 年)

---

① 刘昀献、刘华欣:《战后日本的产业政策及其特点》,载《南阳师范学院学报(社会科学版)》,2004(10):42-44。

间，高等专门学校在保持原有学科基础上，增加了电波通信学和航海、轮机等商船学科，详见表 3-6，每个学科领域具体的必修和选修科目也发生了变化。

表 3-6　1972—1976 年（昭和 47—51 年）日本高等专门学校教学科目

学科	教学科目
机械工学	应用数学、应用物理、图学、构造学、工业力学、材料力学、工业热力学、水力学、电气工学概论、机械工作法、金属材料学、机械设计法、机械设计制图、工学实验、机械工作实习、毕业研究（选择性科目：机械力学、传热工学、振动工学、普遍机构、蒸汽力发动机、流体力学、工作机械、生产工程、自动控制、内燃机、蒸汽发动机、流体力学、工作机械、生产工学、自动控制、测量工学、润滑工学、非金属材料、塑性加工、化学工程学概论、仪器分析、工业外语、特别讲座等）
电气工学	应用数学、应用物理、图学、电磁学、交流理论、电气测量、电子工学、电路理论、机械工程学概论、电气设备、电气材料、高电压工学、电气设计、电气制图、电气工学实验实习、毕业研究（选择性科目：发变电工学、送配电工学、电气应用、照明和电热、电动机应用、电气铁路、电化学概论、自动控制、电子电路、电子计测、电气电信、半导体工学、生产工学、电气及电波法规、工业外语、特别讲座等）
工业化学	应用数学、应用物理、图学、无机化学、有机化学、物理化学、分析化学、化学工业、材料工学、机械工学概论、电气工学概论、无机工业化学、有机工业化学、工业化学设计制图、工业化学实验、毕业研究（选择性科目：合成化学、高分子化学、机器分析、石油化学、工业电气化学、回路、有机金属材料、测量控制、热力学、水力学、移动论、物性论、安全工学、生产工学、机械工学实验、电工学实验、工业外语、特别讲座等）
土木工程学	应用数学、应用物理、图学、土木材料、应用力学、构造力学、水理学、测量学、土木地学、土质工学、土木施工、桥梁工学、钢筋混凝土工学、机械工程学概论、电气工学概论、土木工学设计制图、土木工学实验实习、毕业研究（选择性科目：卫生工学、建筑学概论、河川及水资源工学、道路工学、铁路工学、港湾及海岸工学、发电及水库工学、地区及城市规划、抗震工学、砂防工学、建设机械、金属材料、工业火药学、土木法规、土木经营学、工业外语、特别讲座等）
建筑学	应用数学、应用物理、图学、造型、建筑构造力学、建筑一般构造、建筑材料、测量学、机械工学概论、电气工学概论、钢筋构造、钢筋混凝土构造、建筑构造计划、建筑计划、建筑设计制图、毕业研究（选择性科目：建筑史、应用力学、建筑施工、区域和城市规划、建筑设计、建筑法规、建筑设备、土质基础工学、防灾工学、工业外语、特别讲座等）

续表

学科	教学科目
金属工学	应用数学、应用物理、图学、物理化学、分析化学、金属分析学、机械工学概论、电气工学概论、物理冶金学、精炼工学、金属物理学、冶炼理论、金属材料学、金属加工学、金属工学设计制图、金属工学实验实习、毕业研究(选择性科目：金属强度学、金属工学通论、金属化学、化学工学概论、推计学、测量工学、机器分析、自动控制、机械工作法、电气工学实习、工业外语、生产工学、特别讲座等)
电波通信学	应用数学、电气电磁学、交流理论、电路理论、电子工学、电子电路、电气测量、高频测量、电波传输学、通信设备、航法无线、信息理论、信息理论、自动控制、电子计算机、电力工程学、电气制图、工程实验、通信技术、国内通信法规、国际通信法规、特殊通信技术、通信运用、交通地理、气象概论、海事概论、毕业研究
航海	应用数学、基础力学、应用力学、电气工学、电子工程、图学及示意图、航海学、航海仪器学、船舶整备论、海难论、船货运输论、海洋气象学、船舶工学、法规、船舶机关概论、测量概论、自动控制、原子能概论、安全卫生管理、实验实验、操作艇、信号、技业、毕业研究、练习船实习
轮机	应用数学、基础力学、图学、构造学、热力学、水力学、材料力学、机械力学、测量概论、自动控制、原子力概论、电气工学、电子工学、机械设计制图、蒸汽机关、内燃机关、辅助机构、机械工作、工业材料、燃料润滑、船舶工学、机关管理、海事法规、海运概论、航海概论、安全卫生管理、机关实验、工作实习、操艇与信号及技业、毕业研究、练习船实习(包括工厂实习)
其他学科	为达到相关学科教育目的而认为合适的科目

(三)第三阶段：1976—1991 年日本经济中速增长期高等专门学校的学科科目

1976—1991 年，日本经济进入中速增长期。1976 年的《产业长期构想》提出降低重工业的增长速度，发展微电子、半导体和生产自动化等消耗资源少、附加产值高的知识密集型产业。《80 年代通商产业政策构想》提出重点发展高技术、未来产业基础技术和公益等技术。1976—1991 年(昭和 51—平成 3 年)，文部科学省按照产业政策要求，统一规定高等专门学校的一般科目包括语文、社会、数学、理科、保健和体育、艺术、外语以及人文、社会或自然领域相关的科目(除前面所列内容外)，或者综合上述领域的授课科目，专门学科领域不变，详见表 3-7，每个学科领域的教学科目减少，不规定选修科目，实施学分制。如金属工学领域共 14 个必修科目，相比 1972—1976 年的 17 个必修科目，有 12

个相同科目。

表 3-7　1976—1991 年（昭和 51—平成 3 年）日本高等专门学校教学科目

学科	教学科目
机械工学	应用数学、应用物理、信息处理、材料力学、材料学、热力学、水力学、机械工作学、设计法和设计制图、工学实验、工学实习、毕业研究
电气工学	应用数学、应用物理、信息处理、电气电磁学、电气测量、电子工学、电路、电气材料、电气制图、电气工学实验实习、电子计算机、毕业研究
工业化学	应用数学、应用物理、信息处理、无机化学、有机化学、物理化学、分析化学、化学工业、工业化学总论、无机工业化学、有机工业化学、工业化学制图、工业化学实验、毕业研究
土木工程学	应用数学、应用物理、信息处理、土木材料、构造力学、水力学、测量学、土质工学、土木施工、钢筋混凝土工学、土木工学设计制图、土木工学实验实习、毕业研究
建筑学	应用数学、应用物理、信息处理、造型、建筑结构力学、建筑结构、建筑设计、建筑计划、建筑设计制图、建筑环境工学、建筑生产、建筑史、毕业研究
金属工学	应用数学、应用物理、信息处理、物理化学、分析化学、物理冶金学、冶炼工学、金属材料学、金属加工学、金属工学设计制图、金属工学实验实习、机械工学概论、电气工学概论、毕业研究
电波通信学	应用数学、应用物理、信息处理、电气电磁学、电气电路、电子工学、电子电路、电气测量、高周波测量、电波传送学、通信机器、电子制图、工学实验、通信实际技术、国内通信法规、国际通信法规、毕业研究
航海	应用数学、信息处理、应用力学、电气电子工学、测量和自动控制、商船原论、船舶安全工学、海事法规、船舶工学、操作艇和通信、航海法规、运用学、航海学、实验实习、毕业研究、练习船实习
轮机	应用数学、信息处理、应用力学、电气电子工学、测量和自动控制、商船原论、船舶安全工学、海事法规、船舶工学、操作艇和通信、发动机、工业材料、设计制图、实验实验、毕业研究、练习船实习（包括工厂实习）
其他学科	为达到相关学科教育目的而认为合适的科目

文部科学省紧贴经济发展不同时期产业政策的变化，对高等专门学校的专业方向和课程设置进行了调整，坚持以产业发展背景、强化实践能力培养为课程编制原则，高等专门学校有效地服务于日本高等教育的普及和产业转型。

三、职业技术教育课程编制共性与个性并存

日本高等职业技术教育机构的课程编制，既有共性，又有个性。其共性是

国家分类建设学校设置标准，明确不同类型教育机构的课程编制规范要求，课程编制规范化，注重彰显职业技术教育课程类型特征。学校遵循课程编制规范要求，在保持自身教育类型特征的基础上，根据自身教育特点，个性化编制特色课程。运用学分制、选课制尽可能扩大学生学习的选择度，学科与科目众多、口径宽泛、教养教育与专业教育兼具，重视实习演习等实践。课程编制既注重满足产业发展的需求，又给予学生以人文关怀。高职教育课程编制共性与个性并存，保持了国家职业技术教育课程管理的规范性，为学生个体社会化和职业化发展提供了明确、具体的方式和途径，满足了不同时期产业经济发展的需要。

第三节　职业技术教育教学与管理

职业技术教育教学与管理是学校内涵建设的重心。职业学校为了提高其教育竞争力，高度关注教学与管理工作。不同学校根据教育对象的特点，采取有针对性的教学与管理措施，提高育人质量。日本职业技术教育教学与管理具有以下几个特点。

一、课题解决型学习教学方式

课题解决型学习教学方式，简称"PBL"，它是日本职业技术教育教学中常用的教学方式，目的是培养实践型、创造型人才。日本职业技术教育特别重视体验性学习与管理，尤其是实验、实习、设计制图等体验性学习。高等专门学校在专攻科阶段利用产学结合的"共同教育"的契机，通过企业实习方式进行体验性学习。

高等专门学校通过课堂教学、实验、实习、演习和研究等教育教学活动进行全人教育，常常采用课题解决型学习教学方式教学。各高等专门学校采用班主任制，每个班级配备1名班主任，有些学科配备副班主任，在教学时间之外对学生进行指导。高等专门学校的校园约10万平方米，除了教育研究设施外，还为学生配备了图书馆、福利设施和课外活动设施。此外，还有体育馆、运动场、游泳池和网球场等体育场地和设施，以便开展多样化的体育和文化俱乐部活动，给予学生丰富而有意义的学习体验。

学生宿舍作为高等专门学校的教育特色受到高度的评价。大部分高等专门学校都有男生宿舍和女生宿舍，学生组织成宿舍会，通过宿舍生活培养集体生活习惯，方便上学和课外活动。为了培养学生的主体性、社会性、自立性和自律性，宿舍除了住宿外，还设有食堂、浴室、休息室、自习室、电脑室和娱乐室等场所。为了丰富宿舍生活，常常举行宿舍祭、体育祭、圣诞会等活动。宿舍高年级学生对低年级学生进行生活方面和学业方面的指导。教师在宿舍轮流值班，以帮助学生解决各种问题和烦恼，指导学生生活，因此，教师的超负荷工作成为迫切解决的问题。

二、教学与管理尊重学生个体

职业技术教育机构的教学给每个学生自由表现各自才能的机会，认可不同学生是具有不同个性的独立个体，教师以各种方式参与教学，积极指导，如高中职业技术教育中的小班化与分层教学、"适应个体"教学。短期大学的"小班教育""导入教育""班主任制度""一贯指导"①，获得社会高度的评价。短期大学的学校、学科、班级规模小，"小班教育"便于教师近距离细致地教育指导；"导入教育"是面向即将入学的学生，以增强基础学力、提高学习动机、增强大学生活适应性、建立良好的师生关系等为目标进行的学前指导；"班主任制度"不仅有助于学业的进步，也促进了个别学生人格的形成；"一贯指导"是指通过教养教育、专门教育和生涯教育贯通式指导学生取得资格及就业支援。

三、注重对学习成果评价，教学与评价一体化

"学习成果"是指"作为接受特定的高等教育结果，学生所掌握的知识、技能和能力。广义上说，它还包括获得良好的职业、高额的收入、对社会的贡献、享受良好的生活方式、获得终身学习的能力等多种成果。"②中央教育审议会的《学士课程教育的构筑》(2008年)明确指出，"根据各个大学的实际情况，为学生提供证明其学习成果的机会，在各个领域设定国际通用的学习成果及其目标，培养学士力。"③学士力的具体内容包括知识与理解、通用的技能、态度和志向、综合性的学习经验与创造性的思考能力。各个学校结合实际情况，将这一理论落实到具体的课程实践活动中。

案例

铃鹿工业高等专门学校机械工学科的"机械设计制图"课程评价

达到目标：能够说明涡轮泵的结构和规格，完成规格的设计，完成组装图

---

① 日本中央教育審議会大学分科会大学教育部会短期大学ワーキンググループ：《短期大学の今後の在り方について（審議まとめ）》，http://59.80.44.45/www.mext.go.jp/component/b_menu/shingi/toushin/__icsFiles/afieldfile/2014/09/19/1351965_1.pdf，2014-08-06。

② 黄福涛：《本科教育质量保证研究——历史与比较的视角》，载《高等教育研究》，2008(03)：66-72。

③ 日本中央教育審議会：《学士课程教育の構築に向けて（答申）》，http://www.mext.go.jp/component/b_menu/shingi/toushin/__icsFiles/afieldfile/2008/12/26/1217067_001.pdf，2018-12-24。

及各部件图的制图。具体如表 3-8 所示。

表 3-8 学习成果到达度评价标准

项目	达到理想水平的目标	达到标准水平的目标	未达到目标
评价项目 1	能解释涡轮泵的结构、规格，并应用于设计	能解释涡轮泵的结构、规格	不懂得涡轮泵的结构、规格
评价项目 2	能够完成旋涡泵的设计书，并在一定期限内完成手绘图	能够完成旋涡泵的设计书和手绘图	能够完成旋涡泵的设计书，无法完成手绘图
评价项目 3	根据涡轮泵的设计书，在有限时间内完成 CAD 的各部件绘图	根据旋涡泵的设计书，完成 CAD 绘图	根据涡轮泵的设计书，不能完成 CAD 绘图

教学目标明确化，重视发挥评价与教学的相互促进作用，将教学评价融入学校和教师的教学过程之中，通过达成度评价方法评价学习成果。

1. 学科达到目标的相关教育方法等

概要：作为流体工学的课题，可进行涡轮泵的设计及制图，以获取决定泵所要求的性能和满足该性能的泵各方面的知识。另外，通过制图，在思考各构成要素作用的基础上，加深对综合设计的理解。

2. 推进教学的内容、方法

(1)第 1~15 周的全部内容，学习及教育达到目标(B)〈专业〉，[JABEE 标准 1(2)(d)(2)a]]及(B)〈展开〉，[JABEE 标准 1(2)(d)(2)d]。

(2)授课以练习的形式进行。

(3)《授课计划》每周的"目标"相当于在这门课上学习的"知识、能力"。

注意点：达到目标的评价方法和基准。通过设计图及制图对 1~10"到达目标"进行评价。评价的"达到目标"各项目的权重相同，取得满分的 60％ 即为完成目标。

〈学业成绩的评价方法及评价基准〉

按照设计书(60％)、组件图(20％)、元器件图(20％)的比例进行评价。如果不提交所有的设计图，将以 0 分进行评价。

〈学分的学习条件〉

提交全部材料，学业成绩为 60 分以上。

〈预先要求的基础知识范围〉

本课程学习，需要学习到第四学年的水力学、机械设计法、材料力学的知识和机械制图。

〈自我学习〉

除保证课堂学习时间外，还需要保证学习制作设计图（设计书）、汇编图和元器件图等所需的时间。必须在各期限前提交设计书、部件图（CAD）、汇编图（手写）。

〈附注〉

各项的设计书及图纸，每次都必须接受检查。

评价比例：课题（设计书）占 60％、课题（装配图）占 20％、课题（零部件图）占 20％，每一项得分依次为 60 分、20 分、20 分，总分为 100 分。

教育目标达成度评价基准表一般由学习教育目标、行为特点和评价水平三个要素构成。具体包括学习教育目标的概括性描述，将教育目标分解为不同的行为特点，并在此基础上，描述不同水平的行为特征。按照 1998 年大学审议会发表的咨询报告《关于 21 世纪大学的应该形态》提出的严格做好成绩评价的要求，部分职业院校采用 GPA 制（grade point average）完善学业评价制度。

相关链接

日本高等专门学校技术伦理教育模式现代转型探析①

摘要：日本技术伦理教育的现代转型，是高等教育质量的国际可比性和技术人员资格的国际互换性的客观要求，也是学校培养国际通用技术人才，提高其核心竞争力的内在要求。自 2000 年以来，日本高等专门学校借鉴美国经验，结合本国国情，改造传统的经验式职业伦理教育模式，构建了包括社会交流能力培养在内的、全面、系统的广义技术伦理教育模式。现代模式与传统模式的不同之处在于，目标定位的前瞻性和针对性，教育内容的实用性，教育方法和形式的多样化，教育教学与评价的一体化、国际化。立足于人才培养的国际通用性和可雇佣性，日本由国家主导建设该模式运行的保障机制与教育标准体系，由学校建设专兼结合的教师教学团队实施课程统整，以便促进教育模式转型。技术伦理教育模式现代转型的背景、特点及促进转型策略的分析，旨在为优化我国的技术伦理教育提供参考。

关键词：日本；高等专门学校；技术者伦理教育模式；现代转型；策略

日本高等专门学校（简称"高专"）于 1962 年设立，是五年一贯制（前三年相

———————————

① 韩玉：《日本高等专门学校技术伦理教育模式现代转型探析》，载《职业技术教育》，2015，36(28)：75-79。

当于职业高中课程，后两年相当于短期大学课程，授予"准学士"学位)高等职业技术教育机构。20 世纪 90 年代，绝大多数"高专"设立以更加高度的技术教育为目的的专攻科，实施七年(授予"学士"学位)一贯制专业教育，培养实践型与创造型技术人才。

一、"高专"技术伦理教育模式现代转型的动因

(一)外在动因：高等教育质量的国际可比性和技术人员资格的国际互换性

"高专"在设立之初，就专门开设了"伦理"和"哲学"之类的非专业课程，培养具有完美人格的技术人才。20 世纪 90 年代末，"高专"开始工学教育国际标准化改革。1999 年设立技术者教育认定机构(简称 JABEE)，2001 年该机构加入《华盛顿协议》成为准会员，此后便开始实施技术者教育认定制度，促进技术士资格认证。为获得认证的最低条件，"高专"设置相当于大学三、四年级的专攻科，以两种形式接受认定，一种是一所学校全部统一接受认定，另一种是学校的部分专业独立接受认定。

在《华盛顿协议》提出的毕业生应该掌握的知识和能力内容框架体系中，有 12 项要求，其中 8 项与"伦理"相关。[1]依照"华盛顿统一标准"，JABEE 制定并在实施中不断修正完善"日本技术者教育认定基准"(Criteria for Accerditation Japanese Education Program)(以下简称"基准")。"基准"对技术者应具备的专业伦理素养做了明确规定："从全球视域看事物的能力和素养""技术给社会和自然带来影响及效果以及技术者对社会所肩负的责任的理解""合作工作的能力"。[2]为通过认定，"高专"和理工科大学依照"基准"中的相关规定开设"技术者伦理"课程，实施广义技术伦理教育模式。截至 2006 年 5 月，55 所国立"高专"中至少有 50 所在专攻科阶段依照认定制度开设了此类课程，开设率达到 90% 以上，9 所没有接受认定的"高专"也开设了该课程，以准备接受审查认定。[3]

(二)内在动因：培养国际通用技术人才提高学校核心竞争力

随着日本高等教育的大众化，大学入学率显著提高，"高专"生源质量逐渐下降，争取优秀学生，提升人才培养质量，提高学校核心竞争力成为"高专"的重大课题。JABEE 的认定虽然是非强制性的，但多数"高专"自愿接受认定，目的是能够参照国际教育质量标准进行教育改革，通过设置技术者伦理教育等课程，完善课程内容体系，加强学校内涵建设，以便充分发挥升学与就业的双重职能作用，提高学校核心竞争力，增强社会吸引力。"高专"招收 15 岁的初中毕业生，他们求知欲强，但心智尚未成熟，缺乏对事物全面的分析和判断能力，耐挫力、交流能力不强。[4]教育对象身心发展的特点、需要及其未来所从事的职业，要求"高专"开设技术者伦理教育课程，提升职业素养。并且，学习技术者伦理等 JABEE 指定的课程，毕业后还能免除技术士第一次考试，因而，"高专"应然要实施广义技术伦理教育模式。

二、广义技术伦理教育模式的特征

(一)技术伦理教育目标定位的前瞻性和针对性

发展技术者伦理教育,目标定位是出发点和归宿。未来技术伦理的复杂性、不可知性和教育的滞后性形成鲜明的对照,也为技术者伦理教育目标定位带来困惑。为提高目标定位的前瞻性,"新基准"(2010—2015 年度)从国际教育视野出发,本着职业技术教育办学特色,以综合职业能力为导向进行目标定位,即不仅重视知识的掌握,还重视培养交流能力和自我学习的能力,尤其要贯彻落实为实现安定和谐社会所不可或缺的技术者伦理方面的要求。[5]目标内容的规定导向"高专"实施更为全面、系统的广义技术伦理教育模式。为增强目标对本国教育实践的指导力,相关组织管理机构从目标的层次性和渐进性出发,对"基准"中的目标定位进行分解。从 2000 年开始,日本工学教育协会(简称 JSEE)技术者伦理教育调查委员会在日本学术振兴会科学研究费补助金的资助下,运用德尔菲法对技术者伦理教育的目的、方法、测定与评价方法进行调查研究,开发课程标准模式。[6]此外,相关学协会从专业教育角度出发开发相应的教育目标。如日本建筑学会通过伦理委员会对建筑伦理案例进行调查研究,编撰"伦理教育计划开发指南",[7]提高伦理教育的专业针对性。"基准""课程标准模式"与"指南"等政策性文本的相关规定为学校教育目标定位提供依据。

(二)教育内容的实用性

以 JABEE 认定制度等指导性文件为目标定位依据,"高专"结合本土、本校实际,以"技术者伦理"课程为主渠道实施技术伦理教育。该课程称谓颇多,如"科技哲学""工业伦理学""技术与社会""科学技术社会论""现代文明和技术"等,凡是课程名称中含有"技术伦理""技术者伦理""工学伦理"等字眼,课程内容中涉及技术者应该遵守的行为规范,即被认为是与"技术者伦理"相关的课程。80%以上的"高专"使用"技术者伦理"这一名称,多数"高专"使用《工学伦理入门》教材,也有使用相关学协会出版的教材,如建筑学会伦理委员会为推进伦理教育所出版的教材,或者不提供教材也不指定教材,只使用辅助教材进行教学。[8]

一些学协会从"高专"教学的职业性、实用性和针对性特点出发,编辑出版适用本专业领域的技术者伦理教育教科书。除此之外,还有一些通用型教材,如多数学校所用的《工学伦理入门》,从框架体系上包括三部分:第一部分为案例分析。在编写体例上采用案例导入式,选择 16 个专业伦理领域问题,即组织和工程师、企业的社会责任、安全性和设计、事故调查、产品责任、商业伦理、知识产权、施工管理、持续管理、保守企业秘密、内部告发、伦理规定、专业知识的钻研、专家责任、系统设计的困难、性骚扰。[9]第一部分中的每个专业伦理领域都枚举一两则日本本土典型的技术伦理问题作为案例,意在发展学生的技术伦理敏感性,提升角色意识及技术职业责任感;第二部分是技术者应知道的工学伦理基础知识以及伦理基本原则、规范等伦理要求；最后部分是与工学伦理要求相关的练习及资料、规范性文件。教师授课时，以目标为导向优化课程教学，既可以把教科书内容与自身切身经验结合起来教学，也可以利用自己的切身体验开发辅助教材充实教育教学内容。

（三）教育方法和形式的多样化

多数"高专"在专攻科一年级开设了技术者伦理教育课程，二年级开设此课的较少，专攻科一、二年级均开设的更少。[10]技术者伦理教育课程以两种形式体现：一是渗透课程，在专业科目和一般科目领域中渗透教育；二是独立设置课程。专攻科阶段独立设置的"技术者伦理"课程，多为共通必修课 2 学分。虽然部分为选修课形式，但在具体实施时也当作必修课对待。课堂授课除讲授法外，还有 PBL 等方法。除课堂授课形式外，还有专题讲座、系列报告会、社团活动、探究性作业等形式，多样的方法和形式使之更贴近学生生活、贴近实践，激发学生学习的自主性，自觉提高实践能力。

（四）教育教学与评价的一体化、国际化

与国际教育标准接轨，国家建立《JABEE 认定审查的程序和方法》，并以之为评价基准，坚持教育教学与评价一体化原则，实施目标管理，建立外部和内部评价相结合的质量评价体系，规范高等教育机构的技术者伦理教育。"基准"对技术者伦理"学习和教育目标""评价标准"等的规定，表明国家从制度管理层面明晰了技术者伦理教育认定审查的评价主体、评价标准、程序和方法。同时，一些学协会等组织也积极参与技术伦理教育，规范、指导接受或正在准备接受认定的高校或个别专业在外部管理机制作用下达成教育目标。按照教育教学与评价一体化原则，学校依据"基准"中"学习和教育目标"的内容及达成度要求，明确技术伦理教育在学校教育教学中的地位和任务，纳入教育计划提交 JABEE 审查。"基准"规定技术者伦理教育可采用笔试、口试、报告、学习记录等形式对学生学习成果进行评价。学校在进行自我检查并公开自我评价报告接受同行评价的基础上，经过审查小组实地调查，才能决定是否通过审查认定。认定的有效期为 6 年，通过周期性教育计划及教育目标达成情况的审定及评价，促进学校稳步发展技术伦理教育。

三、促进技术伦理教育模式现代转型的策略

20 世纪美国理工大学开设"Engineering Ethics"课程，传入日本后被翻译为"技术者伦理"或"技术伦理"。相比于欧美，日本自 2000 年后才开始快速在高等教育机构普及技术者伦理教育，虽然起步比较晚，但在理性借鉴西方经验基础上，采取系列举措，构建具有本土特色的广义技术伦理教育模式。

（一）以国家为主导完善现代技术者伦理教育模式运行保障机制建设

把技术者伦理教育纳入教育体系，进行系统管理，需要建立组织协调管理机制。2001 年，文部省科学技术厅和文化厅合并成为"文部科学省"，之后出台

《关于科学技术的伦理和社会的责任》等系列政策，有利于国家从宏观层面统一管理教育与科学技术问题。在合作型教育领导体制作用下，文部科学省、劳动厚生省等国家技术者教育主管部门及其下设的学协会等组织机构，在技术伦理教育管理中各司其职，系统完善专业伦理教育制度管理体系及教育理论体系，激励和约束利益相关者参与并促进本国技术伦理教育的现代转型。

一是加强制度保障体系建设，引导技术伦理教育与国际标准接轨，凸显教育模式的现代性。国家参照国际标准制定并不断修改完善《日本技术者教育认定基准》《技术士法》等科学技术教育法案，从法律层面明确了技术士补和技术士应具有的维护公共利益的义务，并要求从 2001 年第一次资格考试开始，提高资格考试命题的适切性。2006 年国家首次修正《教育基本法》，从法律层面进一步明确教育的根本目标是培养健全人格的人。20 世纪 30 年代和 60 年代，日本土木学会和技术士会先后制定了行业技术者伦理纲要。与此同时，为提高企业国际竞争力，国家从国际视野出发，着力加强企业社会责任建设，建章立制，约束指导企业加强社会责任建设，2000 年以后，企业伦理的理论研究和实践探索渐成体系。2004 年日本学术会议《防止不正当科学研究》的报告，提出防止不正当科学研究（包含技术）行为的四大举措，要求学会、研究机构整理伦理规定约束教育其成员，大学等高等教育机构加强专业伦理教育。[11] 工学教育协会、国立研究机构、各学协会等组织机构纷纷制定伦理纲领、伦理规定、行为规范及行动手册，明确本组织成员的伦理要求，完善规范体系，为推动学校技术者伦理教育转型提供基础和保障。

二是从本国实际出发，完善技术伦理教育理论体系建设，促进教育模式的本土化。日本从"二战"后开始引进并研究美国的工程伦理学体系，翻译不少美国的相关著作、教科书等研究成果，此后便开始编写适合本土特色的教科书。1997 年，日本学术会议基础工学研究联络委员会在《关于工科高等教育机构技术者伦理教育的提案》中，介绍了美国的技术者伦理教育，提出关于日本实施技术者伦理教育必要性的建议。2004 年，人才委员会等组织提出了关于技术者伦理教育必要性的建议，同年，科学技术振兴调整费关于《科学技术伦理教育系统的调查研究》调查研究报告中，分析了全国高等工程教育中的技术伦理教育情况，并从国家管理层面对构建适合本国特色的新的科学伦理教育模式提出建议和要求。[12] 社会的呼吁、政府的重视，致使国家自上而下完善运行保障机制，推动系统工程建设。

（二）立足国际通用性和可雇佣性构建技术者伦理教育标准体系

其一，"基准"质量标准与国际教育质量标准对接。高等专门学校的自我检查和评价一般要通过第三方评价机构，即大学评价学位授予机构、JABEE、国立高等专门机构的认定。大学评价学位授予机构的评价职能是促进教育组织的健全和确保教育活动质量及其提升。JABEE 和大学评价机构的审查基准有很大差异，它从"可雇佣性""国际通用性"出发，坚持教育教学与评价一体化原则，不但考察学校人才培养是否达到认定的知识和能力要求，还对教育计划之于教育质量的达成情况进行审查，通过诊断性评价改进教师的教和学生的学，确保教育质量。[13]与国际资格接轨，满足技术人才的可雇佣性需求，JABEE、各学协会依照国际教育质量标准体系并结合本土情况，从内容标准、评价标准和保障标准三个维度系统完善标准框架体系。其中，"内容标准"主要规定学生应该知道和掌握什么，"评价标准"就是绩效标准。"新基准"中"学习与教育目标"从"内容标准"和"评价标准"方面明确了专业伦理教育目标内容及能力达成度，目标达成的"保障标准"包括"教育手段""教育方法""教育组织""教育环境"等。

其二，"课程标准模型""指南"等的开发体现了质量标准的国际通用性和可雇佣性。作为评价和指导技术伦理教育的主要依据，除"基准"外，还有学协会的"课程标准模型""指南"。"基准"的开发，是在广泛收集分析与技术者伦理相关的国内外课程标准，对JABEE认定方案的实施进行调查，对国内外部分领域高等教育质量保障发展趋势进行预测分析，在对专业领域内专家广泛征求意见的基础上制定的。

其三，满足利益相关者的利益诉求，突出可雇佣性。依据职业技术教育和高等工程教育的特点，JABEE充分满足企业的利益诉求，吸纳企业等利益相关者参与认定审查工作。毕业生、其他学校可以对该校发布的自我评价报告提出异议，JABEE的审查认定往往委托会员即专业协会来进行，实地审查小组1/4成员为企业代表。利益相关者的参与使认证结果更具有权威性，更容易被学校、企业等职业技术教育利益相关者理解和接受。

（三）建设适应现代技术者伦理教育模式运行要求的专兼职结合的教师教学团队

随着技术的高度专门化，技术社会对人的影响力不断增大，现代技术所带来的伦理问题是之前任何一个时代都无法比拟的，技术伦理的专业性、开放性、过程性和复杂性特点对授课教师的专业性提出很高的要求。满足教育的需要，一方面需要提高教师专业化水平。一些"高专"从校内选拔承担过伦理学、哲学、法学、环境工学、信息工程、科学史教学工作的教师，并选派骨干成员参加日本工学教育协会主办研究会，促进教师专业化；另一方面是组建教师团队，发挥教师团队授课优势，有针对地授课。为解决师资需求不足的难题，学校聘任企业实践经验丰富的专家型实践者，和校内教师组成专兼结合的教学团队，在专攻科委员会的协助下，制订教学计划，采用团队授课方式轮流、公开授课。教师能根据自己的职业专长选择擅长领域，发挥教学专长活化教材进行教学，引导学生解决伦理两难问题。此外，学校还邀请社会知名人士，如本校优秀毕业生以及业内知名人士等到校进行专题讲座，[14]促进学生内化专业伦理。

（四）以需求为导向进行课程统整以便促进个体系统建构职业能力

为促进个体认知的综合化、主体化，学校以需求为导向进行课程统整，促进个体整体建构综合职业能力。如"东京工学科目"，从专业技术者未来应具有的专业素养和区域需求出发，收集区域环境能源问题、高龄者福利问题、产业振兴带来的各种社会问题，形成包括技术者伦理、实用法律学、环境工学特论等具有较强针对性的、培养职业基础能力的课程模块。[15] 该课程以课程内容的相关性为依据，以社会需求和个人需求为导向进行跨学科统整。虽然是针对不同学年在不同培养阶段的分科教学，但课程统整指向综合职业能力的培养，避免课程内容的重复，讲究"够用、实用"，具有较强的地域针对性，为超学科统整方式创造条件。在技术者伦理教育课程教学中，教师引导学生在现实中发现问题，采用小组合作方式探究解决问题。学生在学习某一个领域课程时，加强另一个或更多领域的学习，便于应用综合知识认识和解决技术伦理问题，提高对复杂问题做出合理伦理判断的能力。

"他山之石，可以攻玉。"了解日本"高专"技术伦理教育模式转型的新动向，顺应国际教育改革的趋势，当下，我国应尽快转变教育管理理念，以国家为主导促进职业技术教育中的专业伦理教育的现代转型，以彰显学科德育育人本性，满足提高职业技术教育质量的国际可比性和技术人员资格的国际互换性，培养国际通用技术人才的需要。我国专业伦理教育模式的现代转型，既要立足国际视野，理性借鉴发达国家的先进经验，又要关照本土特色。国家应形成组织协调管理机制，通过相关政策制度激励和约束多方利益相关者互动参与，从宏观层面完善技术者伦理教育模式运行的内外部保障机制，如专业伦理教育理论体系建设，伦理规范体系建设，企业社会责任建设，与国际接轨确立教育标准体系。国家层面的建设促进和保障职业院校加快专业师资队伍建设和课程、教学方面的改革。学校内外合力促进专业伦理教育模式的现代转型，有利于推动教育国际化改革，增强职业技术教育的国际竞争力，推动我国产业快速发展。

参考文献

［1］［日］大輪武司，青島泰之. 技術者教育と技術者［J］. 倫理工业教育，2013（07）：2-5.

［2］［5］日本技術者教育認定機構. 日本技術者教育認定基準（2010—2015年度）［EB/OL］. http://www.jabee.org/public_doc/download/？docid＝89./，2003-11-25.

［3］［8］［10］［14］［日］藤永伸，田村理恵，岩瀬真央美. 高等専門学校における「技術者倫理」の現状［J］. 都城工業高等専門学校研究報告，2007（41）：61-64.

［4］［日］野本，敏生．高専教育における技術者倫理［J］．獨立行政法人國立高等専門學校機構大島商船高等専門學校紀要，2008(41)：99-103.

［6］公益社団法人日本工学教育協会．第15回ワークショップ「技術者倫理」—測定・評価を意識した技術者倫理教育：モデル授業を通じた効果的な授業設計—［EB/OL］．https：//www.jsee.or.jp/taikai/workshop/，2011-01-13.

［7］日本建築学会倫理委員会教育・研究プログラム小委員会．倫理教育プログラム開発のためのガイドブック［EB/OL］．http：//www.aij.or.jp/jpn/comm/rinri/，2010-03-01.

［9］［日］斉藤了文，坂下浩司．はじめての工学倫理［M］．3版．東京：株式会社昭和堂，2004.

［11］日本学術会議基礎工学研究連絡委員会．工学系高等教育機関での技術者の倫理教育に関する提案［EB/OL］．http：//www.scj.go.jp/ja/info/kohyo/16youshi/16_55h.html，1998-06-20.

［12］日本文部科学省科学技術・学術審議会基本計画特別委員会．研究者・技術者の倫理［EB/OL］．http：//www.mext.go.jp/b_menu/shingi/gijyutu/gijyutu2/015—4/shiryo/attach/1282585.htm，2013-04-18.

［13］［日］多賀谷宏三，菅通久，杉山和久，等．高等専門学校における技術者倫理教育：技術者教育認定制度のための技術者倫理教育の実践［C］．日本工学教育協会，工学・工業教育研究講演会講演論文集，2003：341-342.

［15］国立東京工業高等専門学校．東京工業高等専門学校JABEE認定教育プログラム［EB/OL］．https：//xythos.tokyo—ct.ac.jp/web/syllabus/2013/index.htm，2007-05-14.

第四章
日本职业技术教育中的产学合作

产学合作是日本职业技术教育的典型特点之一。产学合作（産学連携、産学官連携、さんがくれんけい）是指大学等教育机构、研究机构和民间企业以研究开发新技术和创造新业绩为目的所进行的合作，也包括与政府、地方公共团体的所谓的"官"的合作，亦称"产学官合作"或"产官学合作"。① 20世纪80年代以前，日本称为"学—官—产"，日本产经联自1981年开始实施《下一代产业基础技术研究开发制度》中出现了"官产学"一词，其中心内容是保障"官、产、学"各方面力量相互协作和充分发挥各自优势。近年来，"学—官—产"的提法变成了"产—学—官"，有时索性只是强调"产—学"合作的重要性，这意味着民间企业的学术研究活动在日本经济社会发展战略中的地位有所提升。② 产学合作是日本学校与产业界在教育、研究活动方面实行的合作，"产学合作"与"产学官合作""产官学合作"的变化表明日本官、产、学三位一体的产学合作管理体制。2001年科技厅解体，开始科技行政体制改革。"大学与国立研究机构的'学'由文部科学省管辖，'产'由经济产业省管辖，'官'指以文部科学省为代表的对产学合作给予指导性意见的政府职能部门。"③"产"作为经济责任的主体，具有对创新的风险负责的功能，"学"具有提供和创造学术源泉的功能，而"官"则具有对创新及其研究开发乃至产学合作形成的成果进行支援的功能。④ 产学合作各方对合作的内容认识不一，"产"的方面认为，产学合作包括人才、研究为中心的共同研究、人才培养与交流、技术转移等在内的广泛的交流活动；"学"的方

① 《産学連携》，https://ja.wikipedia.org/wiki/％E7％94％A3％E5％AD％A6％E9％80％A3％E6％90％BA，2018-05-25。

② 陈劲、张学文：《日本型产学官合作创新研究——历史、模式、战略与制度的多元化视角》，载《科学学研究》，2008(04)：880-885。

③ ［日］原山優子：《産学官連携とは?》，载《産学官ジャーナル》，2005，2(07)：35-38。

④ ［日］船田学、後藤芳一ほか：《中小企業における産学官連携の課題と対応策》，载《産学連携学》，2008(02)：1-7。

面认为，产学合作包括共同研究、委托研究和接受社会资助三种基本形式的活动；从本质上看，产学合作是基于产学间深入的知识交流而发现和实施新价值的活动；如果将产学合作看作一种广泛的社会现象，产学合作包括新科学技术的创造及与此相关的知识财产的处理、新型企业的创建、技术管理、教育等相关活动以及区域性的合作协调活动、集群的形成、产学官融合组织的形成等活动。[①] 职业技术教育中的产学合作主要是产业界和职业教育机构在教育和研究活动方面进行的合作活动，职业技术教育中的产学合作的内容和程度是一个逐渐深入的过程。

第一节　职业技术教育产学合作的历程和特点

"二战"后，日本通过 10 年时间完成了经济复兴，为促进经济的快速发展，日本政府决定改变以往过分依赖技术引进而后加以模仿的局面，振兴科学技术，重视科技与教育协同作用于产业，将产学合作作为"经济自立化"不可缺少的重要条件，助力国民经济走上高速度发展轨道。1960 年 7 月，日本经济同友会公布"关于产学合作"的政策性文件，年底日本政府通过了高速度发展国民经济的《国民收入倍增计划》，该计划中的教育规划明确提出，必须强化学校与民间技术人员、熟练工人之间的合作体制，强化学校教育与职业训练的联系。[②] 该计划标志着日本"产学合作"教育体制的确立，至此日本将教育规划纳入经济计划之中，将产学合作作为现代经济的增长方式和教育的发展方式，产学合作逐渐具体化、深入化、国际化。"20 世纪 60 年代开始，从政策选择与制度安排演进角度看，日本产学合作经历了三个阶段。"[③]

一、产学合作政策从管制向缓和转变阶段（战后初期至 20 世纪 70 年代初）

（一）产学合作的动因和特点

"二战"以后，日本为了恢复和重建，推行经济立国战略，由于政策限制，这一时期总体上看产学合作并不活跃且受到抵触，技术研发活动主要由企业自

① 时临云、张宏武：《日本产学研合作的体制、政策及其对我国的启示》，载《改革与战略》，2010，26(11)：175-179。

② 祝淑春：《从日本产学合作制度看我国科研体制改革》，载《日本研究》，2001(02)：13-18。

③ 刘家磊：《日本产学合作模式、机制与绩效分析》，载《学术交流》，2012(05)：115-118。

主进行。学校职业技术教育体系主要指高中阶段的职业技术教育，教育内容进一步基础化、综合化，校企之间主要是松散式结合，由企业自主进行技术研发活动，企业对职业技术教育没有重大发言权，仅担负接受毕业生、提供工作岗位等职责。[1] 高中阶段的产学合作主要是定时制高中和函授制高中同企业的合作，企业和高中互相承认学员在对方所学的课程和学分。具体来说，就是高中承认学员在企业内职业训练机构学习的专业课和进行实习的学分；而企业承认学员在高中学习的基础课和部分专业课的学分。并且，一些企业(特别是中小企业)向学校捐款，校企合作范围不断扩大，从1962年到1972年，被批准合作的职业训练机构有349所，培训的技工达6万多人。[2] 概括地看，产学合作的形式主要是产业界向学校投资，校企人员互换，企业委托学校搞研究项目等，产学合作形式较为单一。

(二)促进产学合作的主要措施

20世纪50年代后期至70年代为日本经济高速增长期，为适应经济高速增长的需要，日本从三个方面促进产学合作。其一，产业界在工业教育方面积极倡导建立"产学合作"体制，调动合作方的积极性。1949年日本正式成立了第一个全国性的、由政府领导的学术领导机构"日本学术会议"，负责领导全国科研工作的开展。1954年日本经营者团体联盟(简称"日经联")提出"关于改革当前教育制度的要求"，要求实行产业界和教育界合作，充实职业技术教育等。1956年设立科学技术厅，负责协助政府制订科学研究的方针政策，配合各省、各主管部门领导全国的科学工作。同年，日本通产省产业合理化审议会提出《关于产学合作教育制度》的咨询报告，"日经联"发表《关于技术教育要适应新时代要求的意见》，从原则上要求政府"制定适应经济的划时代发展的技术员、技工的培养计划""要使理工系统大学和产业界不断地紧密联系起来，大学方面要确切把握产业界的要求，产业界对于大学派遣讲师、教授到现场参观实习等工业教育及其研究，也将尽可能地给予协助"[3]。此后，日本生产性本部赴美考察，在美国合作教育制度影响下，日本于1958年设置产学合作委员会。1959年，政府成立了"科学技术委员会"，作为政府发展科学技术的最高领导和咨询机关，其任务是制订国家科研总方针和长远科研规划目标。1959年7月，日本垄断财团的组织"经济同友会"提出设置产学合作中心计划，使产学合作更富有政治和社

---

① 王帅、龚晓维：《战后日本职业教育办学模式上的变化》，载《中国民族教育》，2007 (Z1)：71-73。

② 陈英招：《战后日本职业教育的政策与实践》，载《东北师大学报(教育版)》，1985 (03)：68-75。

③ 梁忠义、金含芬：《七国职业技术教育》，198页，长春，吉林教育出版社，1990。

会意义。1960 年制定《国民收入倍增计划》，标志着产学合作教育体制确立。①
20 世纪 70 年代初许多大学设立科学研究机构。其二，着重完善现代职业技术
教育体系建设，增加产学合作中职业技术教育的活力。1961 年日本财界两大组
织"经团联"和"日经联"联合发表《关于确立和推进划时代振兴技术教育的要求》，
为解决产业界所提出的技术人员不足的问题，日本政府制定了《培养、扩充科技
人员的计划》，1961 年国会通过修改的《学校教育法》后，1962 年通过了《高等专
门学校设置法案》，创办了国立高等工业专科学校，1964 年通过了《短期大学制
度法案》，承认短期大学的合法地位。1966 年文部省提出《关于扩充和整顿后期
中等教育问题》的报告，要求加强充实"后期中等教育"，普及高中教育和高中职
业技术教育课程多样化。1967 年理科教育和产业教育审议会发表了《关于高中
职业技术教育多样化》的咨询报告，指出高中职业技术教育多样化的意义和作用
以及多样化的基本方针。1975 年通过了《学校教育法部分修改案》，决定实行专
修学校制度。1976 年公布了一部国立学校设置法的修正法，决定在长冈和丰桥
设置技术科学大学，1978 年两所技术科学大学开始招生。据此，这一阶段完善
了学校体制中的职业高中、专修学校、高等专门学校、短期大学、技术科学大
学建设。其三，开展职业高中合作教育。为了减少企业内的职业训练生为取得
高中毕业资格而晚间去定时制高中学习的负担，文部省于 1955 年指定神户市立
职业高中作为实验学校，同阪神内燃机股份公司试行"定时制高中与技工培训的
合作"。采取的方法是，把高中的部分普通科目作为培训技工的教学科目，同
时，把培训技工的部分科目作为高中的职业科目。"一、二、三年级学生每周上
学三天，四年级学生每周上学两天，就准予高中毕业。企业内技工培训的时间
安排是第一、二年每周进行三天，第三年每周进行两天，第四年每周进行一天
的集中教育，就可以学完全部必要的学科"②。

二、开始出台支持产学合作政策阶段(20 世纪 80 年代)

(一)产学合作的动因和特点

从 1970 年 9 月开始，日本经济增长速度开始减慢，受 1973—1975 年经济
危机的打击之后，日本经济进入了所谓"稳定增长"的低速发展时期。③ 产学合
作进入磨合期，这一时期发展产学合作的主要动因来自两个方面：一是生物技

① 梁忠义：《日本社会经济发展与高等教育改革》，载《东北师大学报(哲学社会科学
版)》，1990(03)：84-89。
② 梁忠义：《日本教育与经济》，203 页，长春，东北师范大学出版社，1989。
③ 陈英招：《战后日本职业教育的政策与实践》，载《东北师大学报(教育版)》，1985
(03)：68-75。

术的发展打破了基础研究和应用研究的界限，两者开始互相重叠，使得工业研究开发的目标不仅限于具体的产品开发，还包括基础研究，企业对基础研究产生了强烈的兴趣。为了获得新知识，增加接触整个科学领域的新机会，企业向大学研究人员求助。二是科技竞争力以及以知识产权为核心的经济转型的驱动力。美国和日本之间在微电子工业中的"芯片大战"，改变了日本对产学合作研究开发的态度，日本产业界和政府人士决心加速发展本国的研究开发事业。[①]自20世纪70年代后期到80年代，日本从"贸易立国"转变为"技术立国"。80年代后期，日本及时做出战略调整，确立了"科技立国"的经济发展战略。为了加强中央对高等学校的控制权，1984年解散了原来设在文部省的咨询机构"中央教育审议会"，成立了超越中央教育审议会的、直属总理大臣的咨询机构"临时教育审议会"（简称"临教审"），对国家重大教育方针等事项进行咨询审议。在"临教审"的审议报告中，"终身学习"被定义为"从摇篮到基地的学习论"，并赋予职业能力开发在终身教育中的重要地位。[②] 伴随国家对终身教育的重视以及产业结构由劳动集约型向知识集约型转变，职业技术教育出现高级化、普通化和终身化趋势，由文部科学省所管辖的学校职业技术教育与厚生劳动省所管辖的职业培训，共同组成日本职业技术教育与培训体系。由于日本大企业长期以来实行自给自足式研发战略逐渐变得效率低下，"为弥补企业自身研发资源的不足，企业都在不同程度上加强了与大学等的合作，这一时期合作模式多样，主要为共同研究、委托研究、奖学金捐赠、研究人员互派等"[③]。受以大企业内部研发机构为主导的研发体制的影响，社会仍缺乏对产学合作必要性和重要性的认识，产学合作进展仍比较缓慢。

（二）促进产学合作的主要措施

国家主要通过制度建设引导产学合作，使产学双方逐步确立相互合作信赖关系，为产学合作逐渐由封闭走向开放奠定了基础。首先，政府以"计划"形式促进产学双方进行科学技术研究合作。根据科技立国方针，1981年科学技术厅和通产省首次采取行动，制订三项计划，分别是"促进科学技术的特别协调基金"计划、"先进技术探索性研究"计划（简称 ERATO 计划）、"下一代基础工业

---

① ［日］小泉坚吉郎：《日本产学合作研究政策的历史性转折点》，郭凯声，译，见《国外科技与经济结合译文选编》，中国科学院应用研究与发展局、中国科学院成都文献情报中心，1994。

② ［日］田中万年、大木荣一：《终身职业能力开发——劳动者的"学习"论》，蓝欣、姜征、马金强，译，天津，南开大学出版社，2008。

③ 智瑞芝：《日本产学合作演变及政府的主要措施》，载《现代日本经济》，2009（03）：34-39。

技术研究与开发计划"，这些计划都主张实行产业界—大学—政府间合作。由于大学等对产业界心存疑虑以及政府条例对国立大学等研究人员的严格约束，导致合作研究由产业界和政府的研究机构实施，大学研究人员只是起到辅助性的作用，主要是承担规划和咨询工作。"ERATO 计划"建立了一个各机构的研究人员可以打破机构之间的界限自由地进行合作研究的全新体制。① 其次，初步建立产学合作管理组织机构。日本学术审议会于 1982 年提出《关于改善学术研究体制的基本政策》，文部省学术国际局首次成立具有行政权力的产学合作主管机构"研究合作室"，作为产学联合的窗口。同年 11 月，由大学和企业的高级专家各 10 名组成"综合研究联络会议"，旨在更高一级中通盘审议产学合作事业的推进。1983 年，在该会议下开始设立专题委员会。② 第三，通过制度初步规范产学合作。1983 年，日本文部省出台"国立大学等与民间企业等的共同研究制度"，对国立大学等（含短期大学、高等专门学校）产学合作中的共同研究的目的以及经费、专利、合同签订、研究成果发表等问题进行具体规定。至此，日本国立大学等教员才被允许同私营企业从事合作研究。此外，文部省于 1985 年部分修改《大学设置标准》，放宽了教师录用条件，规定可以录用企业的优秀人才，只要其在专业领域有丰富的常识和经验，被认为具有教育和研究方面的能力者，就可被聘为兼职讲师及客座教授。③ 1986 年制定了《研究交流促进法》，1987 年文部省发布法令，根据《捐赠奖学金制度》，大学等可以接受民间企业和私人的赠款，建立"捐赠讲座""捐赠研究室"等，推动教学和科学研究工作的实施。除此之外，还制定了委托研究制度、委托培训制度、捐赠讲座制度和研究室制度等促进产学合作的管理制度。

三、健全产学合作体制、机制阶段（20 世纪 90 年代初迄今）

（一）产学合作的动因和特点

20 世纪 90 年代后，日本经济从技术密集型向知识密集型过渡，为解决泡沫经济崩溃后出现的产业竞争力低下，少子老龄化而引起的高成本等问题，日本将"知识产权立国"战略升级为"科技创新立国"后，企业要进军新兴产业领域

---

① ［日］小泉坚吉郎：《日本产学合作研究政策的历史性转折点》，22 页，郭凯声，译，见《国外科技与经济结合译文选编》，中国科学院应用研究与发展局、中国科学院成都文献情报中心，1994。

② 沈恩泽：《日本的"产学合作"现况与展望》，载《科学学与科学技术管理》，1985（03）：37-40。

③ 廖宗明：《试论日本高校的"产学合作"》，载《清华大学教育研究》，1994（01）：117-122。

以及高风险领域，但它所拥有的中央研究所、基础研究所等研究机构的研究功能无法满足所有的研究开发需求。为弥补研究力量的不足，企业被迫放弃人才培养、研究方面"自付主义"，也称"NIH(not invented here)综合征"，而寻求与大学等教育研究机构的合作，期待大学等成为教育研究的中坚力量。为积极利用大学等的研究成果加强产业竞争力，日本自 1995 年开始通过有效的产学合作体制、机制建设推进产学合作的快速发展，提升国家的整体创新能力。随着产学合作的逐步深入，政府一方面继续强化共同研究、委托研究、研究人员互派、奖金制度等传统的产学合作途径；另一方面围绕大学技术转移制定了一系列深化产学合作的法律措施。在相关法律措施的促进下，"日本产学合作呈现出规模不断扩大、合作形式多样化等新的特征。"①

(二)促进产学合作的措施

日本政府以科学技术基本计划中的科学技术政策为手段，从宏观上战略性推动产学合作快速发展。

1. 第一期科学技术基本计划期间政府推进产学合作的主要措施

1995 年 11 月，日本颁布了《科学技术基本法》，明确提出将"科技创新立国"作为基本国策，这是日本科学技术发展的一个重要转折点。为落实该法案的理念和要求，1996 年日本内阁正式对外发布《第一期科学技术基本计划(1996—2000 年)》，政府从三个方面入手促进产学合作。

一是建立促进产学合作的组织管理机构。1996 年 3 月出台《科学技术振兴事业团法》，10 月成立日本科学技术振兴事业团，2003 年 10 月法人化后更名为日本科学技术振兴机构(简称"JST")，该机构作为日本科技信息服务业的中枢机构，以科学技术创新立国为目标，"捕捉世界科技信息""建立必要的数据库""向社会各界提供专利、技术信息""技术转让援助""提供官产学合作的信息"②。为进一步促进学校将技术知识转移到企业，日本建立促进产学合作的中间机构，形成大学科技成果向企业转化机制，促进专利向市场的产业化。1998 年出台旨在促进大学和国立科研机构科技成果向民间企业转移的《关于促进大学等的技术研究成果向民间事业者转移的法律》(1998 年第 56 号法律，Technology Licensing Organization，"TLO 法")，其核心内容是推进设置大学科技成果向企业进行技术转移的民间组织，确立政府从制度和资金方面对科技成果转移机

---

① 智瑞芝：《日本产学合作演变及政府的主要措施》，载《现代日本经济》，2009(03)：34-39。

② 程永明：《日本科技中介机构的运行机制及其启示——以 JST 为例》，载《日本问题研究》，2007(01)：50-55。

构给予支持的法律依据，重视技术转移（technology transfer，TT），即大学产生的研究成果向民间企业转移的工作。1999 年设立国家级的技术转移机构（Technology Licensing Organization，TLO），通过申请专利、开展技术营销、实施技术转移活动，促进需求紧密对接。技术转移所获得的经济效益一部分作为新的研究资金返还到大学，允许大学教师兼职技术转移工作和技术入股或投资，促进大学等教育研究机构的研究成果向产业转移，减少校企信息不对称、对接不紧密等问题的发生。

二是通过政策性措施激励产学合作。1997 年日本出台《大学教员任期相关法律》《独立行政法人通则法》《独立行政法人科学技术振兴机构法》等制度，修改了《教育公务员特例法》，放宽了国立大学教员兼业的许可标准，准许大学引入任期制，对以大学等学术机构为主体的教育科研机构及研究人员进行规范化管理，增加研究机构的自主权，提高研究机构及其人员的竞争意识。1998 年修订《研究交流促进法》，允许民间企业廉价使用与产学共同研究有关的国有土地。1999 年日本出台《中小企业创新研究制度》（日本版 SBIR），意在动用国家科学研究经费，以补助金的形式援助中小企业技术创新，以增强中小企业技术竞争力。1999 年出台《产业活力再生特别措施法》（日本拜杜法案），改变知识产权的归属问题，规定知识产权应当由承担科研项目的研究机构获得。同年成立一般社团法人日本技术者教育认定机构（JABEE），开展第三方评价。2000 年制定《产业技术强化法》，明确大学等机构与企业的不同职责，并且规定国立大学等科研人员和教授可以在企业兼任职务并获取合理报酬，技术转移机构可以无偿使用国立大学的设施，并允许国立大学教授在大学风险企业、TLO 中兼职。自此，大学和国立研究机构开始引入任期制和评价体系。

三是进一步规范建设职业技术教育体系，增强职业技术教育产学合作的能力。1991 年，日本文部省通过对《学校教育法》和《短期大学设置基准》《高等专门学校设置基准》等学校设置法案的修改，在高等专门学校中设立专攻科，毕业后授予"准学士"称号，之后对《学校教育法》再次修改，将"准学士"改为"短期大学士"学位和"高级专门士"学位，同时具备研究生院的入学资格。

2. 第二期科学技术基本计划期间政府推进产学合作的主要措施

2001 年 3 月，日本政府对外公布《第二期科学技术基本计划（2001—2005年）》，重点是改革技术转移组织。由于国家财政比较紧张，企业界急于寻找新计划和新产品，鼓励大学等竞争各种国家课题或企业应用研发。2001 年 1 月 6日文部科学省成立，策划制定第二期科学技术基本计划，在强调基础研究重要性的同时，建议设立"研究开发 4 个重点领域"，进行产学合作结构布局的改革。2001 年 10 月，日本"经团联"提出"加强国际竞争力促进我国产学官合作"的提案，2002 年第一届产学合作峰会在东京召开，制定了《知识产权基本法》，目标是知识产权立国。第二期科学技术基本计划实施期间，共同研究和委托研究的数量明显增加：

一是建立产学合作支援制度，即《"协调者"制度》。"自 2001 年 11 月起，科学技术振兴机构（简称'JST'）推出为大学共同研究中心等产学合作机构选聘'协调者'制度。'协调者'为适应大学学术组织不同特点，既是精通产业与大学的专家，又是联系政府、学校和企业的桥梁。其作用有：促进大学建设产学合作系统，促进企业、自治团体建设产学合作系统，启发与培育大学教职工产学合作意识，策划与促进典型产学合作计划的实施等"。①

二是大学风险企业建设。经济产业省发布《平沼计划》，提出"在 2002 年到 2004 年大学创立创新企业 1 000 家计划"，风险企业分为两类：一类是大学以自己的研究成果为基础创办的风险企业；另一类是大学利用学校相关资源创办的风险企业，目的是推动大学将研究成果自主商业化和大学财政独立，通过创新企业拉动经济发展，2004 年实现了"平沼计划"的目标。② 2002 年在京都召开第一次产学研合作推进会议，制定《知识产权基本法》，以"知识产权立国"为目标、每年策划制定"知识产权推进计划"。修改"藏管一号"（通令），允许大学建立的风险企业使用国立大学的设施。公布修改 TLO 法，批准创办 TLO 采取更加灵活的政策。

三是知识产权管理规范化，大学制定知识产权权利归属、管理等方针，并设立产学官合作窗口和沟通交流的平台，完善大学内部知识产权管理体制。2002 年日本颁布《知识产权基本法》，再次强调政府、学校和企业的不同职责和分工；制定《知识产权战略大纲》，将知识产权立国列为国家战略，明确大学具有培养人才、教育研究以及积极主动取得成果的责任。内阁增设知识产权战略总部，负责制订年度战略推进计划。为方便与企业的沟通，推进大学知识产权管理规范化，许多大学建立"企业联络办公室"推动校企合作，制订了第一个"国家知识产权推进计划"，提出在日本主要研究型大学建立知识产权本部。《学校教育法》（修订）提出建立工程学位的研究生院制度，学院、学科设置柔性化，引入外部认定（accreditation）制度，从 2004 年开始实施。"从 2003 年开始，在全国选择了 43 家大学设立知识财产本部进行先行试验，主要业务内容包括知识财产政策等各种规程的建设以及知识财产活动人才的组织体制建设，其目的是构

---

① 日本文部科学省科学技术·学術政策局 産業連携·地域支援課、日本文部科学省官产学合作协调基地：《産学官連携コーディネーター、リサーチ・アドミニストレーターの これまでの取組と現状について》，http://www.mext.go.jp/b_menu/shingi/gijyutu/gijyutu16/005/shiryo/__icsFiles/afieldfile/2013/08/08/1338341_2_1.pdf，2019-07-28。

② [日]濱田康行：《地域再生と大学》，78-79 页，東京，中央公論新社，2009。

建和强化大学知识财产、产官学合作体系。"①2004年成立日本大学技术转移协会(UNITT),实施《专利法等的部分修改法》,修改大学、TLO专利关联费用的缴纳。

四是建立促进产学深度合作的激励竞争机制。建立"关于特别共同试验研究费总额的税额扣除制度",产学官联合的合作、委托研究设立税额扣除率(15%)。2003年第一次对产学官合作有功人士进行表彰,为推广产学官合作活动做出巨大贡献的优秀成功事例,创设了表彰其功绩的内阁总理大臣奖等。为强化产业竞争力,2003年还设立了独立的MOT研究生院硕士专业,培养技术精英人才,推动研究开发能力、经营能力、技术开发能力和效率的提高。2004年国立大学法人化,教职员非公务员化,"政府一方面以'效率化系数'的名义,以每年1%的比例减少政府支付的运营交付金(即实际数额的减少);另一方面,政府大幅增加国立、公立和私立大学间以竞争机制配置的科研经费的额度,促进资金分配模式向'竞争与市场'的方向转化"②,国立大学法人化激活了产学合作活力。

3. 第三期科学技术基本计划期间政府推进产学合作的主要措施

2006年3月,日本政府公布《第三期科学技术基本计划(2006—2010年)》,③ 将产学合作作为技术革新的重要手段,积极推行产学联合的人才培养机制。鼓励学生到相关研究企业实习,参与产学合作共同研究项目并计入学分。加强大学等教育研究机构和企业的人员互动,尤其是知识产权管理人员之间的双向交流,从政策上引导博士到民间企业就职。

第三期科学技术基本计划期间,日本从如下方面促进产学合作:

一是系统建设产学合作规范。2006年修订《教育基本法》《教育基本法修正案》,大学使命在教育、研究的基础上追加了服务社会,提出大学等应当通过广泛利用科研成果贡献于社会发展。2008年颁布了《通过推进研发体系改革强化研发能力及提高研发效率》,简称《研发力强化法》,该法从多角度对完善创新环境、提高研发效率做出规定。此外,还制定了《关于研究不正之风的适当对策》《正当分配竞争性资金的指针》《科技人员的行为规范》等制度,避免研究开发和科技创新中的不公平竞争。文部省在科学技术审议会中设置关于研究活动不正之风的特别委员会,对学术界中的抄袭、盗版、滥用科研经费等不正之风进行

① 刘书瀚、白玲:《校企合作应用型人才培养模式理论与实践》,84页,天津,南开大学出版社,2015。

② [日]天野郁夫:《日本国立大学的法人化:现状与课题》,载《北京大学教育评论》,2006(02):93-109。

③ 閣議府:《科学技術基本計画について[別紙]》,http://www.mext.go.jp/a_menu/kagaku/kihon/06032816/001/001.htm,2019-03-28。

及时调查和处理。

二是制定并推动实施阶段性产学合作战略。2007年内阁正式审议通过《创新25战略》并付诸实施，为日本科技创新立国制定社会体制改革战略和技术革新战略路线图。为推进该战略的实施，在政府内部设置创新推进本部，修改《产业技术强化法》，将日本版Bayh-Dole制度长期化。2008年颁布《研发力强化法》，进行研究开发体系的改革，制定《科学技术的地域活性化战略》。2009年通过行政刷新会议对事业进行分类。2010年6月日本经济产业省颁布《新成长战略》，确立科学技术信息通信立国战略，以绿色技术创新和生命科学技术创新为重点，战略性综合性强化科技创新政策，实现环境、能源和健康大国的目标。推进培养优秀人才、改善研究环境、促进产业化三位一体的进程，推进大学研究机构产学合作的研究成果服务于地区的发展。这期间产学间共同研究、共同申请专利数以及专利许可收入都显著增加，大学研究经费中来自企业的比例显著增大，大学设立MOT专业。

4.第四期科学技术基本计划期间政府推进产学合作的主要措施

2011年8月，日本政府发布《第四期科学技术基本计划（2011—2015年）》，提出构筑产学研结合、科学与社会相融合的飞跃性自主创新机制，充分尊重产学研各主体的多样性和自主性，推进以新体制为首的体制改革。这一时期，日本促进产学合作的主要措施有三个①。

一是强化科学技术创新战略体制。提出改组日本综合科学技术会议，创办"科学技术创新战略协议会（暂定名）"，确立战略协商会制度，针对重要课题设立战略协议会，参加人员范围较广，包括有关府省、资金分配机构、大学、公共研究机构、产业界、NPO法人等，在产学官广泛参与基础上进行决策，促进"科学技术创新政策"一体化展开。

二是构建产学官之间的知识网络，开展开放型创新活动。国家将会把强化大学和以金融机构为代表的相关机构的合作纳入产学官合作网。要求大学和公共研究机构提供优秀研究成果，国家参与强化与产业界和技术转移机构的合作。此外，为加速技术转移，还将统合产学官协作本部与技术转移机构（TLO），以实现产学官协作功能上的最优化。国家将加强获取国内外专利的支持力度，并对特定领域的重要技术和侵害海外专利等损害国家利益的事情进行支援；另外，为了扩大大学、公共科研机构和海外大学、企业的共同研究和委托研究，将进一步完善知识产权保护等合作规则以及专业人才培养等研究管理体制。国家将大学和公共研究机构对专利的获得和灵活运用，博士课程学生参与情况下知识

---

① 阁議府：《科学技術基本計画》，http://www.mext.go.jp/component/a_menu/science/detail/__icsFiles/afieldfile/2011/08/19/1293746_02.pdf，2019-08-19。

产权的处理以及保守秘密原则明确化，同时鼓励企业设置内部研发中心或与大学合作成立研发中心等，调整柔性化产学官合作体制。为综合检验产学官合作的成果，国家推动专利实施件数和相关收入等的量化评价，同时，还将充实和完善对市场的贡献、研究成果普及情况、确保雇佣等质量评价的评价体制。

三是构建产学官合作的"场"。为促进有组织、战略、连锁地研究开发，以非竞争领域与竞争前领域的共性基础技术研发为核心，促进科研资源与研发成果的共享，推进联合研发与人才培养的虚拟基地和"尖端融合领域创新基地"的建设，使之成为产学协作创新的生态场。

在第四期科学技术基本计划的指导下，2012年，日本20家大企业与12所名牌大学召开了"产学合作人才培养圆桌会议"，并发布《领袖人才培养行动计划》，通过七大产学合作行动培养引领日本社会的"领袖人才"[1]。第一，大学增加由国际性企业人才主讲的课程和研讨会，企业派遣出色的、拥有国际视野的企业人才到学校中去，帮助学校开展实践性教育活动，充实和强化全球化人才培养。第二，企业面向有海外留学经验的学生，增加招聘会，学校强化学生海外留学各项促进机制，创造年轻人到海外留学的有利环境。第三，企业开展以海外留学生为对象的研讨会等交流活动，大学强化留学生接收各项机制，增加留学生数，创建世界各国优秀年轻人在日本学习、工作的环境。第四，企业协助大学进行应对全球化的各种准备，如教育设备的更新换代等，大学根据全球化进展设定研究项目等，营造应对全球化的大学教育环境。第五，企业积极、灵活地聘用创新人才，与此相应大学对相关体制等进行改革，努力培养跨领域的综合性创新人才。第六，在企业内设置大学信息交流窗口，企业研发部门灵活借用大学教师等资源，在大学设置企业交流信息窗口，配备相应人才，通过共同研究、合作办学等方式，促进产学人才交流。第七，改善奖学金体制，企业协助大学进行人才培养，提供海外留学奖学金和青年研究者研究奖金，培养国家未来的栋梁，明确企业与大学的任务。

2013年6月，日本政府制定《科学技术创新综合战略》，明确提出"科学技术创新立国"的方针。同年12月，日本国会通过了内阁提交的《产业竞争力强化法》（2014年1月10日开始实施），该法旨在企业的"创业期""成长期""成熟期""停滞期"等不同发展阶段给予支援，以提高产业竞争力，促进企业投资和技术开发。在中小企业创业方面，强化地区创业支援体制，国立大学等对企业进行风险投资（Venture Capital，VC）成为可能。2014年政府把综合科学技术会议改组为Council for Science，Technology and Innovation，简称"CSTI"，这是日本政府主导全国科技创新的主要参谋机构，负责制定科学技术基本政策，统筹分

---

[1] 肖艺芳、周红霞：《日本产学合作共同发布〈领袖人才培养行动计划〉》，http//jypgy. ccit. js. cn/serails. asp？id＝2706，2016-06-12。

配国家科技创新资源以及评估重大科技项目等工作，是政府与学术界和产业界的重要纽带。2013 年 8 月 30 日，文部科学省发布《关于专修学校专门课程中职业实践专门课程认定规程》，"职业实践专门课程认定的标准之一是学校与企业等建立密切的有组织的合作体制。"①为适应产业结构升级转化的要求，2014 年文部科学省修订了《推进大学等企业实习项目内容》，推动实习项目的学分化、带薪化和国际化。为解决大学所创立的创新企业经营管理人员不足的问题，政府为 13 所大学开展了"全球企业家培养促进事业（EDGE）"，启动了针对基于大学等的研究成果而由大学创立的创新企业进行表彰的制度②。2015 年修改《大学设置标准》，明确规定学校应与产业界及地区相关机构共同合作开发教育课程，同年制定了《委托研究开发知识产权管理运用在线指南》，促进高校专利审查。大学绿色创新创出计划（2011—2015 年），推进大学的环境能源技术实用化。

5. 第五期科学技术基本计划期间政府推进产学合作的主要措施

2016 年 1 月，日本内阁会议通过《第五期科学技术基本计划（2016—2020 年）》，"首次提出超智能社会'社会 5.0'这一概念。为了实现'超智能社会'，通过产学官和相关府省合作，推进超智能社会服务平台技术和接口等知识产权战略和国际标准化战略。"③

继《第五期科学技术基本计划（2016—2020 年）》之后，内阁会议于 2016 年 5 月通过《科学技术创新综合战略 2016》。同年 11 月，日本经济产业省与文部科学省共同制定了《加强产学官合作开展共同研究的指导方针》，吸引地方大学和企业参与，同时推进 PDCA 循环，促进企业投资。2017 年 6 月通过《科学技术创新综合战略 2017》，推进产学一体化，发挥各自优势，构建互补、互相融合的机制。其具体体现在：一是设立"科技创新官民投资扩大推进费（暂定）"，在内阁综合科技创新会议下设"科技创新官民投资扩大推进费目标领域探讨委员会"，对各部委提交的政策提案进行筛选、评价，指定研发投资目标领域。以政府研发投资带动民间研发投资，并争取预算保障。二是扩大研发投资的相关制度改革，强化开放式创新，加强与民营企业的合作，促进组织与组织之间的产

---

①　日本文部科学省：《専修学校の専門課程における職業実践専門課程の認定に関する規程（平成 25 年文部科学大臣告示第 133 号）》，http//www. mext. go. jp/a_menu/shougai/senshuu/1339272. htm，2015-10-04。

②　［日］松田修一：《日本の大学発ベンチャーの現状と課題》，https://sangakukan. jst. go. jp/journal/journal_contents/2017/10/articles/1710－02－1/1710－02－1_article. html，2017-10-15。

③　閣議府：《科学技術基本計画》，https://www8. cao. go. jp/cstp/kihonkeikaku/5honbun. pdf，2016-01-22。

学合作。通过捐赠等多种手段吸收外部资金支持，推动高校和国立研究开发法人创业投资型企业的发展，形成知识、人才和资金的良性循环。扶持中小、风险型科技企业，对价格竞争力较弱的创新技术，运用政府采购方式推动成果转化。重视地方科技创新，强化地方高校、国立研究机构与地方企业间的合作关系，通过产学官合作，培育科技创新人才。三是以客观依据为基础，有效扩大官民共同研发投资。对研发投资及其实施效果进行"可视化"评价，根据《科学技术基本计划》探讨相关指标，跟进和公开相关数据，依据客观数据实现创新政策的"计划—实施—检查—处理"良性循环。2018 年文部科学省发布《2018 年度科学技术白皮书》，提出除了改革研究费之外，大学应推进从企业获取资金及捐款等财源的多样化。此后，文部科学省通过政策性激励方式加大对青年研发人才的培育。

第二节 职业技术教育典型的产学合作模式及特点

产学合作模式是产学合作行为体现的一般方式，目前学界对发达国家职业技术教育产学合作的模式认识不一。第一种意见认为发达国家有四种代表性产学合作模式，即美国的"合作教育"模式，德国"双元制"模式，澳大利亚 TAFE 学院模式，日本"产学官"合作模式；[①] 第二种意见与第一种意见相同，都认为德国是"双元制"产学合作模式，分歧在于："英国是职业资格证书教育产学合作模式，澳大利亚是国家资格框架下产学合作模式，北美是能力标准产学合作模式"[②]。第三种意见与前两种观点截然不同，认为发达国家主要有三种产学合作模式：一是以美国为代表的市场机制主导下的高新技术推进型的产学合作模式；二是以德国为代表的社会市场经济机制主导下的技术推进型的产学合作模式；三是以日本为代表的政府主导下的市场驱动型的产学合作模式。[③] 日本文部科学省提出了产学合作的几种具体模式："研究层面，企业和大学的共同研究、委托研究；教育层面，大学在企业的实习、教育计划的共同开发；技术转移层面，大学的成果通过技术转移机构向企业转移；咨询层面，基于兼职制度的技术指导等研究者的咨询活动；创业层面，基于大学研究成果和人力资

---

① 王圆圆：《产学合作模式的比较研究》，载《中国高校科技与产业化》，2010(12)：17-19。

② 张萌、张光跃：《产学合作：从模式研究到国家制度建立的探索》，载《职业技术教育》，2017，38(10)：46-50。

③ 刘家磊：《日本产学合作模式、机制与绩效分析》，载《学术交流》，2012(05)：115-118。

源的创业活动。"①日本文部科学省主要从产学合作的形式方面分类介绍了产学合作模式。上述不同国家产学合作的模式，无论哪种都需要回答这样几个问题：产学合作的主体是谁？多方主体在合作中的角色地位如何？产学合作模式是如何运行的？比较分析上述三种观点，第三种观点概要回答了上述三个问题。德国"模式"中企业是主体，政府是配角，其运行的社会机制是市场经济。日本模式中产学官三方合作主体，各方在产学合作中的角色不同，政府作为产学合作的主体，主要通过制度、财政手段推动产学合作发展。日本之所以形成政府主导下的市场驱动型产学合作模式，主要由国家科技管理体制和职业技术教育管理体制决定的。

一、政府主导下的市场驱动型产学合作模式

伴随产学合作的发展，日本科技管理体制和职业技术教育产学合作管理体制也在发生变化，其宗旨是协调产学各方关系，促进产学合作快速发展，提升产业竞争力，使经济走出低迷状态。

（一）日本科技管理体制及其对产学合作模式的影响

日本政府设置综合科学技术会议，负责制订科技基本计划、审议政府的科技预算，评估科技项目。文部科学省根据综合科学技术会议的战略，调整大学等教育科研机构的经费使用方针，分配科学技术振兴费以及引导尖端、重要领域的研究开发，将部分竞争性经费委托给学术振兴机构（隶属于文部科学省）进行评审、审批、拨款和监督管理。同时，以绩效评估为手段监控产学合作成效，据此提高科技投入效益。2001 年日本政府批准了《关于国家研发评价的大纲性指南》，2002 年文部省以此为据制定研究开发指南，对研究机构进行定期评估，对研发课题进行评估。同年，出台《独立行政法人科学技术振兴机构法》《知识群聚育成计划》。2004 年国立大学法人化，文部科学省的"国立大学法人评价委员会"等评价部门对国立大学法人进行绩效评价，由此决定大学等法人机构的资助政策等。政府通过法律、政策等制度，理顺科技管理体制在科技管理中的主导作用，利用法律、政策、计划等行政性手段和竞争性经费等经济手段，供给、调控产学合作计划、措施，通过统筹管理引导和监控产学合作有效、高效发展。

（二）日本职业技术教育校内外产学合作管理体制及其对产学合作模式的影响

除科技管理体制外，产学合作模式还受到职业技术教育管理体制的影响。

---

① 陈劲、张学文：《日本型产学官合作创新研究——历史、模式、战略与制度的多元化视角》，载《科学学研究》，2008(04)：880-886。

日本职业技术教育体系庞大，实行多元管理体制，职业技术教育机构有文部科学省管辖的，也有劳动厚生省、企业等管辖的。遵循学校的设置者管理所属学校的原则，文部科学省对所辖的学校职业技术教育机构，如高等专门学校、专修学校、短期大学、职业高中进行统一管理，负责全面规划和协调各地、各级各类教育，向所管辖的职业学校提供指导与建议、经费援助。日本学校职业技术教育中，短期大学和专修学校绝大多数为私立，是典型的市场化模式的高等职业技术教育机构，按照分类管理原则，文部科学省的高等教育局下设私学部，归口管理短期大学等私立高校，使之在文部科学省的规范要求框架下进行经营和教育活动，讲求效率和质量，其经费主要来源于学费收入和法人集资。高等专门学校绝大多数为国立办学机构，2004年国立大学法人化以后，高等专门学校中的国立高专机构法人化，进一步个性化、灵活化、教育研究高度化，成为自律性运营机构，政府将国立学校特别会计制度改为法人补助金制度，放宽了预算、组织等限制。为追求效率，促进各种各样形式的学校间竞争机制的形成，经常性预算或惯例发放改为研究人员争取获得"竞争性研究资金"或"项目研究等重点资金"等。在总经费递减的同时，引入教师科研经费等竞争性资金，工科国立高专的教师为了获得更多的竞争性资金，必须增加参与产学合作活动的积极性。此外，文部科学省还通过目标管理，以评估结果确定对国立大学的预算拨款，也在一定程度上刺激高等专门学校积极参与产学合作。

随着外部产学合作管理体制的变化，学校按照校内以及地方产业振兴等的要求，积极完善校内产学合作管理体制，协调校内外各部门之间的合作关系，如从1976年初开始，按照学校与地方产业振兴等的要求，地方和高等专门学校发挥各自特长建立了跨学科共同研究中心。1999年后，各个学校陆续建立了地方共同技术中心，或称地区共同研究中心、地区交流中心、地区共同开发中心、地区共同技术开发中心、地区合作技术中心等。作为提升教育研究和促进地区经济发展的基地，通过共享有关产学官合作的信息，研究有效的产学官合作方式、共同研究和技术咨询等活动，强化双方在教育和研究各个方面的合作。① 每所国立高等专门学校都设置高性能实验研究装置，以促进其与地区企业进行的共同研究、委托研究、技术咨询以及企业等技术人员继续教育的发展。2006年2月高专机构制定基本方针并明确其重要性，其重点是"包括教育研究活动在内的产学官合作，是继学生教育之后的第二个使命，通过该活动，努力维持和提高高专的教育水平，积极还原知识产权，构筑可持续社

---

① 独立行政法人国立高等专门学校機構、全国公立高等专门学校協会、日本私立高等专门学校協会：《高等专门学校50年の步み》，44页，独立行政法人国立高等专门学校機構本部，2012。

会和提高人类的福祉"①。国立高专以地区共同技术中心为基地进行产学官合作活动，主要推动满足地区需求型的产学官合作研究，努力为创造具有国际技术竞争力的企业做贡献，研究活动的推进过程和结果，经常回馈于学生教育。通过合作活动，构建个性互补的人才培养机制，培养学生的创造意识，进行创造性实践的技术人员教育。此外，为提升产学合作能力，国立高专机构和技术科学大学联合成立超级地区产学官合作本部，形成融合全国所有高专和两所技术科学大学的，在各自技术力量、人才培养能力、地区网络方面的广域合作。通过高等专门学校的地方共同技术中心等的介绍，51所高专以及两所技术科学大学与地方需求得以适配。

为了实现产学官合作，积极适当灵活管理运营知识产权显得尤为重要。2006年绝大多数学校设立了专攻科后，产学合作的数量和质量明显提升。为规范产学合作活动，2007年4月高专制定了知识产权政策，各高专内部设置了产学合作地区合作知识产权委员会，机构本部内设置了以知识产权创造、保护与应用为宗旨的知识产权本部，这两个专利组织负责专利申请，履行专利的新颖性、市场性以及归属、权利化的审查程序。2011年4月设立风险管理部，促进知识产权申请、教育、管理与应用一体化。

(三)政府主导下的市场驱动型产学合作模式概述

通过对日本职业技术教育产学合作历程的回顾可知，政府主导下的市场驱动型产学合作模式中的"政府主导"主要体现在日本以基本国策为指导，紧随产业需求变化，通过科学技术基本计划宏观引领一定时期产学合作的发展。20世纪50年代至70年代，日本主要实行"贸易立国"战略，由于这一时期日本技术方面多为模仿、引进欧美先进技术，技术创新性不强，产学各方相互磨合，处于初步发展阶段。20世纪80年代至90年代，日本从"技术立国"战略转到"科技创新立国"，这一阶段日本在继续引进技术基础上，开始重视自主研发，产学合作仍旧发展缓慢。2002年开始实施"知识产权立国"战略，由于国家产业结构中知识密集型产业的出现，企业经营上"企业联合型"的普及，产业界"知识"价值提高。在市场需求驱动下，日本政府以知识产权的创造、保护、应用等为基础大力推动产学合作，建立了知识产权战略本部，通过产学合作的沟通协调平台，提高产学合作各方的积极性，使知识产权的创造、保护、应用进入良性循环状态，产学合作进入快速发展阶段。

日本的政府主导市场驱动型产学合作模式，是以政府为主导，学校、研究

---

① 独立行政法人国立高等専門学校機構、全国公立高等専門学校協会、日本私立高等専門学校協会：《高等専門学校50年の步み》，77页，独立行政法人国立高等専門学校機構本部，2012。

开发机构、企业(大企业、中小企业、风险投资企业等)为主体,以政府产学合作立法和制度为基础,以灵活有效的合作机制为保障的产学合作模式。政府在产学合作中的主要作用主要体现为通过多项科技计划等政策,引导产学双方关注航天、能源、原子能、情报通信、新材料、生命科学等高新领域,实现战略性资源配置。随着产学合作需求的不断发展变化,日本以基本国策为纲,分阶段系统完善科技管理体制和职业技术教育管理体制建设,以便发挥"政府主导"作用。同时,通过教育研究业绩的评价、第三方评价方式等评价手段,形成教育研究的竞争环境,在市场驱动下推进职业学校活性化,使"政府主导"与"市场驱动"保持一定张力,两者相得益彰。

二、日本职业技术教育产学合作的形式

(一)高中产学合作的形式

日本高中分为全日制、定时制和函授制三种类型。高中层次的产学合作主要通过定时制高中和函授制高中同企业合作,主要实施方式有:"同技能教育机构合作;职业训练机构、定时制高中、函授制高中三结合;巡回指导、集体入学方式、公共企业或公共团体等各种形式的合作。其主要方式有企业界提供财政资助、委托研究、人员派遣与交流、举办开放讲座、现场实习等。"[①]

(二)高等职业技术教育产学合作的形式

以高等专门学校为例,产学合作主要有以下几种形式。

1. 共同研究

民间企业等研究人员和学校的教师以对等的立场,基于契约共同进行课题研究。为了促进国立高专等教师获得来自民间企业等外部机构的研究人员和研究经费支持,根据《独立行政法人国立高等专门学校机构法》(平成 15 年法律第113 号)第 12 条第 1 项第 3 号的规定,2004 年制定《独立行政法人国立高等专门学校机构共同研究实施规则》(独立行政法人国立等专门学校机构规则第 46 号),2009 年 3 月 31 日第一次修订,2012 年 12 月 26 日第二次修订,依据该法规定,产学双方共同研究课题,共同研究发展,促进研究人员交流。1989 年全国的国立高专共同研究共 16 件,2011 年增加到 740 件。[②]

---

① 蔡新华:《日本产业界对职业教育的参与》,载《中国职业技术教育》,1994(10):44-45。

② 独立行政法人国立高等专门学校机構、全国公立高等专门学校協会、日本私立高等专门学校協会:《高等专门学校 50 年の步み》,独立行政法人国立高等专门学校机構本部,2012。

2. 委托研究

企业或省厅机关、地方公共团体委托学校将某项课题作为公务进行研究，研究所需经费由委托方负担，之后向委托者报告成果的一种合作形式。产业界认为这类定向基金既是改善公司形象的一种手段，也是一项长期投资。为使产业界和国立高专的合作关系合理化、明确化，促进双方发展，如，国立高专机构制定《独立行政法人国立高等专门学校机构委托研究实施规则》（独立行政法人国立高等专门学校第 47 号），2004 年 4 月 1 日制定，2009 年 3 月 31 日第一次修订，2012 年 12 月 26 日第二次修订，2013 年 4 月 1 日正式实施，从外部积极引进研究资金，并规范化管理产学合作。国立高专接受委托研究的件数，1990年共计 21 件，2011 年增加到 263 件。[①]

3. 共同教育

通过产学合作实施实践型教育是高等专门学校创立以来一直坚守的特色，各高专学校与当地的自治团体、产业界和同学会等合作开发多种教育项目，并进行实践教学，通过与外部广泛合作的共同教育（cooperative education），以谋求高专教育的高度化和个性化。产学结合"共同教育"包括与企业合作共同开发课程，教师的企业进修，企业向学校派遣教师，通过共同研究进行学生教育训练等，其中最为普遍的是学生的企业实习，[②] 通过校内外实习，强化体验性学习。

例如：为促进共同教育的发展，各高专学校努力结为一体，运用规模优势，于 2009 年 12 月第一次和微软公司真正实施共同教育缔结了协议，实施员工演讲建立培养 IT 领导培训基地实习，欧姆龙公司捐赠电子控制教育有用的配套教材和活用配套教材开发教育项目。定期发行具有引导作用的全国国立高专共享的"工程设计教育事例集"，共同进行工程设计教育，培养专业技术能力。同时，注重培养构想力，发现问题能力，各种学习技术的综合应用能力，环境、伦理和可持续发展等领域的解决问题能力、交流能力和团队合作等广泛的能力。为促进共同教育开展，不同大学、系和学科的教师互相合作，提供复合技术领域学科的共同基础教育，设定丰富的选修课、实习等，活用 ICT 的远程教育设施等完善教育。

4. 奖学金、捐赠

为充实学术研究和教育，企业出资支持学校开展科学研究，有的企业还每年拨款设立研究资助金或奖学金，研究资助金主要是指民间捐赠的以鼓励教育、

---

① 独立行政法人国立高等専門学校機構、全国公立高等専門学校協会、日本私立高等専門学校協会：《高等専門学校 50 年の歩み》，独立行政法人国立高等専門学校機構本部，2012。

② 胡国勇：《日本高等职业教育研究》，144 页，上海，上海教育出版社，2008。

研究为目的的捐款或有价证券。企业设立奖学金用来资助品学兼优学生。奖学金和捐赠旨在学校可以在将来转让科研成果，或按产业界的要求培养人才。"国立高专接受捐赠金件数，1990 年计 453 件，2011 年增加到 5 551 件。"[1]

三、职业技术教育典型产学合作模式的特点

(一)产学合作中各方合作紧密、分工有序

产学官各方协同创新是产学合作最为关键的问题，为促进彼此配合，日本政府通过《科学技术基本计划》明确一定时期宏观产学合作战略规划，引领本国产学合作快速发展。借助评价手段有效配置资源，各方分工协作，优势互补。企业的研发活动以开发研究为重点，政府所属研究机构以应用研究为主，大学所属研究机构主要从事基础研究，三方中企业研发明显起主导作用。

(二)产学合作管理体制改革先行

通过破除管理体制障碍，日本政府在产学合作中发挥了主导作用。有学者将日本政府在产学合作中的主导作用喻为"网络的促进器(facilitator)、动态比较优势的催化剂(catalyst)和公共机构建立者(bulider)"[2]。日本通过文部科学省、经济产业省、劳动厚生省等国家机构宏观管理产学合作，为产学合作提供"财"和"法"的支持。通过竞争性研究资金或项目研究等重点资金，激发职业学校转变职能，不仅通过实验室研究成果的工业化和技术转移对社会做出贡献，同时还要满足企业的需要。将法律、方案等制度作为产学合作管理的依据，避免产学合作中的矛盾，规避利益冲突的风险。

(三)产学合作形式管理规范化

日本产学合作形式多样，产学合作管理较为规范。如独立行政法人国立高等专门学校机构的地区技术革新推进本部出台《产学官合作的基本方针》(2007年4月1日制定)，在具体化对策中，对国立高专机构产学合作的方针、形式和任务进行规定。[3] 国立高专的产学合作具体来看包括：第一，以地区共同技术

---

[1] 独立行政法人国立高等专门学校機構、全国公立高等专门学校協会、日本私立高等专门学校協会：《高等专门学校 50 年の步み》，44 页，独立行政法人国立高等专门学校機構本部，2012。

[2] 刘家磊：《日本产学合作模式、机制与绩效分析》，载《学术交流》，2012(05)：115-118。

[3] 国立高専機構地域イノベーション推进本部の事业：《国立高専における产学官連携の基本指针》，http://www.kosen—k.go.jp/chizai/policy_1.html，2019-04-01。

中心等为据点进行产学合作活动。第二，主要推动紧贴地区需求的产学合作研究。第三，致力于为创造国际技术竞争力的企业做贡献。第四，努力推动研究活动过程和成果，并不断应用于学生教育。第五，通过合作活动，构建完善的人才培养机制。第六，为学生的创新意识和创造性实践进行技术教育。

产学官合作是仅次于学生教育这一基本使命的重要使命。通过包括教育研究活动在内的各种活动，保护国立高专的知识产权，共同努力保持和提高高专的教育水平，并积极回馈于社会，为社会的可持续发展和提高人类福祉做出贡献。日本产业界与学术界、企业与大学以及教师个人，通过委托研究、共同研究、向中小企业转移技术专利等多种形式的产学合作活动，规范促进多方主体进行多层次、灵活有效的产学合作，每种产学合作形式都配套出台相关的法律规范。

第三节　强化职业技术教育产学合作的主要措施

为了促进产学各方达成合作意向，提高产学合作产出效益，政府从有利于产学合作发展的角度，通过项目形式、制度形式建立激励机制、约束机制，促进产学合作良性运行。

一、政府依托产学合作项目形式分类推进职业技术教育产学合作

日本政府通过项目形式提供政策资金专项支持，激励各方积极参与产学合作。文部科学省在第1次、第2次、第4次产业革命人才育成推进会议上强调，通过丰富职业院校项目形式，加强职业院校"产学官"横向合作。"日本设立了学术振兴资金、科研费补助金等，对产学合作项目给予一定的资助，学校可接受企业的委托或与企业一起从事相应项目研究工作，并快速、边界地将科研成果转化为生产力"[1]。文部科学省提供资金支持，按照学校职业教育类型，以项目形式分类推进职业教育产学合作。主要实施的职业教育"产学官"合作项目有："超级职业高中"计划、专修学校"双元制"教育推进事业、专修学校地域产业中坚人才育成事业、"高等专门学校4.0计划"以及"私立短期大学改革综合支援事业"等。[2] 政府通过直接管理大项目形式彰显学校职业技术教育产学合作中的类

---

① 桑凤平：《日本职业教育促进产业发展的经验及其借鉴》，载《教育研究》，2012（06）：150-154。

② 安培：《日本"工业4.0"与职业教育发展研究》，载《中国职业技术教育》，2017（27）：28-32。

型特色，引导新技术开发服务国家产业和经济振兴。

二、政府以制度管理为手段促进产学合作制度化

产学合作有三个重要环节，即发现合作方、实施合作和合作成果，政府作为产学合作的推动者、产学合作利益关系的协调者、产学合作风险防控者、产学合作效益的评价者，在上述三个环节中发挥主导作用。

政府通过建立健全产学合作管理制度体系，以制度作为管理手段发挥其在产学合作中的主导作用，如颁布《科学技术基本法》《TLO 法》《研究交流促进法》《中小企业技术革新制度》《产业活力再生特别措施法》《产业技术强化法》《知识产权基本法》《国立大学法人法》等法律，制定委托研究制度、捐赠奖学金制度、委托培训制度等，规范化管理不同形式产学合作。通过发布《平沼计划》《利益冲突工作组报告书》《关于大学等推进产学官合作活动伴随的风险管理的研讨方向》等，引导大学创办风险企业，防范产学合作的风险。建立了日本技术者教育认定机构（JABEE），实施第三方评价制度，2011—2012 年，经济产业省和文部科学省（产业合作地区支援科）共同开发了产学合作活动的评价指标，评价指标使各个大学等产学合作活动的状况可视化，基于结果对大学等进行比较，进而有效完善各个大学等产学合作管理活动。①

除直接管理产学合作的制度外，还出台《高等专门学校设置法》《短期大学设置法》等学校设置法，对各级各类学校所应具有的最起码的条件进行规定，要求各种学校职业技术教育保持"类型"特色，满足产业发展对各级各类技术技能人才的需求。颁布《产业教育振兴法》《职业技术教育法》《职业能力开发促进法》《部分修改职业教育法》《职业段位制度》等，确立国家职业资格标准，规定企业对劳动者自发的、有计划的能力开发负有积极支持的责任和义务，设立内阁总理大臣奖，表彰为促进产学官合作活动作出巨大贡献的优秀成功案例，积极促进产业方和学校合作。

三、通过中介组织促进产学官合作

创办中介机构，了解产学各方需要，强化合作，促进科研成果产品化。1955 年建立了全国生产性本部，该机构是介于政府与企业、企业与市场之间的中介性组织，主要职能是集结日本产学领域有关人士共同讨论日本经济发展、企业管理和技术管理等方面问题。日本的"新技术事业团"在实施技术立国战略

---

① 日本经济产业省：《産学官連携の系譜》，http://www.meti.go.jp/policy/innovation_corp/sangakukeifu.html，2019-05-15。

中发挥了独特的"开发"作用。这个机构专门在大学科研机构与民间企业之间发挥"桥梁"和"中介"作用，主要任务是调查大学、科研机构等的试验研究成果，发掘其中的精华成分，促使其向民间企业转移，尽快实现产业化、商品化。科学厅创办"高科技市场"，作为促进科研成果产品化的中介机构，将学校中能够转化为产品的科研成果挑选出来，对有关成果产品化的研究提供资助以及协助创办风险企业等活动。

相关链接

日本高等教育产学合作利益冲突制度及其启示①

摘要：2002 年，日本文部科学省发布《利益冲突工作组报告书》，促进大学等高等教育机构以之为据，结合自身产学合作实际，不断加强产学合作活动中的利益冲突管理制度建设。日本高等教育产学合作利益冲突管理制度重点对利益冲突组织管理机构及其职能，机构利益冲突，尤其是个人利益冲突不当影响的事前预防与规范进行了规定。该制度体系具有相对完整性和层次性，重视事前预防功能，利益冲突管理透明、客观公正的特点。"三位一体"的制度设计及其价值取向、产学合作利益冲突的差别化管理模式，对我国高等教育产学合作利益冲突管理制度的完善具有启示作用。

关键词：日本高等教育；产学合作；利益冲突管理制度；启示

高等教育产学合作中的"利益冲突"(conflict of interest)与各种法律上的"利益冲突"，在利益冲突的复杂性、冲突方法和判定上有很多不同。从狭义上看，高等教育产学合作中的"利益冲突"包括个人利益冲突和大学等机构利益冲突，即教师或者大学等在产学合作活动过程中得到的利益，如费用收入、兼职报酬、股份等，与大学等高等教育机构的教育研究责任发生冲突的情况；广义上的利益冲突还包括责任冲突，是指教师在企业等履行兼职职务责任时，和大学应该履行的职务责任，即教育、研究和社会服务等主要职能的履行以及交易的客观性、公平性发生冲突的情况。[1]

一、日本高等教育产学合作利益冲突管理制度概述

（一）日本高等教育产学合作利益冲突管理制度的产生与发展

20 世纪 90 年代后半叶以后，日本高等教育产学合作明显表现为"政府诱导型"特点。在科学技术基本计划框架中，管辖"产"的经济产业省和管辖"学"的文部科学省从"产"和"学"结合的切入点开始，共同推动产学合作活动管理制度建

---

① 韩玉：《日本高等教育产学合作利益冲突管理制度及其启示》，载《高教探索》，2018 (12)：55-59。

设，产学合作机会不断增加。在产学合作活动中，企业以追求"保密、专有、盈利"为原则，高等教育机构以追求"公开、共享、非营利"为原则，高校和教师在从特定企业等得到正当利益的同时，也对其承担一定范围的职责。由于两者存在性质上的差异，不可避免会产生利益冲突。国立大学等法人化以后，产学合作活动活跃化、多样化和国际化，利益冲突案例随之增多。为规避高等教育产学合作活动中发生利益冲突的风险，日本文部科学省以国家基本法律制度为依据，从2002年5月至10月通过研讨会形式对利益冲突管理问题进行研讨，最终形成《利益冲突工作组报告书》。不同类型高等教育机构以此为据，结合该机构产学合作情况及其办学特色，适当调整已有的产学合作利益冲突管理体制。2016年文部科学省发布《关于大学等推进产学官合作活动伴随的风险管理的研讨方向》，分析了日本高等教育产学合作风险管理中的利益冲突管理现状，并对不同类型高等教育机构的校长，根据大学等的理想和特色进一步完善校内利益冲突管理体制，为加速推进产学合作活动指明了方向。

日本高等教育机构根据其性质和产学合作类型分类建设产学合作利益冲突管理制度。以独立行政法人国立高等专门学校机构（简称"国立高专机构"）为例，该机构建立于2004年，2006年制定了产学活动的基本方针，作为国立高专机构建设产学合作利益冲突管理制度的准则。2009年制定并实施《独立行政法人国立高等专门学校机构利益冲突管理政策》（2011年7月1日修订），该制度具体规定了利益冲突的基本方针、对象及其基准，利益冲突审查委员会的设置，利益冲突管理程序，情况公开，高专机构关系者的启蒙教育方针。[2] 规范引导国立高专机构和以中小企业为中心的地方产业界、地方公共团体之间展开产学合作活动。2011年7月制定并实施《利益冲突顾问实施要项》，完善产学合作利益冲突管理程序。此外，国立高专机构针对产学合作研究活动的四种形式，即和民间企业等的共同研究、委托研究与实验、捐赠金、科学研究费补助金，制定了具体的利益冲突管理制度。2004年制定了《独立行政法人国立高等专门学校机构共同研究处理规则》（简称"共同研究处理规则"），并于2009年、2012年修订。这是国立高专机构与机构以外的人员共同研究的指导性方针。该法第2条规定国立高专产学合作共同研究合同的内容，包括共同研究的问题与内容、研究人员、实施的场地和方法、实施时间及其解除、费用分担、成果认证、成果的知识产权归属、成果的处理、保密义务及其他事项。此外，该法还对共同研究接受审查机构、费用及其支付时间与办法、研究人员的派遣、共同研究的终止、研究成果的认定、知识产权的归属、技术的指定、研究成果的实施、对第三方的实施许可、研究发表、操作要领进行了规定。[3] 同年，该机构还制定了《独立行政法人国立高等专门学校机构捐赠金操作规则》（简称"捐赠金操作规则"）、《独立行政法人国立高等专门学校机构委托研究实施规则》（简称"委托研究实施规则"）。这两个制度赋予国立高专机构通过委托研究、接受捐赠金方式从外部引进研究资金的权利，并明确了避免和应对委托研究、捐赠中的产学合作利益冲突管理规则。"委托研究实施规则"分别于 2009 年、2012 年进行了部分修订，2013 年 4 月 1 日起正式实施。它对国立高专机构产学合作中的委托研究的目的、接受委托研究等的审查机构、委托合同的制定、委托研究等的费用、研究等的终止、知识产权的归属与转让、技术的指定、研究成果的实施、对第三方的实施许可、研究发表、处理要领与负责等进行详细规定。[4] "捐赠金操作规则"分别于 2008 年、2011 年、2014 年进行了部分修订，2014 年 7 月 1 日开始实施。明确允许国立高专机构接受企业等机构和慈善家的捐赠，主要包括机构支持的奖学金，教育、研究及管理运营相关事务的捐赠金，以充实高校学术研究和教育，促进该项业务的自主运营。对促进捐赠金的组织管理机构及其职责、捐赠的申请、接受审查机构、接受审查的决定、接受审查的限制、接受审查的通知、接受审查、用途变更、教师接受捐款的处理事宜进行规定。[5]

(二)高等教育产学合作利益冲突管理制度内容

1. 产学合作利益冲突管理组织机构及其职能

一是国家管理机构及其职能。2017 年 3 月文部科学省科学技术学术审议会设置产业合作地区支援部会，负责促进研究开发成果的普及应用和产学官合作的推进，审议地区科学技术振兴的支援重要事项。按照《科学技术学术审议会产业合作地区支援部会管理规则》的规定，2017 年 4 月该部会下设三个委员会：地区科学技术革新推进委员会，主要负责掌握地区技术革新生态系统创造和实现的现状和问题，研讨解决对策的方向和战略；增强竞争力的大学知识产权管理研究委员会，在大学校长的领导下与外部机构合作，研究有效利用经营资源(研究开发投资的资金来源、知识产权等的资产、研究人才等)增强其效果的战略；大学等产学官合作风险管理研究委员会，研究大学等机构在推进产学官合作中可能会出现的研究经营风险以及适切的应对方案等问题。科学技术学术审议会的技术基础部会下设利益冲突工作组，从 2002 年开始负责研究产学官合作推进过程中所产生的利益冲突应对问题，促进各大学等制定利益冲突管理制度。

二是地方产学合作管理机构及学校设置的利益冲突管理组织，负责具体的利益冲突事务管理。参照《利益冲突工作组报告书》对个人利益冲突管理校内体制调整提出的建议，各大学等根据自身实际构建以公开教职员钱财信息和校内利益冲突委员会为主要内容的管理系统，慎重对待医学特别是临床医学领域的利益冲突管理。高校设置了利益冲突委员会，有权利和责任决定个案的应对策略，制定利益冲突管理政策等利益冲突应对方案，设置适切反映利益冲突委员会审议的校外人士和专家意见的反馈机制，对相关人士持续开展启蒙教育活动。[6]除这些共同性管理组织机构外，一些高校又设置了其他利益冲突管理组织。如国立高专机构设置了地区创新推进本部产学合作知识产权推进室，通过讲习会形式，介绍高专机构的知识产权管理、利用和合同的具体事例，加深产学双方对知识产权义务的理解和相互交流。各学校内部设置的知识产权委员会和机构本部设置的知识产权本部负责专利申请，履行专利的新颖性、市场性及其归属、权利化的审查程序。国立高专机构内外部调查委员会组建公共研究费用等不正当使用的预备调查委员会，对公共研究费用等不正当使用进行调查，并给予关系者停职等处分。

2. 产学合作中的个人利益冲突和机构利益冲突"不当影响"的事前预防与规范

产学合作利益冲突主要包括个人利益冲突和机构利益冲突。个人利益冲突有财务性利益冲突也有非财务性的，即金钱利益、劳务、名誉、兼职等。为规范财务性利益冲突中的知识产权管理，国立高专机构规定，机构内的教育研究，作为产学合作结果的发明、知识产权归属机构、机构组织有取得和运用的权利。在获得和运用知识产权时，社会可优先使用知识产权，其带来的收入回馈发明者，也适当回馈给学校，帮助创造新的知识产权。以企业等和高校的规范为基础，产学双方建构高透明度的平等关系。高校培养具有丰富的领先进行技术调查、发明评价、申请等实际经验的教师，充实学生的知识产权教育和创造性教育。[7]除知识产权的相关规定外，目前 380 所以上的大学等机构(含高等专门学校)依据 2015 年修订的《特许法》完善了职务发明规则。[8]大学等适当利益除经济利益(不包含精神上的表彰等)外，还包括留学机会、股票期权、职务晋升、带薪休假、职务发明特许权的设定或一般实施权的许可等，大学等通过确定基准方案的协议、基准的公示、听取意见确定相当利益后，给付职务发明员工以适当利益。[9]

个人非财务性的利益冲突产生的根源是角色冲突，即教职员履行高校的职务责任和执行外部业务活动的责任所发生的冲突，常见的是教师兼职时间分配等问题。1997 年以后，随着国立大学教师兼职制度的放宽，教师在咨询业兼职获得报酬常态化。2000 年修正《人事院规则》，允许国立大学行政管理人员等兼职。2004 年《国立大学法人法》实施后，各国立大学等法人制定伦理规程，如国立高专机构制定《独立行政法人国立高等专门学校教师就业规则》《独立行政法人国立高等专门学校机构教师惩戒规则》，据此惩戒教师在产学合作中的不正当行为。2016 年起，文部科学省要求各学校从制度上明确教师履行大学职务的内容和产学合作活动的关系，基于大学的理念将大学的职务履行职责和产学合作活动挂钩并适切规则化，不仅是兼职许可的规则化，也包括事后的查证。

机构利益冲突管理制度旨在避免和处理学校从产学合作中获取的财务利益与其专业或学术义务规范产生冲突。《大学技术转移促进法》规定大学等有取得适当经济回报，充实科研经费的权利。[10]《特定大学技术转移项目实施方针》规定，实施技术转移项目，以尊重研究人员的自主性和大学的主体性为原则，不应对学校的教育和学术研究带来消极影响。"特定大学"(大学、高等专门学校以及大学共同利用机构)对企业化可能性很高的特定研究成果具有发现、评价和选择的责任，在提供信息时，坚持企业会员优先，避免对特定民间企业不当的差别性对待。为避免因发明等新颖性丧失，关于专利申请等申请公开前提供信息时，应特别注意对内容进行保密。有进行专利权的民间企业的实施许可、实施费用等收益的回流等义务。特定研究成果向民间企业转让后，不仅研究人员可获得收益，而且根据捐赠等办法给予大学一定比例的收益，学校广泛公开研究人员以及大学的收益分配及回流办法。[11]《关于大学等利用政府资金作为本金的研究开发所产生的知识产权的研究许可证的相关方针》更详细规定了大学等和政府合作的研究规范。

二、日本高等教育产学合作利益冲突管理制度的特点

(一)具有相对完整性和层次性

日本政府以《科学技术基本法》为基础，制定《科学技术基本计划》，以国立大学法人化为契机，统筹推进高等教育产学合作措施具体化，利益冲突管理制度作为产学合作风险管理制度建设的重要一维得以不断完善。该制度从制度设计权限上分为统一利益冲突管理制度和高等教育机构内部利益冲突制度，现行制度多为对个人利益冲突的规范，机构利益冲突规范少，具有相对完整性。统一利益冲突管理制度包括《反不正当竞争法》《大学等技术转移促进法(TOL法)》《中小企业技术革新制度》(日本版SBIR)、《产业活力再生特别措施法》(日本版的《拜杜法案》)、《国立大学法人法》《知识产权基本法》《教育基本法》《产业竞争力强化法》等国家基本法律制度。以之为基础，2002年文部科学省发布《利益冲突工作组报告书》，这是日本教育官方机构规范化管理高等教育机构建立健全利益冲突管理制度的标志性文件。此后，文部科学省、厚生劳动省出台了一些医学利益冲突管理政策。除该领域外，为确保厚生劳动科学研究的公平、可信赖性，2008年劳动厚生省发布《厚生劳动科学研究的利益冲突(Conflict Of Interest，COI)管理指针》(2015年修订)，要求各机构进行利益冲突管理。2015年、2016年文部科学省发布了《关于研究活动中的不正当行为应对的方针》《关于大学等推进产学官合作活动伴随的风险管理的研讨方向》。上述这些利益冲突管理具体制度主要对研究人员的"不正当行为"，大学等的风险管理责任及应对举措，利益冲突管理等风险管理的现状及未来研究方向进行规定。由国家宏观层次的基本制度和高校微观层次的具体制度构成利益冲突管理制度体系，既避免了制度设计中内容的重复、交叉、撞车等现象，又利于形成产学合作利益冲突的"互赖式治理"模式。

(二)利益冲突管理制度重在预防功能

利益冲突管理制度重在事前预防而不是惩治，意在保护研究人员的名誉、

社会信誉度，激发产学合作主体的自主性和大学等的主体性，公正、高效推动产学合作。《关于大学等推进产学官合作活动伴随的风险管理的研讨方向》明确规定大学等利益冲突管理等产学合作风险管理的目的，不是抑制产学官合作和国际交流活动，而是防止利益冲突风险对产学官合作产生消极影响。[12]《独立行政法人国立高等专门学校机构利益冲突管理政策》进一步明确了国立高专机构利益冲突管理制度的功能，产学合作既不限制学校和教师的创新活动。同时也使学校赢得社会信赖，为产学合作活动创造良好的环境。[13]

为实现预防功能的制度管理目标，《利益冲突工作组报告书》中对"利益冲突""个人利益冲突""机构利益冲突""职务冲突"等概念进行了解释，对高校、教职员进行初步启蒙教育。[14]高等教育机构为实现产学合作利益冲突管理的预防功能，有针对性地开展了相关的启蒙教育活动。如国立高专机构地区技术革新推进本部负责举办产学合作教师知识产权培训会，并制作知识产权手册，通过工业所有权信息、研讨馆、发明协会等支援知识产权教育，提高教师的知识产权能力，充实学生的知识产权等教育。文部科学省《关于研究活动中的不正当行为对应的方针》要求大学等教育研究机构建立有助于实施研究伦理教育的责任体制，采取事前预防研究人员不正当行为的措施，确定研究伦理教育课程，对包括学生的研究人员定期进行研究伦理教育。[15]

（三）利益冲突管理透明、客观公正

《利益冲突工作组报告书》明确要求大学等教育研究机构利益管理要公开透明。《独立行政法人等信息公开法》规定，公开除隐私以外的教师信息，以提高机构的透明度。[16]高校为了提高利益冲突管理的透明性和客观公正性，一方面吸纳外部人士参与校内利益冲突管理。利益冲突委员会由一些直接或间接参与高等教育机构利益冲突管理的理事、教师和外部人士构成，顾问委员会由外部人士构成。利益冲突委员会审查教师的利益冲突自我申报情况，确认报酬、资产等自我申报内容时，注意保护教师的隐私；另一方面利益冲突问题处理客观公正。利益冲突管理的程序包括申报公开、回避、审查、处罚。利益冲突委员会对利益冲突案件有监督、受理审查、判断权利。利益冲突顾问委员会负责利益冲突问题的咨询，并对该审查结果的客观公正性进行监督，不服审查委员会对教师不服从审查结果进行重审。教师有不服从审议决议的，向该委员会提出再审议。处罚等实际执行权力由大学等法人依据本部门规定去执行，超出教育行政管理权限的利益冲突案件依照法律程序解决。

三、日本高等教育产学合作利益冲突管理制度的问题与未来发展趋势

（一）问题

目前，日本多数中等规模以上的大学设置了利益冲突管理体制，多数高等教育机构设立了利益冲突委员会。规模较大的大学中，利用外部人士完善校内利益冲突管理体制，能够大体把握利益冲突情况。虽然利益冲突管理有了进展，

但多为个人利益冲突管理，机构利益冲突管理弱化。此外，还存在现行利益冲突管理加重管理负担，部分研究者不理解利益冲突，研究人员启蒙教育不完善等情况。[17]

（二）未来趋势

其一，不断完善差别化利益冲突管理模式。文部科学省提出要研究符合大学等教育研究机构，如综合大学、单科大学、私立大学、有无医学部等产学合作实际的利益冲突管理模式，如人力、体制、系统等。通过调查掌握大学等组织的利益冲突情况，适当进行弹性管理，制定校内的方针策略，特别要采取举措增强大学经营层（校长、理事等）、研究人员、大众媒介、社会的理解、合作和参与。其二，对研究人员普及启蒙教育，深化研究人员、校长对产学合作风险管理的理解。研究通过校内培养、校外招聘与外包等方式确保校内风险管理专业人才。文部科学省将利益冲突的内容纳入研究人员伦理教育中，并不断完善。其三，教师和教育行政人员等负责校内日常咨询，利用专项研修项目等培养风险管理人才等方法，减轻管理负担，提高效率。[18]

四、完善我国高等教育产学合作利益冲突管理制度建设的举措

（一）系统构建政府、高等教育机构和协会与学术团体"三位一体"的互赖式利益冲突管理模式

我国高等教育产学合作从粗放式自由发展阶段转型到规范化、人本化管理阶段，需要以产学合作管理制度建设为先导，通过制度管理促进形成产学合作技术革新生态系统。首先，健全国家利益冲突管理基本法律制度。其次，国家完善利益冲突等风险管理组织机构建设，明确其职能要求。最后，利益冲突管理差别化。国家教育主管部门通过研究、调查活动对大学等教育研究机构的利益冲突管理制度等产学合作风险管理制度体系进行顶层设计，引导、鼓励不同类型高等教育机构依据其产学合作实际及其办学特色，协同医学等专业学会、协会组织协同建设内部利益冲突管理制度，有针对性地从制度内容上丰富个人利益冲突与机构利益冲突的预防和规范。第四，国家通过国内外调查研究不断反馈制度运行的效果，并修订完善高等教育产学合作利益冲突管理制度。

（二）从给予产学合作主体以保护性监管角度完善利益冲突管理制度体系

为实现利益冲突管理制度重在预防功能的管理目标，国家需要给予产学合作主体以保护性监管。首先，从制度内容上明确保护性监管这一价值取向。其次，增强保护性监管措施的可操作性。通过研讨会、竞争性项目等形式，收集国内外高等教育产学合作利益冲突案例并进行分析，着重从组织管理体制、措施方面研究具体的保护性监管措施。完善高校教师和学生的利益冲突等风险启蒙教育内容，并纳入高校教育和高校教师职前职后一体化培养体系落实实施。最后，将利益冲突管理纳入高等教育产学合作绩效评价体系。通过评价激励、

引导和规范不同类型高校根据产学合作实际自主构建利益冲突管理制度并严格落实。

参考文献

[1][6][14]日本科学技术·学術審議会·技術·研究基盤部会·産学官連携推進委員会·利益相反ワーキング·グループ.利益相反ワーキング·グループ報告書［EB/OL］.http://www.mext.go.jp/b_menu/shingi/gijyutu/gijyutu8/toushin/021102.htm，2017-03-16.

[2][7][13][15]日本独立行政法人国立高等専門学校機構.独立行政法人国立高等専門学校機構利益相反マネジメントポリシー［EB/OL］.http://www.kosen－k.go.jp/riekisohan.html，2017-05-09.

[3]日本独立行政法人国立高等専門学校機構.独立行政法人国立高等専門学校機構共同研究実施規則［EB/OL］.http://www2.tokuyama.ac.jp/Collabo/techcenter/kenkyuu/kikou－kyodokenkyu.pdf，2017-05-09.

[4]日本独立行政法人国立高等専門学校機構.独立行政法人国立高等専門学校機構受託研究実施規則［EB/OL］.http://www.miyakonojo－nct.ac.jp/~techcen/data/047_jyutakukenkyukisoku250401.pdf，2017-05-09.

[5]日本独立行政法人国立高等専門学校機構.独立行政法人国立高等専門学校機構寄附金取扱規則［EB/OL］.http://www.kure－nct.ac.jp/profile/pdf/kifu.pdf，2017-05-09.

[8]日本独立行政法人国立高等専門学校機構地域イノベーション推進本部.国立高等専門学校機構知的財産ポリシー［EB/OL］.http://www.gifu－nct.ac.jp/techno/chizai－policy.pdf，2017-04-17.

[9][12][18]日本科学技术·学術審議会産業連携·地域支援部会大学等における産学官連携リスクマネジメント検討委員会.大学等における産学官連携活動の推進に伴うリスクマネジメントの在り方に関する検討の方向性について［EB/OL］.http://www.mext.go.jp/component/b_menu/shingi/toushin/__icsFiles/afieldfile/2015/07/03/1359484_2_1pdf，2017-06-10.

[10]日本科学技术·学術審議会産業連携·地域支援部会大学等における産学官連携リスクマネジメント検討委員会.大学等における職務発明等の取扱いについて［EB/OL］.http://www.mext.go.jp/b_menu/shingi/gijyutu/gijyutu16/007/houkoku/1369054.htm，2017-03-16.

[11]日本文部科学省·経済産業省.特定大学技術移転事業の実施に関する指針［EB/OL］.http://www.mext.go.jp/a_menu/shinkou/sangaku/020701c.htm，2017-03-16.

［16］日本文部科学省.「研究活動における不正行為への対応等に関するガイドライン」適用［EB/OL］. http：//www. mext. go. jp/b＿menu/houdou/26/08/1351568. htm，2017-03-16.

［17］日本総務省. 独立行政法人等の保有する情報の公開に関する法律》［EB/OL］. http：//elaws. e － gov. go. jp/search/elawsSearch/elaws＿search/lsg0500/detail？ lawId＝413AC0000000140，2017-07-08.

第五章
日本职业技术教育的师资

学校教育的关键是教师。日本自明治维新以来,高度重视发展国民教育事业。职业技术教育是教育的重要组成部分,为了满足经济社会的发展和普及教育的需要,日本结合本国实际不断建设职业技术教育体系,同时通过宏观政策推动,建设具有优秀资质和魅力、高稳定性的职业技术教育教师队伍,促进教育高质量发展。

第一节　职业技术教育师资队伍建设的发展历程

"二战"后日本的教师制度相对稳定,随着社会的发展也进行了一些局部的改革。但是,进入21世纪,日本教师制度改革频度、力度不断加大,开始涉及教师制度的一些根本问题。"①以职业技术教育教师教育制度和管理制度的变化为主线,将日本职业技术教育师资队伍建设的历程分为初步发展时期、快速发展时期和新发展时期三个阶段。

一、职业技术教育师资队伍建设的初步发展时期(明治维新至"二战"前)

(一)动因

明治维新时期,日本职业技术教育师资队伍建设的动因主要来自经济产业发展、军事发展和职业技术教育发展的需求。一方面,日本政府在"富国强兵""殖产兴业""文明开发"三大治国政策方针指导下,大力发展实业教育。由于甲午战争、日俄战争刺激资本主义生产方式和技术的发展,日本由重视发展轻工业转向重工业,产业转型促进了职业技术教育的快速发展。由于没有专门培养

---

① ［日］田边俊治、胡国勇:《日本教师制度改革(讲演)》,载《外国中小学教育》,2007(06):14-22。

教师的机构，实业教育师资队伍数量严重不足，国家不惜重金从法国、英国等发达国家聘请优秀的技师、专家到本国担任教师或顾问。国立、公立实业教育的财政来源于中央财政和地方财政，外国教师聘任数量的增加，给教育财政带来了压力。为摆脱办学初期单纯依赖"用客卿"的局面，政府向国外派遣大批留学生，通过"派遣卿"充实实业教育师资队伍。另一方面，确立师范教育体系。1871年7月18日，明治政府增设文部省，作为全国的教育行政机关，统筹管理全国的学校及一切教育事业。政府通过颁布《师范教育令》（1897年）、修订《师范学校规程》（1931年）与《师范教育令》（1943年），改革师范教育，将原来只有中等学校程度的师范学校升格为高等教育水平的专门学校，为职业技术教育师资队伍建设确立人才自给体制。

（二）概况

1872年日本建立了近代教育史上第一个教师培养机构"东京师范学校"，"文部省把师范学校视为'教导小学师资之所'，这也是日本师范学校制度的起源。"①《学制》颁布后开始了日本近代教育改革。《学制》对教师和职业技术教育做了规定，要求小学教师必须年满20岁，持有师范学校毕业证书或中学毕业证书，同时提出要开办实业学校，对国民实施职业技术教育。《学制》颁布后，国家开始设立师范学校，大力发展企业内职工培训，兴办实业学校，初步建设职业技术教育体系。为了解决职业技术教育师资短缺问题，一方面聘请外国教师，另一方面派遣海外留学生。"但教师队伍真正由外国教师转变为邦人（本国）教师，是从《教育令》时期之后大批留学生回国才开始的。在整个《学制》时期，都是外国教师把握东京大学与大部分官立专门学校的教育主导权。"②

1879年废除《学制》，颁布《教育令》，1881年颁布《师范学校教则大纲》，确立了小学教师证书授予制度及教员资格制度，开启教师资格制度建设的先河，成立了东京职工学校，开始自己培养职业技术教育师资。此后，由于明治后期战争加速了对机械动力工厂的需求，迫切需要大量的中等工业学校培养中级技术人才。"尽管原来东京职工学校被视为模范职业学校和专门学校教师的培养机构，但实际上东京职业学校并未将培养工业技术者作为首要任务。"③为满足实业发展的需要，日本陆续出台了系列实业教育制度和师范教育制度，通过《实业

---

① 陈永明：《当代日本师范教育》，2页，太原，山西教育出版社，1997。

② ［日］角野雅彦：《日本近代高等教育与专门学校发展研究》，8-9页，保定，河北大学出版社，2008。

③ ［日］角野雅彦：《日本近代高等教育与专门学校发展研究》，35页，保定，河北大学出版社，2008。

补习学校章程》《专科学校令》等，促进实业学校的迅速发展。1885 年修改《教育令》，实行教员资格制度中的证书制。"1890 年颁布《教育敕语》时，文部省颁布了修改后的《师范学校令》，从而揭开了教师教育制度改革的序幕。"①1891 年公布了关于小学教员检定规则。在通过制度推动实业教育、教师资格制度的同时，针对实业教育师资供给不足问题，日本政府于 1893 年颁布《实业补习学校规程》，1894 年颁布了《工业教员养成规程》，详细规定了工业教师的培养措施，并于同年在东京成立工业教员养习所，这是最初的职业教师培养机构。"养习所"设置本科和速成科，以培训为主，专门讲授各种急需的使用知识，设立助学金与毕业生服务年限，确保师资来源稳定。1897 年文部省废除《师范学校令》，公布《师范教育令》，随着实业学校的增多，1899 年明治政府颁布《实业学校教员养成规程》，规定通过两种方式补充师资不足。一种方式是大学本科和实科、工业和商业学校学生毕业后，最后一个学年加学教育学、教学法，并提供补助，培养职业技术教育教师，要求这些学生毕业后需要服务一定的年限。另一种方式是设置农业教员养成所、商业教员养成所和工业教员养成所，培养实业学校教师。1902 年，文部省重新制定《实业学校教员养成规程》，新增加商船学校、水产讲习所等学校，继续实施学生补助政策培养职业学校教师。1907 年文部省公布《师范学校规程》，具体化师范学校的规章制度，预科为女生加修裁缝课程，本科男生的学习科目中有手工、农业、商业课程，本科女生的学习科目有家事、裁缝、手工课程，男女生都要学习手工课程。师范学校及其学生人数迅速增多。

1912 年至 1926 年日本进入大正时期，一直到 1926 年以后的昭和时期，由于世界大战的爆发，日本倡导军国主义，中等职业技术教育得以大力发展，实业学校数量空前增加。1918 年临时教育会议提出关于改善实业教育的咨询报告，提出改善教师的待遇，加强与实业界的合作。同年，临时教育会议还发表了关于改善通俗教育的咨询报告，"提出在文部省内设置审议通识教育的调查会；在中央（文部省）和地方设置主管通俗教育的人员；培养实施通俗教育的人员。"②为了增强职业技术教育教师职业吸引力，进一步充实教师队伍，大力发展实业补习学校，1920 年公布《实业补习学校教员养成所令》，修改《实业教育经费国库补助法》，规定教员养成所的设置主体、入学资格、教师资格及其待遇，增加有关专任教师的工资。随着中等教育的扩充，对中等学校教师的需求骤然增多。1922 年修改《临时教员养成所规程》，此后，一直到 1929 年陆续新设临时教员养成所，但是，"自 1930 年，这些临时教员养成所被逐渐关闭，到

---

① 梁忠义：《日本教师教育制度的演进》，载《外国教育研究》，1996(06)：15-24。

② 顾明远、梁忠义：《日本教育》，270 页，长春，吉林教育出版社，2000。

1933 年，仅剩下第六临时教员养成所 1 所"①。20 世纪 30 至 40 年代，日本通过《师范学校制度改善纲要》，修改《师范教育令》，制定《师范学校规程》《高等师范学校规程》《师范学校学科教学及修炼指导要目》等，对师范教育制度进行了全面改革。为弥补中等职业技术教育教师数量不足，1944 年、1945 年文部省分别设立了金泽高等师范学校、冈崎高等师范学校和广岛女子高等师范学校，建立青年学校教员养成所制度，后来将地方府县设立的青年学校教员养成所改为官立的青年师范学校，废除专门学校、实业专门学校的区分，统一为专门学校。

(三)特点与不足

由于这一阶段的职业技术教育尚处于零散的、不成体系的起步发展阶段，日本职业技术教育师资管理制度处于封闭的弱化建设阶段，主要以师范教育制度为主。政府通过初步的师范教育制度、实业教育制度、职业技术教育师资培养制度，从教师培养、师资标准两个方面初步规范职业技术教育机构的师资，明确其权利和义务。通过《实业学校令》《实业学校教员养成规程》及各类学校规程，对职业技术教育及其师资配备标准做出原则性规定。

职业技术教育教师培养方式较为单一，"一是政府对高等专门教育机构(东京帝国大学农科大学、东京高等商业学校、东京高等工业学校)的学生，在最后一学年颁发奖学金。获得奖学金的学生需要接受有关教育学、教学法的课程，并在毕业后有义务去实业学校担任教师。二是在各高等专门教育机构里开设教师预备课程，分别在各培训中心(农业、商业或工业技术)，独立对教师进行培养。"②师范教育中重视技能学科领域的教育，在师范学校中开设了手工科，女子高等师范学校本科加设技艺科(1914 年改为家事科)，东京女子高等师范学校本科设技艺科，培养初中和高中职业科教师。

二、职业技术教育师资队伍建设的快速发展时期("二战"后至 20 世纪 90 年代末)

(一)动因

"二战"后，日本职业技术教育师资队伍建设得以快速发展，其原因一方面是经济发展对职业技术教育需求增大，另一方面是师范教育和职业资格制度、

---

① 顾明远、梁忠义：《日本教育》，281 页，长春，吉林教育出版社，2000。

② ［日］寺田盛纪：《日本职业教育教师的职业发展及现状》，见［德］菲利普·葛洛曼、菲利克斯·劳耐尔：《国际视野下的职业教育师资培养》，石伟平，译，154 页，北京，外语教学与研究出版社，2011。

职业能力评价制度建设加快。

第一，经济的快速发展需要大量技术技能人才，产业界对教育界提出大力发展职业技术教育的要求。日本战败时，有职业学校教师养成机构 32 所，在校学生约 1 万人。1945 年文部省发表《新日本建设的教育方针》，停止开设修身等军国主义色彩的课程，为战后日本职业技术教育的发展改革打下了基础。1946 年新的日本宪法公布，强调民主主义，主张教育机会均等，成立教育专家委员会，协助美国教育使节团工作。按照《美国教育使节团报告书》提出的建议，开始加强教师专业教育，特别是提高教师教育内容的科学性。1947 年公布《教育基本法》《学校教育法》，成立日本教职员组合（简称"日教组"），成立大学基准协会，确定了新制大学的设立基准。1948 年大学设置委员会通过了《以培养教师为主的学艺大学基准案》《学艺大学基准》《大学教职课程基准》。1949 年公布《国立学校设置法》，设立 69 所新制国立大学，调整旧师范学校等教师养成学校，在东京等 7 个都道府县设置单独的学艺大学，公布《教育职员许可法》。1951 年以后，在美国的全面扶植下，日本实行国民经济的非军事化，全面进行经济建设。为了使企业在国际竞争中拥有一席之地，日本政府实行产业扶植计划，推动教育民主化改革，并通过第二次、第三次教育改革支持产业发展。1951 年颁布了《产业教育振兴法》，产业教育代替了实业教育。1956 年日本经营者团体联合者提出了"关于适应新时代需求的技术者教育的意见"，之后产业界不断为教育界提出人才需求变化与教育改革的建议。政府按照产业界对技术者教育的意见，将职业技术教育与职业训练作为重要的政策课题纳入经济计划，大力建设职业技术教育体系，职业技术教育师资建设被纳入其中得以快速发展。

第二，教师职业资格制度的形成、发展和兴旺。1946 年《美国教育使节团报告书》提出设计教师教育制度和课程改革建设意见后，日本吸收美国式教育理念和模式，改革师范教育制度，进而建立并不断反思调整"开放制"师资培养教育制度①。政府通过《教育基本法》《学校教育法》《教育职员许可法》《教育公务员特例法》《人才确保法》等法案，完善教职员资格制度，确立日本新的教师制度，明确规范对师资培养教育及其身份地位、待遇的法律保障。1950 年美国教育使节团第 2 次来日，建议改善教员养成及其身份和待遇。1958 年中央教育审议会提出"教员养成制度的改革方针"的咨询建议，从制度上改善证书制度，在目的明确、经过认可的大学培养教师，对普通大学毕业生实施国家检定考试。1959 年对教职员资格证书实施规则内容进行修正，新设"技术家庭"科。"日本国会在 1961 年颁发了《关于公立高级中学的设置、适当配置和教职工定员标准》的法

---

① 日本文部省：《学制百二十年史》，139 页，東京，ぎょうせい，1992。

律。"①同年在全国 9 所国立大学设立临时工业教育养成所，修改高中工业教员 2 级许可证书授予的规定。1964 年部分修改《教师许可证法》，新设关于高中技能教科的试验检定制度，制定高中教师资格考试规程。1967 年公布《关于国立养护教谕养成所或者国立工业教员养成所毕业生编入大学的省令》，之后工业教员养成所停止招生。1969 年文部省教职员养成课提出"关于教员养成的教育实习"的基本方针。1970 年文部省举办数次骨干教师进修班。1971 年公布《关于国立及公立义务教育各种学校的教职员工资的特别措施法》。中央教育审议会发表的《关于今后学校教育综合扩充、整顿的基本措施》指出，在教师"养成、录用、进修、再教育"的过程中逐渐形成教师的素质能力。1973 年部分修改《教师许可证法》，部分引进高中教师技能教科，如柔道、剑道、计算实物的资格证书。

20 世纪 80 年代后，日本教师教育改革将"恢复对教师的信赖"和"提高教师的专业性"作为基本诉求，② 这两者之间是相辅相成的关系。其根本目的是提高教师的专业性，对教师资质能力提出明确要求。1987 年《教员资质能力提高方案》咨询报告中首次提出培养"资质能力"，1989 年实施修订的《教育职员许可法》，1997 年《面向新时代的教员培养改善方案》，"明确了任何时代教师都需要具有的资质能力和今后特别需要具有的资质能力。"强调教师应"具有擅长的领域，丰富的个性"③。1998 年 6 月 23 日发表《关于积极利用硕士课程培养教员的方法》（教员培养审议会研究生院等特别委员会提出的报告）。上述报告、方案中对教师的素质要求，有力推动了教师培养课程的改革。1996 年 7 月 29 日教育职员养成审议会的《新时代教员培养的改善方案》咨询报告，倡导重视实践性指导能力，在教师培养课程中新设"有关学科或教育的科目，引入选修制"，在总学分不变的前提下，增加"教育的科目"的比重，减少"学科的科目"的学分，新设"综合演习"，充实"学习指导、教育咨询和出路指导的科目"等。④ 之后，又提出关于改善硕士课程的措施。

第三，国家建立了教员资格认定考试制度，取消师范类学校，在各个公立大学设置学艺系或教育系，在综合大学进行教师培养，教师教育由封闭走向开

① 李敏、孙曜：《日本职业高中教师配置制度探析：兼论我国中等职业学校教师编制管理》，载《职业技术教育》，2011，32(25)：86-89。

② 日本教师教育学会：《日本の教师教育改革》，21 页，東京，学事出版，2008。

③ 日本教育職員養成審議会：《新たな時代に向けた教員養成の改善方策について（教育職員養成審議会・第 1 次答申)》，http://www.mext.go.jp/b_menu/shingi/old_chukyo/old_shokuin_index/toushin/1315369.htm，2017-07-28。

④ 日本教育職員養成審議会：《新たな時代に向けた教員養成の改善方策について》，1997-07-28。

放。日本在努力改善企业、官厅人事录用形式的同时，努力改革公共职业资格制度。"反映在职业资格领域中最早的是昭和 21 年(1946 年)的女警察官，接着是国家公务员法(1947 年)、公认会计士、医师法(1948 年)、司法考试法、教职员法、辩护士法等(1949 年)。国家开始以立法的形式对战前的资格进行修改、规范和法制化。"①1952 年建立日本技术士会，1957 年公布技术士法，建立了技术士制度。之后，随着社会不断发展和进步，日本按照社会需求，快速建立了系列职业资格制度。20 世纪 90 年代，"资格制度的对象也由技术型向现代化社会或称之为公共实业的管理者方向转变。"②职业资格制度和职业能力评价制度的完善，一方面从根本上纠正了社会上对偏重学历的弊端，另一方面，也为政府规范行业从业人员和行业人才培养，充实职业教育教师的职业资格要求奠定了基础。

(二)概况

经过"二战"后的恢复时期，日本工业化和经济发展很快进入高速增长期，职业技术教育机构及其教师的需求量增加。为了适应产业结构的调整对技术技能人才的需求变化，日本政府应产业方的需求，自 20 世纪 60 年代开始大力兴办高等职业技术教育，职业技术教育教师管理、教师教育制度渐成体系，职业技术教育教师的准入、研修、培养和培训机构等教师教育和教师管理进入系统化、规范化建设阶段。

第一，建立职业技术教育教师准入制度，明确教师的资质能力要求及教师资格获得标准，职业技术教育教师来源多元化。1947 年颁布《国家公务员法》(1947 年法律第 120 号)和《学校教育法》，明确规定高中开设职业技术课，1949年文部省参照教育刷新委员会的建议和其他各培训的意见，制定了《教育职员许可法》《教育职员许可法实施规则》《教育公务员特例法》(1947 年 1 月 12 日，法律第 1 号)，对教育公务员的任免、身份、惩罚、服务及进修做出规定，通过选考来录用教师，提高了教师的社会地位和待遇。初中和高中教师在正式工作前，必须获得学士学位和教师准入资格。预备获得教师资格证书者必须在大学阶段学习一般教育课程、学科专业课程和教职专业课程。高中职业技术课教师的资格由文部省负责认可并颁发许可证，国立和公立学校的教师具有国家和地方公务员的身份。1974 年颁布实施《人才确保法》，明确教育公务员的工资水平应高于一般公务员。"1988 年和 1991 年又对《教师许可证法》进行修改，允许有一定社会经验的人士进入教师队伍，并颁发教师许可证，允许将具有某种专长的人才聘为非常勤讲师，这样就初步形成了日本职业技术教育师资的录用、考核及

---

① 罗民:《日本的职业资格制度和考试》，21 页，北京，中国人民大学出版社，1997。

② 罗民:《日本的职业资格制度和考试》，22 页，北京，中国人民大学出版社，1997。

进修培养体系。"①除此之外，各学校的设置基准对不同类型职业技术教育机构中的教师的组织、教师的资格等要求做出详细规定，如《高中设置基准》《高中标准法》《专修学校设立管理条件》《短期大学设置基准》等。这一时期所提出的日本教师资质能力要求为："具有能够立足全球视野行动的资质能力，在变化的时代中生存的社会人所需的资质能力，教师的职务中必然要求的资质能力，拥有擅长的领域和丰富的个性"②。

第二，大力兴建职业技术教育教师培养机构，加快教师培养。1950年美国教育使节团第2次来日，对改善教员养成、改善教员身份和待遇问题提出建议。1951年增加中、高教谕所需要的专业科目学分，减少教育学等科目的学分。政令改正咨询委员会建议培养教师的专门职业技术教育机构与高中相衔接。1951年制定《产业教育振兴法》，允许具有工业科教师许可证的普通高中或初中教师通过进修转到工业职业高中，允许工业学科教师进入大学或研究机构深造。根据中央教育审议会的建议，日本在部分国立大学的工学部设立工业教员培养课程。1961年颁布《关于国立工业教师培训所的设置等临时措施法》，规定在9所国立大学内附设国立工业教师培训所，为工业职业高中输送专业技术课程教师。从开始招生到1969年停办，培养了大批高中工业学科教师。1998年《关于积极利用硕士课程培养教员》提出积极改革硕士课程培养教员的措施，"一是从硕士课程修业年限弹性化、充实硕士课程的教育研究、课程标准开发研究、大学和都道府县教育委员会等合作方面优化硕士课程。积极录用具有硕士教育水平的在职教师、有教员经验的人作为大学教职课程的专任、非专任教员，并在教员培养中注意提升实践性指导能力。二是活用现行的进修制度，积极促进在职教员接受硕士水平教育，获得专修许可证。三是都道府县等对在职教员学习硕士课程的支援措施。"③由于实行开放型教师培养制度，初中教师由大学和短期大学培养，高中教师由大学学部和研究生院培养。

第三，继续建立教师进修机构，充实职业技术教育教师继续教育。一是文部省授权创办高等院校作为教师进修机构。20世纪70年代和80年代初创办了上越教育大学、兵库教育大学和鸣门教育大学，面向在职中小学教师开设硕士课程，并接收初等、中等学校教师来校进修与研究。1978年创办了新构想教育

---

① 秦曼：《论日本职业教育师资培养》，载《学理论》，2009(10)：144-145。

② 日本教育職員養成審議会：《新たな時代に向けた教員養成の改善方策について（教育職員養成審議会・第1次答申）》，http://www.mext.go.jp/b_menu/shingi/old_chukyo/old_shokuin_index/toushin/1315369.htm，2017-07-28。

③ 日本大学院等特別委員会：《修士課程を積極的に活用した教員養成の在り方について（教育職員養成審議会大学院等特別委員会中間報告）》，http://www.mext.go.jp/b_menu/shingi/old_chukyo/old_shokuin_index/toushin/1315373.htm，2018-06-23。

大学，设置硕士课程，学制为 1 至 2 年，2/3 为具有 3 年以上教学经验的在职教师。此外，还通过职业学院校长协会、全国性的"技术职业技术教育部会"（教师自发组织的研究团体）、中间组织（日本技术与工业教育学会、日本商业教育学会），开展发展技术教育研究、成员间的相互培训、教师继续教育活动。"如建立了加强职业技术教育基础设施的特别补助制度（1951）、职业技术教育教师特别津贴制度（1957）"①，推进高等专门学校与两所技术科技大学的教师交流制度等。1992 年设置初任教师研修制度，对初任教师入职后 1 年进行实践性研修，新任教师每 4 人配备 1 位指导教师，由指导教师对教学方法进行指导。为促进教师培养高度化，1998 年提出利用研究生院强化在职教师的职后教育。

(三)特点与不足

第一，职业技术教育教师资质要求明确化、来源多元化、编制规范化。明确了职业技术教育教师准入的最低要求、获得的方式、对不同类型层次职业技术教育教师资格、来源以及数量做出规定。1988 年《教师许可证法》修订后，教师资格证在普通许可证、临时许可证基础上，增加了特别许可证，有效期为 3~5 年，拥有此类资格证的教师可以在中小学教授音乐、美术等兴趣类课程。普通许可证在原来的一级、二级基础上，增加了专修许可证。规定考取专修许可证最低学历要求是硕士学位，考取一级许可证的最低学历要求是大学学士学位。大学毕业生获得教师资格证必须在社会福利机构服务至少 7 天。临时许可证的有效期为三年，主要是助教。《教育职员免许法》规定了教师获得各种教师资格证书所应达到的最低学分和必修课程。除教师资格制度的要求外，各类学校设置基准也提出教师的规范化要求，如对高中职业课程的实习助手数量的明确规定，"农业、林业方面的专业，当该学科的班级数 18 个班以下时，是学科数乘 1；一个学科的班级超出 18 个，在班级数乘 2 得到的数字上再加 1。商业、家庭方面的专业，有关学科的班级数总计在达到 15 个以上时设一名，工业方面的专业，在该学科数乘 2 后，再加上 1，当这一学科人数满 18 个班时，则加 2。"②

第二，高等职业技术教育师资向高学历化方向发展，注重提升在岗实践经验。随着职业技术教育体系的不断完善和职业技术教育层次的高移，日本通过优化教师培养机构的硕士课程，促进高等职业技术教育教师学历高层次化。1949 年《教育职员资格法》颁布之后建立的新制大学主要提供 4 年制本科教育，1978 年创办的新构想教育大学，"一般以硕士课程为主，学制为 1 至 2 年，公

---

① ［日］寺田盛纪：《日本职业教育教师的职业发展及现状》，见［德］菲利普·葛洛曼、菲利克斯·劳耐尔：《国际视野下的职业教育师资培养》，石伟平，译，158 页，北京，外语教学与研究出版社，2011。

② 王智新：《当代日本教育管理》，151 页，太原，山西教育出版社，1995。

开招收学生，其中 2/3 是有 3 年以上教学经验的在职教师。"①教师教育的开放化，教师培养机构高层次化，促进了高等职业技术教育教师学历层次的提升。如高等专门学校，"不管是什么样的教学安排，教师大多具有硕士和博士学位（其中大多数获得博士学位），与大学教授几乎持有同样的学历"，"理工大学要求具备博士学位，地方大学则要求硕士学位，其他学校则要有教师资格证、国家一级技术工人许可证明或者技术学校教师资格证。"②在提升学历的同时，注意提升职业技术教育教师的实践经验。1999 年职业技术教育中引入《新课程指导手册》，其中包括"实习"（即在岗实践经验），"它促使职业技术教育教师不仅要关注增加学生的就业机会，还要在专业化过程中检验其教学内容和方法，从而改善他们的工作能力。"③

第三，教师研修体系逐步完善。《教育公务员特别法》规定，高中教师每隔几年就要参加长期脱产进修。1988 年国会通过《初任者研修法案》，1989 年正式实施，规定国立、公立中小学教师在录用后一年，在有经验教师的指导下参加研修活动，规定学校要建立校长领导下的全校教师协作体制。初任者研修费由都道府县教育委员会负责，如果由于初任教师研修使学校教师出现数量不足，学校可以向县教育委员提出派遣兼职教师。

由上述三个特点可知，相比于明治维新时期，随着高中职业技术教育、高等职业技术教育规模的逐步扩大，开放型师资培养教育制度的建立与不断优化，国家加快职业技术教育中的教师教育、教师管理制度的建设，推动各项措施的落实，形成一支足够数量、合格的职业教育教师队伍。从教师管理制度、教师教育制度的梳理可以看出，职业技术教育教师教育和管理制度多分布于教师制度中，专门的管理制度缺失，导致职业技术教育教师管理和教师教育不系统，职业技术教育教师管理的独特性得不到彰显。

三、职业技术教育师资队伍建设的新发展时期(21 世纪以来)

(一)动因

进入 21 世纪，日本社会出现低生育、高龄化现象，劳动人口逐渐减少，产业的高度化、复杂化对实践型职业人才所应具有的资质和能力提出新要求，职

---

① 年智英：《终身学习型专业发展：日本教师资格标准述评》，载《比较教育研究》，2011，33(08)：35-39。

② ［日］寺田盛纪：《日本职业教育教师的职业发展及现状》，见［德］菲利普·葛洛曼、菲利克斯·劳耐尔：《国际视野下的职业教育师资培养》，石伟平，译，159 页，北京，外语教学与研究出版社，2011。

③ 同②。

业教育教师资质能力要求也随之提高。2016 年，日本中央教育审议会在《为了实现教育的多样化和保障质量发挥个人的能力和可能性，全员参与社会课题解决的应有状态》的咨询报告中，明确提出职业人所应具有的能力要求。① 一是专业高度化，要掌握专门特定职业的高度专业知识并深刻理解。如对相关职业理论的深刻理解、分析和批判能力等。二是实践能力的强化。培养特定职业所需要的高技能的同时，强化培养实践能力。如培育生产和服务现场的高度技能等。三是该职业领域全部的知识技能。为一定的产业职业领域（如信息领域、保健领域等）培养该领域的全部或与之相关的基础知识技能等。如该领域内各种职业等基本理论、共通技能等以及该职业必要的其他领域（簿记、会计、经营等）的基础知识、技能等。四是强化综合能力培养。包括实践性技能、实践知识和理论知识、教养等，解决现实复杂的课题以及创造新的方法等所需要的综合能力。如理论与实践相结合发现问题和解决问题的能力，推动出现新的附加值和改善商品服务、生产方法等创造能力等。五是作为职业人所需要具有的基础的、通用的能力和教养，自主生涯教育的能力。职业人的基础通用能力包括沟通能力、讨论能力、课题应对能力、团队合作和领导能力以及对多样性的理解、职业观、主动发展生涯所必要的能力，如终身学习的基础教养（学习技能等），职业发展等基础的素养（外语、ICT 等）、职业设计能力。

工业 4.0 背景下技术技能人才培养目标要求的不断提高，倒逼职业技术教育师资队伍建设由过去注重数量的提升，转到注重质量的提高。为建设高质量、数量充足的职业技术教育师资队伍，日本采取促进教师流动，积极录用掌握实际业务的教师，设立职业技术教育教师标准，实施教师聘任制等系列举措，促进职业技术教育教师的培养、录用、进修制度的一体化，使职业教育教师的培养、研修和管理逐步系统化。

（二）概况

1. 职业技术教育教师数量及结构的变化

根据文部科学省官网公布的学校教师统计调查（准确值）结果②，可以了解日本职业技术教育教师队伍建设的现状。

---

① 日本中央教育審議会：《個人の能力と可能性を開花させ、全員参加による課題解決社会を実現するための教育の多様化と質保証の在り方について（答申）（中教審第 193号）》，http://www.mext.go.jp/b_menu/shingi/chukyo/chukyo0/toushin/1371833.htm，2016-05-30。

② 日本文部科学省：《平成 28 年度学校教員統計調査（確定値）の公表について》，http://www.mext.go.jp/component/b_menu/other/__icsFiles/afieldfile/2018/03/28/1395303_01.pdf，2018-03-28。

(1)中等职业技术教育的教师数量及其年龄结构变化。2004—2016 年公立高中教师总数呈现递减趋势。其中，未满 25 岁、55～60 岁和 60 岁及以上的教师数量占比呈现递增趋势，30～45 岁的教师数量占比则呈现明显递减趋势，详见表 5-1。

表 5-1　公立高中教师数量及其年龄构成

项目		2004 年	2007 年	2010 年	2013 年	2016 年
教师数量/人		181 965	173 716	169 037	164 350	162 683
百分比/%	未满 25 岁	1.0	0.8	1.3	2.0	2.2
	25～30 岁	6.3	5.0	5.5	7.0	8.6
	30～35 岁	11.3	10.1	8.9	8.6	8.9
	35～40 岁	13.9	12.3	12.6	11.3	10.2
	40～45 岁	20.3	17.6	13.3	13.0	12.8
	45～50 岁	17.3	20.2	21.1	16.5	13.5
	50～55 岁	15.9	17.2	18.8	21.3	19.5
	55～60 岁	12.7	15.0	16.1	17.1	19.3
	60 岁及以上	1.3	1.8	2.4	3.2	5.0
	合计	100.0	100.0	100.0	100.0	100.0

2004—2016 年私立高中教师总数明显少于公立高中教师总数，但整体上呈递增趋势。其中，未满 25 岁、25～30 岁和 60 岁及以上的教师数量占比呈现递增趋势，详见表 5-2。

表 5-2　私立高中教师数量及其年龄构成

项目		2004 年	2007 年	2010 年	2013 年	2016 年
教师数量/人		60 410	60 004	60 246	61 816	63 564
百分比/%	未满 25 岁	2.7	2.8	3.0	3.8	3.9
	25～30 岁	10.0	10.5	10.8	11.1	12.2
	30～35 岁	12.1	12.5	12.3	12.6	11.9
	35～40 岁	11.2	11.8	12.9	12.4	12.4
	40～45 岁	14.2	12.6	11.0	12.2	12.7
	45～50 岁	14.0	14.2	14.1	11.7	11.2
	50～55 岁	14.3	13.6	13.9	14.0	12.5
	55～60 岁	12.6	13.7	12.5	12.2	12.7
	60 岁及以上	8.9	8.3	9.5	10.0	10.5
	合计	100.0	100.0	100.0	100.0	100.0

从高中教师的学历构成看，研究生学历所占的比例呈现上升趋势。其中，公立高中教师中研究生学历教师占比 15.2％，呈上升趋势；私立高中教师中具有研究生学历的占比 18.4％。

（2）高等职业技术教育的教师数量及其年龄结构变化：以短期大学和高等专门学校为例。2004—2016 年短期大学教师数量的递减趋势明显，其中，60 岁及以上教师数量所占比重为 30％左右，详见表 5-3。

表 5-3　短期大学教师数量及其年龄构成

项目		2004 年	2007 年	2010 年	2013 年	2016 年
教师数量/人		12 469	10 874	9 505	8 570	8 187
百分比/%	未满 25 岁	0.6	0.8	0.7	0.6	0.5
	25～30 岁	3.1	3.3	3.1	2.9	2.9
	30～35 岁	6.6	6.9	6.3	5.8	5.5
	35～40 岁	9.0	9.2	9.5	9.7	8.8
	40～45 岁	10.9	10.3	10.2	11.2	11.7
	45～50 岁	12.0	12.5	12.3	11.7	12.6
	50～55 岁	15.3	13.3	13.0	13.6	13.2
	55～60 岁	16.5	17.2	15.1	13.4	14.1
	60～65 岁	14.4	14.7	17.6	17.6	16.4
	65 岁及以上	11.6	11.8	12.2	13.5	14.3
	合计	100.0	100.0	100.0	100.0	100.0

2004—2016 年高等专门学校的教师数量明显少于短期大学的教师数量，且教师数量呈递减趋势。其中，60 岁及以上教师数量占比不到 15％；未满 25 岁教师数量占比最少；30 岁以下教师数量占比不到 5％；30～35 岁、60～65 岁教师数量占比呈递减趋势，详见表 5-4。

表 5-4　高等专门学校教师数量及其年龄构成

项目		2004 年	2007 年	2010 年	2013 年	2016 年
教师数量/人		4 484	4 484	4 406	4 366	4 329
百分比/%	未满 25 岁	0.1	0.0	0.0	0.2	0.1
	25～30 岁	3.2	3.5	2.2	2.5	3.0
	30～35 岁	12.1	10.8	10.8	9.7	8.5
	35～40 岁	14.6	15.8	14.8	14.1	12.8
	40～45 岁	14.0	15.0	16.5	16.2	16.0

续表

项目		2004 年	2007 年	2010 年	2013 年	2016 年
百分比 /%	45～50 岁	12.5	13.8	15.0	15.8	17.1
	50～55 岁	13.1	12.9	13.6	15.3	15.5
	55～60 岁	16.5	15.3	13.5	13.6	14.0
	60～65 岁	13.4	12.1	12.7	11.6	11.6
	65 岁及以上	0.5	0.8	0.9	1.0	1.4
	合计	100.0	100.0	100.0	100.0	100.0

文部科学省的 2016 年学校教师统计调查中间报告结果显示，大学、短期大学、高等专门学校的教师平均年龄为历史最高。短期大学教师平均年龄为 52.2 岁，其中私立学校教师平均年龄高于公立学校。高等专门学校教师平均年龄为 47.7 岁，私立学校的教师平均年龄小于国立、公立学校。从 1977 年（昭和 52 年度）到 2016 年（平成 28 年度），短期大学和高等专门学校的教师平均年龄呈增长趋势，短期大学增长趋势明显。

2. 教师的来源结构变化

2003—2015 年，短期大学录用的教师来源多元化，但整体数量呈现明显的递减趋势。如表 5-5 所示，主要包括本科与研究生毕业生、民间企业人员、研究所的博士后和研究人员、临床医生、政府机构人员、个体经营者、高校以下的专修学校等各种学校教师、其他等。其中其他来源录用的教师最多，其次为高校以下的专修学校等各种学校教师、民间企业人员，本科与研究生毕业生、政府机构人员的录用人数递减趋势明显。

表 5-5　短期大学录用教师数量情况　　　　　　　　单位：人

年份	来源								其他	合计
	本科与研究生毕业生	民间企业人员	研究所等的博士后	研究所的研究人员	临床医生	政府机构人员	个体经营者	高校以下的专修学校等各种学校教师		
2003 年	69	119	—	30	—	71	16	108	283	696
2006 年	66	154	—	16	—	46	15	120	295	712
2009 年	52	116	5	19	9	34	13	132	209	589
2012 年	48	101	5	16	9	40	12	99	211	541
2015 年	30	97	1	18	2	28	14	111	177	478

3. 教师教育和教师管理的变化

首先，从教师的年龄构成可以看出，40～50 岁的教师居多，中青年教师少，大量教师即将进入退休期，确保教师的数量和质量成为新世纪日本职业技术教育师资队伍建设的最重要课题。为提高师资队伍建设水平，文部科学省首先进行教师管理制度改革，实施教师聘任制，在教师管理上逐渐打破教师终身雇佣制和年功序列制及派阀中心。1997 年国会正式通过《关于大学教师任期的法律》(1997 年 6 月 13 日法律第 82 号，简称《聘任制法》，2009 年 3 月 21 日修订)，从 1997 年开始改革大学教师终身雇佣制度，引入"选择性的聘任制"，"要求定期轮换教师，录用具有多种经验经历的人员，促进具有多样知识和经验的教师进行学术交流、活化大学等的教育研究"①。为促进该制度落实，学校以该法为依据制定了校内"教师任期制规程"，按照制度规定，日本国立和公立大学教师的聘任由校长根据教授会的商议结论做出决定。2002 年日本教育改革国民会议提出"建立教师努力能够得到回报的评价体制"的建议，2004 年(平成 16 年)4 月《国立大学法人法》出台，国立大学法人化对国立大学教师聘任制起到了推波助澜的作用。全国 55 所国立高等专门学校从国家机构转变为由独立行政法人国立高等专门学校管辖。与此同时，教师的身份也由国家公务员改为法人职员，国立大学改变传统教师人事制度开始实施教师聘任制。

其次，不断提高教师资质和能力要求。自 1978 年中央教育审议会提出《关于提高教师素质能力》的咨询报告后，日本不断更新教师质量规格要求。2006 年中央教育审议会的咨询报告《今后教员养成与资格制度的发展方向》，进一步完善了《面向新时代教员培养的改善方案》中的"两种能力"，提出"培养具有专业知识、丰富的素养和实践指导能力的教员"，"避免教师培养的整齐划一，以生涯发展为中心提高教员的资质能力，在确保全体教员达到基本资质能力的前提下，积极发展每个教员的专长领域和个性特点"。同时，提出优秀教师必须具备三个条件，"对教师职业强烈的热爱，包括对教育工作的使命感和自豪感，对学生的爱、责任等；作为教育家的实力，包括对学生的理解能力、对儿童和学生的指导能力、团体指导能力、班级工作能力、学习指导和授课能力、教材理解能力等；综合的人间力，包括丰富的人格、社会性、常识和教养、基于基本礼仪的人际关系能力、交流能力的人格特质，全体教师及同事合作的能力。"②

再次，深化教师教育改革。21 世纪以来在教师职前教育阶段，以形成基本

---

① 日本国会：《大学の教員等の任期に関する法律》，https://japanese－laws.readthedocs.io/ja/latest/doc/H09/H09HO082.html，2009-03-31。

② 日本中央教育審議会：《今後の教員養成・免許制度の在り方について(答申)》，http://www.mext.go.jp/b_menu/shingi/chukyo/chukyo0/toushin/1212707.htm，2019-07-11。

素质为目的，日本政府通过系列政策性文本，如《关于今后教师教育类大学和学部的发展模式座谈会（报告）》（2001 年）、《关于今后教师资格证书制度》（2002年）、《以全社会之力实现教育再生》（2004 年）、《关于教师教育的"示范性核心课程"的研讨——以"教师教育核心科目"为基础的课程编制方案》（2004 年）、《关于今后教师培养资格证书制度》（2006 年）、《关于由于教育基本法改正而紧急必要的教育制度的改正》《教职员资格法修正案》（2007 年）等，引导培养有魅力、值得尊敬的教师，推进教师教育课程模式改革，建立教师资格证书更新制度，每 10 年更新一次素质能力要求。《关于今后教师教育与资格证书制度的模式》（2006 年 7 月）提出建立教师专业学位研究生院制度，部分大学设置了教师专业学位研究生院，提升教师的专业程度，培养具有高层次专业能力的人才。2007 年颁布的《教职大学院设置基准》，设立教职大学院，作为研究生阶段的教师教育机构，重点开设理论和实践高度融合的教育课程，一般招收已经获取教师资格的大学应届毕业生和在职教师，通过 2 年学习，强化实践能力的培养。2008 年教职研究生院成立并招生，培养和培训中小学骨干教师和学校管理人员。

最后，严格教师资格管理。2002 年修改《教育公务员特例法》，中央教育审议会《关于今后教师资格制度应有状态的报告》提出，具有高中信息、工业、商业、福利等专业教学科目许可证者，可担任初中相应的理科、技术等教学科目以及综合课程的教学。文部科学省修订《教育职员资格法》，2005 年日本教师培养部确定实施教师资格更新制度，明确了教师资格证的 10 年有效期，日本现行的《教师许可证法》是 2014 年（平成 26 年 2 月 19 日）修订的。

（三）特点

在把握 21 世纪初期职业技术教育发展现状的基础上，日本在 2002 年发布《关于适应新时代的教育基本法和教育振兴基本计划》审议报告、《关于今后教师资格证书制度》的咨询报告。政府通过法律文件、咨询报告和建议等方式推动职业技术教育师资队伍建设，这一时期职业技术教育师资队伍建设呈现如下几个特点。

1. 教师的素质能力高度化，职业技术教育教师养成机构高层次化

21 世纪以来，日本不断更新教师的资质和能力要求，"培养具有专业素养和丰富个性的教师"，"避免教师培养的整齐划一，以生涯发展为中心提高教师的资质能力，在确保全体教师达到基本资质能力的前提下，积极发展每个教师的专长领域和个性特点"。[①] 为提升教师专业程度，坚持完善教师教育培养体系

---

① 日本中央教育审议会：《今後の教員養成・免許制度の在り方について（答申）》，http://www.mext.go.jp/b_menu/shingi/chukyo/chukyo0/toushin/06071910.htm，2019-07-11。

建设，设立教职研究生院。2009 年 4 月 1 日引入教师资格证书更新制度，规定所有的证书有效期限一律都是 10 年。持有资格证的人，要在有效期满之前的两年左右实践，参加不少于 30 小时的证书更新讲习班，取得结业证书。承担讲习任务的是进行资格认定课程的大学，也有进行结业认定的大学。其中必修讲习 6 小时以上，选择必修讲习 6 小时以上，选修讲习 18 小时以上。必修讲习内容为教师共通需要的学习内容，这部分各个大学自由决定的幅度小。选择必修内容是从指定内容中选择性学习。选择领域中，所持有的教师、保健教师、营养教师的资格证书，持有多个证书，旧证书和新证书者，所选择的讲习可能会不同。2019 年 4 月 1 日，文部科学大臣按照新基准共认定"606 所大学、413 所大学院、228 所短期大学、19 所大学专攻科、17 所短期大学专攻科，合计 1 283 个机构承担资格认定课程，共计认定 19 416 门教师教育课程，其中高中为 10 674 门。"①

2. 职业技术教育教师资格多样化、弹性化

初中或高中的教师严格执行教师职业资格制度。初中职业科和职业高中教师必须持有各自学校类别相对应的资格证书，还要有学科的许可证。普通许可证(完成大学教师专业的相应课程)分为一种许可证(学士课程毕业)、二种许可证(专科等准学士课程毕业)、专修许可证(硕士课程毕业)三种类型。在普通许可证外还有特殊许可证和临时许可证。"鉴于该制度创设以来，因为授予标准明显太高以及授予标准不够完善，以至于不能十分有效地实施这一现实，2014 年 6 月，文部科学省将推进授予标准的灵活化任务委托给各都道府县教育委员会，各个都道府县正为此致力于解决授予基准的弹性化问题。"②特别许可证允许没有许可证书，拥有丰富知识经验的有识之士来职业学校进行教学，担任班主任或者从事学生指导等工作。同时，在教师许可证的使用上具有一定弹性。持有高中工艺、书法、护理、信息、农业、工业、商业、水产、福利、商船、护理实习、信息实习、农业实习、工业实习、商业实习、水产实习、福利实习、商船实习、柔道、剑道、信息技术、建筑、室内装饰、设计、信息处理、计算实务许可证者，也可教授初中相同学科。严格教师许可制度，有利于保证作为职业技术教育教师所必须具有的最低资质能力要求。

3. 职业技术教育教师录用标准不一

短期大学以学历为本位，同时注重实践能力。《大学设置基准》第 14 条、第 15 条、第 16 条分别对教授、准教授和助教的资格做出规定。日本文部省于

---

① 日本文部科学省：《平成 31 年度から新しい教職課程が始まります》，http://www.mext.go.jp/a_menu/shotou/kyoin/1414533.htm，2019-03-29。

② 王国辉、杨红：《日本教师培养与资格制度改革的新动向》，载《河北师范大学学报(教育科学版)》，2017，19(01)：95-100。

1975 年颁布了《短期大学设置基准》，于 1982 年修订并发布。该"基准"以学校教育法规形式对短期大学的教授、副教授、讲师和助教的资格做出详细、具体、明确的规定。《大学设置基准》中对教师资格做出规定：以教授为例，符合下列条件之一，并且具有符合大学教育要求的教育能力。一是博士学位（包括在外国取得与此相等的学位），在研究上具有业绩者。二是研究业绩被认定达到前项标准者。三是学位规则（昭和 28 年文部省令第九条）第五条第二款规定的专门学位（包括在外国取得与此相等的学位），拥有该专业学位并具有专业实际业绩者。四是在大学有教授、副教授或专任讲师的经历者（包括同等外国教师的经历）。五是在艺术、体育等方面具有特殊技能。

4. 在专门领域中具有特殊的知识和经验者

高等专门学校注重对教师的高学历和能力要求。高等专门学校教师中高等专门学校毕业生占了相当的比例，其中包括高专毕业生大学和研究生毕业后返回母校工作的。2004 年（平成 16 年）4 月开始，全国 55 所国立高等专门学校从国家机构转变为独立行政法人国立高等专门学校机构设立的高等专门学校，与此同时，教师的身份也由国家公务员改为法人职员。《学校教育法》规定，高等专门学校必须设立校长、教授、准教授、助教、助手以及办公职员，大学必须设置校长、教授、准教授、助教助手及办公职员等。高等专门学校教师和大学教师一样是研究人员，不需要"许可"。虽说大学毕业是必要条件，但实际基本都是硕士或博士毕业，多数人都是博士学位，并利用与企业的共同研究和国家研究经费进行研究，以专利和产品开发的形式为本地企业做出贡献。高等专门学校教师不仅课程多，而且俱乐部顾问和宿舍生活值班等学生指导的时间比较多，比大学教师忙。

高等专门学校录用教师（一般是教授）时，与大学的方式一样，"主要看专业领域、年龄（通常要比前一任年轻）、研究业绩、教学经验等条件，同时也越来越重视应聘者的'人品''学派'（和前任者是同一大学出身）等这些不拘形式的要素"[1]。随着国立高等专门学校的法人化，教师招聘由"国家公务员录用考试"改为在全国的北海道、东北、关东·甲信越、东海·北陆、近畿、中国·四国、九州 7 个地区选拔性考试。各地区举行"国立大学法人等教员招聘考试"。从招聘类型看，有管理人员（包括总务关系管理、财务关系管理、学生支援事务）和技术人员（设施管理、教育研究支援），其中设施管理包括计划、设计、订货、监督和维持保持，教育研究支援分为学生实验实习指导、机器等的维持管理、研究支援等。以北海道地区录用考试实施委员会为例，北海道的国立大学法人

---

① ［日］寺田盛紀：《日本の職業教育：比較と移行の視点に基づく職業教育学》，168 页，京都，晃洋書房，2009。

及独立行政法人国立高等专门学校机构，以下称为"国立大学法人"，如函馆高专、苫小牧高专、钏路高专、旭川高专的办公及技术类业务教员的考试，考生在同一时间只能申请一个"考试区"的考试，一旦递交考试申请后就不允许更改"考试区"，没有招录的考试区可以不实施考试。考试的方法及内容有：第一次考试中的教养考试(120分钟)，笔试(大学毕业程度)，主要考察关于社会、人文及自然的一般知识及文章理解、判断推理、数字推理及材料理解的一般知识；第二次考试主要是面试、考查等。报考技术专业的考生需要电气、机械、土木、建筑、化学、物理、电子信息、资源工学、农学领域的大学毕业程度，包括在大学等的事务局或者学部的事务部从事教育/研究大楼等的建筑物设施设备的计划、设计、工程订货、维持保持等业务工作，在学部的学科和大学院的研究科等专业或附属研究所的研究部门，从事各专业领域的各种研究、实验、测量、分析和检查的业务人员。为了能让办公人员有更广泛的经验，大概每三年要调到其他部门锻炼。另外，为了提高教师的素质，实施与该地其他国立大学的教师进行交流学习(一定期限的工作)以及年轻人员作为研修生在文部科学省工作一定期间的制度。为使人事调动顺利进行，一般会考虑本人的意愿。录用后根据本人的努力、工作成绩等，基本上会晋升到高层以下职位。办公人员、设施技术教师的职位晋升路线如下：

办公人员→主任→组长→科长助理→科长·事务长→部长次长→事务局长

教研室技术教师的职位晋升路线如下：

技术人员→技术专门职员→技术专家

专修学校注重教师的职业资格证书和实践经验。《专修学校设置基准》第18条规定必须有硕士学位。但第一项还规定，修了专修学校专门课程的毕业生，在学校、专修学校、各种学校、研究所、医院、企业等(以下简称"学校、研究所")从事教育研究或者技术工作6年以上教学、研究或技术实践经历者。"这种学校的教师毕业于专修学校专门课程者占多数"①。高等课程教师的认定：完成新教师24小时的研修，具备"专修学校设置标准"第42条规定的条件的人。还包括被认可的具有同等以上条件能力的人。法律上未对专修学校教师入职资格提出严格的学历要求，注重应聘者的技术、技能、经验及实际工作经历的考核。一般课程教师的认定：完成新教员24小时的研修，具备"专修学校设置标准"第43条条件的人，还包括被认可的具有同等以上条件能力的人。

专门学校教师需要具备下列条件：

(1)修完专门课程＋从事"相关业务"的时间＝6年。

(2)大学毕业＋"相关业务"2年，或者短期大学、高等专门学校毕业＋"相关

---

① ［日］寺田盛紀：《日本の職業教育：比較と移行の視点に基づく職業教育学》，170页，京都，晃洋書房，2009。

业务"4年。

(3)具有2年以上高中正式教师的经历。

(4)具有硕士或者专业硕士学位。

(5)在特定领域具有特别丰富的知识、技术、技能和经验的人。

(6)被认定具有与上述要求同等能力者。

相关业务是指：在学校、专修学校、各种学校、研究所、医院、企业等负责教育方面的教育、研究或者技术方面的业务。

认定的具有同等以上能力条件：

①各种学校(高中毕业资格)毕业+"相关业务"工作时间=6年。

②取得许可/资格(大学毕业程度)后+"相关业务"2年。

短期大学毕业程度+"相关业务"4年。

高中毕业程度+"相关业务"6年。

③理发美容和其他实践技术、技能学习领域技术技能高超者，如下所示。

a. 根据上述②以外的法令的许可/资格(有上级许可证的情况下为上级)，取得后+"相关业务"9年。

b. 专修学校/各种学校毕业+"相关业务"工作时间=9年。

④外国的学校、旧制学校、依照法律规定的学校、专修学校、相当于各种学校教育设施等毕业，符合第41条的修业年限、相关业务工作经历、有资格者。

⑤医生、牙科医生、律师、注册会计师。

⑥大学、短大、高等专门学校的教授、准教授、讲师资格者。

⑦文部科学大臣认可的其他人。

专门学校专任教师来源有：硕士、大学毕业生、短期大学毕业生、专门学校毕业生，其中卫生、医疗、家政等行业专门学校毕业生较多。"卫生领域中52%的教师都是专门学校毕业，医疗领域则超过59%，10人中有6人是专门学校毕业的。家政领域占比69.7%，10人中有7人毕业于专门学校。"①成为专门学校教师有4种途径。第一种是专修学校毕业并获得资格。具有工业领域的测量士补国家资格，卫生领域的营养师和厨师的公共资格，社会福祉教育领域的保育士、幼儿园教师(2种)、护理师的国家资格或公共资格等。第二种是专修学校毕业后取得一定的实践经验。具有工业领域的测量士、电气主任技术人员(第2种)以及电气主任技术人员(第3种)的国家资格。第三种是专修学校毕业的同时，能够获得国家资格或公共资格的考试资格。如，具有工业领域的建筑师(2级、木造)和汽车维修师(2、3级)危险物品操作(甲种)等。另外，医疗领

---

① [日]津田敏：《専門学校教員資格の現状に関する一考察》，载《佛教大学教育学部学会紀要》，2011(10)：119-130。

域的护士、牙科卫生士、诊疗 X 射线技师、临床检查技师、物理治疗士、作业治疗士等；卫生领域的公共卫生师、理发师、美容师；商业实务领域的社会保险劳务士、税务士等；文化、教养领域的学艺成员等。第四种是专科学校毕业后具有一定的实际工作经验获得国家资格的考试资格。如，工业领域的1、2级土木工程管理技士，1、2级建筑施工管理技士；农业领域的2级花园施工管理技士；卫生领域的管理营养士；社会福祉教育领域的精神保健福祉士、社会福祉士等。

依据《学校教育法》的设置基准规定，为了提升专修学校教师的指导能力，使其掌握基础知识，财团组织实施了教师认定制度，按专攻学科认定教师，从服饰到社会福祉教育共13个专业领域设置了专攻学科，详见表5-6。

表 5-6 13 个专业领域及专攻学科情况

专业领域	专攻学科
服饰	西装、和服、编织、手工艺、帽子
营养调理	烹饪营养、烹饪、料理、糕点
商业实务	经济、经营、会计、簿记、珠算、速记、秘书、贸易、观光、酒店
工业	电子、电算、信息处理、通信、电波、电视、电器、机械、应用科学、金属加工、建筑、土木、测量、制图、汽车维修、手表、眼镜、印刷、经营工学
农业	农业、林业、园艺、畜牧业、奶业、蚕业、渔业
医疗	诊疗 X 射线、理疗、工作疗法、医学技术、临床检查、牙科技工、牙科卫生、指压按摩、针灸、柔道正骨
保健护理	护理、准护理、助产、保健
卫生	公共卫生、理容、美容、清洁
艺术	美术、设计、摄影、染色、工艺、人偶、书法、花艺、茶道、音乐、舞蹈、芭蕾舞、戏剧
外语	英语、法语、德语、俄语、汉语、韩语
教养	一般教养、数学、法律、社会、劳动、宗教
体育	体操、武术、运动
社会福祉教育	幼儿教育、儿童教育、保育、社会福祉、老人福祉、护理等

第二节 职业技术教育的师资培养体系

日本的职业技术教育教师来源多样化，初中技术、家庭等学科和高中的职业科教师严格执行教师资格证书制度。在此基础上，日本还制定了与社会经济发展相适应的教师管理制度，"特别是在中等职业学校师资配置标准方面建立了规范的具有职教特色的法律法规"①。根据 2014 年修订的《教师许可证法》的规定，初中和高中教师原则上要有学校种类的教师资格证。高中阶段的职业技术教育教师具有教师许可证主要有三种类型，即"普通许可证""特别许可证""临时许可证"②。第一种类型为普通许可证，分为专修许可证(硕士课程毕业)、一类许可证(学士课程毕业)、二类许可证(专科等准学士课程毕业)，持有专修许可证的人一般为学校管理工作的教师，高中教师需要持有专修许可证、一类许可证。第二种类型为特殊许可证，有效期为 10 年，仅在都道府县所管辖的学校通用。具有社会经验人士经过被任用或想任用的人推荐，参加各县根据实际情况自主独立组织考试，由各都道府县的教育委员会教师资格审查合格后颁发许可证。第三种类型为临时许可证，有效期为 3 年，仅在都道府县所管辖的学校通用。由各都道府县的教育委员会颁发，该类资格证申请人不需要接受特别培训或完成必修课程。

为了获取职业技术教育教师资格证，资格申请者必须在文部省指定的教师资格课程目录中选修足够学分的课程。日本大学本科阶段的教师教育和教师专业学位研究生院提供职业技术教育教师教育课程，"在中学和中学后的职业技术教育，仅有高中职业技术教育项目和职业能力开发学校清晰地表达了其教师的培养体系。"③职业能力开发学校中指导教师的培养详见相关链接。

一、文部省指定的本科阶段和教师专业学位研究生院的职业技术教育教师资格证课程

(一)本科阶段职业技术教育教师资格证课程

职业技术教育教师资格证专业领域诸多，每个专业领域均由相关部门提供资格证书。按照"大学教师教育"的原则，文部科学省 2019 年(平成 31 年)4 月 1 日指定承担中学的家庭、技术和工业、职业指导科，高中的护理、信息、农业、商业、水产、福祉和商船学科的教师资格课程的大学等机构。

---

① 李敏、孙曜：《日本职业高中教师配置制度探析：兼论我国中等职业学校教师编制管理》，载《职业技术教育》，2011，32(25)：86-89。

② 日本文部科学省：《教员免许制度の概要》，http://www. mext. go. jp/a_menu/shotou/kyoin/__icsFiles/afieldfile/2014/02/20/1339300_1. pdf，2014-02-19。

③ ［日]寺田盛纪：《日本职业教育教师的职业发展及现状》，见[德]菲利普·葛洛曼、菲利克斯·劳耐尔：《国际视野下的职业教育师资培养》，石伟平，译，162 页，北京，外语教学与研究出版社，2011。

如护理专业，获得一类资格证（大学毕业程度）的大学有：弘前大学医学部的保健学科、八户学院大学健康医疗学部的人间健康学科等 13 所大学相应的学科，获得专修资格证（教师专业学位研究生院硕士课程修了程度）的教师专业学位研究生院有：弘前大学教育学研究科的学校教育专攻科、教职实践专攻科，保健学研究科的保健学专攻科，东北大学医工学研究科的医工学专攻等 33 所大学的专攻科。由于教师许可证所覆盖的学校和学科种类太多，坚持开放培养的原则，为提高教师教育课程的规范性和质量，根据中央教育审议会的教师养成改革动向的答复实施教职课程认定制度，依照教职课程认定基准，"对所认可学科的目的性质与资格证的关系、教育课程、教师组织、教育实习与设备设施情况进行认定"①。为了突出教师实践指导能力的培养，日本教育大学协会提出将"学科教学课程"和"教育理论课程"合并一起，形成"教师教育核心课程"，该课程的整体目标旨在让学员理解教育学科的教育目标、《学习指导要领》的内容和背景，同时掌握教学设计的方法。一般目标旨在让学员掌握依据不同的具体教学情境进行教学设计的方法。到达目标旨在让学员理解学习指导方案的构成，设计具体的授课计划和学习指导方案，通过模拟教学及其教学反思优化教学。

大学按照教育大学协会关于教师教育核心课程方案实施课程改革，以高知大学护理学科为例，根据该校的课程地图，② 可知学校所设置的教师教育课程概况。该校护理学科分为基础护理系、教职系、临床护理系、地区护理系、综合护理系、护理基础系和国际活动系。教职系开设的教师教育课程有：教育制度论、教育心理学概论、教育学概论、宪法学、学生指导、教育咨询、特别活动指导法、教育的方法技术、教育课程论、道德教育、教职入门、同和教育、护理科指导法 1、保健概论、护理科指导法 2、保健、教育实习（事前指导）、护理教育・管理学、保健教育实习（包括事后指导）、教职实践演习。高知大学医学部护理学科的教职系开设的这些课程，是护理教师和高中护理教师的资格证设置的课程，毕业修满 128 学分，可以获得护理师国家考试资格。职业技术教育教师教育课程由教学科目、教育科目、教育教学科目和"文部科学省规定的科目"构成，"文部科学省规定的科目"一般为社会成员都应具备的基本素养课程。"教职实践演习"必修课程，主要是强化培养学生的教育实践经验。从课程设置可以看出，高中教师教育培养目标由"提供知识基础"转变为

---

① 日本文部科学省総合教育政策局教育人材政策課：《教職課程認定基準等について》，http://www. mext. go. jp/component/a_menu/education/detail/__icsFiles/afieldfile/2018/12/21/1411908_03. pdf，2018-12-20。

② 高知大学医学部：《看護学科－教諭育成コース・カリキュラムマップ》，http://www. kochi－ms. ac. jp/～kms_ns/pdf/curriculum_3. pdf，2016-01-28。

"培养实际能力"。①

(二)研究生教育阶段职业技术教育教师教育课程

为了改善和充实教师教育，日本创设教职大学院制度，成立教师专业研究生院（即教师教育研究生院），实施专业型研究生教育，培养高层次专业性指导教师和能成为学校建设有力一员的新任教师，对课程修完的结业者授予教育硕士学位，获得专修免许证。2008 年文部科学省批准的首批教师专业研究生院正式招收在职教师和无实际工作经验的本科毕业生，标准修业年限为 2 年，45 学分以上是结业的必要条件，其中 10 学分以上是学校义务实习。如果具有一定的教职经验，可以免除 10 学分的实习。开设 1 年的短期课程和 3 年的长期课程，此外，部分研究生院开设了面向未取得教师许可证的本科生的教职课程，修完课程结业后获得一级教师许可证。按照规定，教师专业研究生院必须确保 4 成以上的教师是实务型教师，该教师需要拥有 20 年以上中学教学经验或行政领导与管理经验，在某一学术领域有较强专业指导能力的专职教师。

文部科学省在《关于教师教育研究生院的课程设置（补论）》中，对教师教育研究生院的共同课程框架进行具体规定，学校在开设共同课程的同时，积极进行案例研究、课堂观察分析等指导，促进理论与实践的融合。课程分为"共通课程""选修课程""10 学分以上的学校实习"②三个部分，专业共通课程包括：教育课程的编制与实施、各学科实践的指导方法、学生指导与教育咨询、班级管理与学校管理。学校实习包括实习学校访问、参加实践、实践观察和学校实习（除了上课外，还要参与学生指导、校外活动和社团活动等教育课外活动）。以高知大学护理学科为例，护理学专攻科硕士课程有专业护理教育和护理管理学、母子护理学、成人老人护理学三个领域，其中专业护理教育和护理管理学主要培养护士实践者、护士教育者、护士管理者、护士学研究者。护理教育和护理管理学硕士课程③，主要包括四个部分，即知识理解部分：通过学习专业领域和特别研究学科的必修课，获得主要专业领域的知识、技能；思考判断部分：除了课程之外，还进行小组学习、口头发表、答疑等活动，以提高每个人的发现问题和解决问题的能力；关心、积极性和态度部分：除了课程之外，还进行团体学习、口头发表、答疑等，使学生有积极参加的意识；技能表现部分：除了

① 東京学芸大学教員養成カリキュラム開発研究センター：《教師教育改革のゆくえ—現状·課題·提言》，142 页，東京，創風社，2006。

② 日本文部科学省：《教職大学院：カリキュラムのイメージ》，http://www.mext.go.jp/a_menu/koutou/kyoushoku/kyoushoku/1354467.htm，2019-04-28。

③ 高知大学医学部：《ディプロマ·ポリシー》，http://www.kochi-u.ac.jp/kyoikujoho/06/policy/12m_kango.html，2018-10-31。

课程本身之外，还进行小组学习、口头发表、答疑、硕士论文等，培养学生能够清楚缜密地自我表达的能力。

二、职业技术教育教师的研修体系

《教育公务员特例法》中第 21 条、第 25 条对教师研修与研修机会进行了规定，"教育公务员为了履行其职责，必须不断努力进行研修，在任期内可以接收长期的培训"，"指导力不足的教师必须履行研修的义务，研修时间为 1～2 年，研修结束后如果仍未得到改善，可以对其做出免职等处分。"①2001 年《21 世纪教育新生计划：彩虹计划——7 个重点战略》提出"对指导力不足的教师进行严格处理，加强教师的社会体验和研修法律，将教师在职研修义务化"。同时，都道府县、指定城市、核心市教育委员会等，需要实施研修计划，建设以初任者进修为首的各种研修体系。国家在支援都道府县等研修的同时，还举办独立行政法人教职员支援机构中发挥领导作用的教员的研修，学校教育有关的迫切课题的研修。根据《大学设置基准》（昭和 31 年 10 月 22 日，文部省令第 28 号，2018 年 6 月 29 日实施）的规定，"大学要以改良教育为目标，实施面向教师的有组织的相关系统的学习和研修"②。除国家和地方组织的研修外，职业技术教育教师的研修还有学校组织的研修以及教师自我研修。

（一）国家组织的研修

由教师研修中心负责实施，主要面向 3 个群体。一是各地区学校教育中的校长、校长助理等学校管理者的研修，如骨干教员研修、校长教导主任等研修，办公人员研修（小学、中学和高中）、海外派遣研修（3 个月以内、5 个月以内）。二是地方共同团体研修等的讲师以及规划、筹划等指导人员迫切需要的重要课题的研修。包括学校组织及日本语能力提升的指导者养成研修等，教育课题研修指导人员的海外派遣计划（2 周）。三是作为地方公共团体的公益事业委托等的研修，如以培养产业教育等指导人员为目的的研修。

（二）地方组织的研修

都道府县等教委组织的研修和市町村教委等组织的研修。第一种是法定研修，如初任者研修、10 年经验人员的研修；第二种是按照工作经验不同的研

---

① ［日］中島秀明、川上泰彦：《[指導力不足教員]をめぐる人事管理システムの成立過程と運用状況》，載《佐賀大学教育実践研究》，2014（31）：31-34。

② 日本中央教育審議会：《新時代の大学院教育—国際的に魅力ある大学院教育の構築に向けて（答申）》，http://www.mext.go.jp/b_menu/shingi/chukyo/chukyo0/toushin/05090501.htm，2019-09-05。

修，如5年经验人员、20年经验人员的研修，第三种是按照职务不同的研修。如以学生指导为主的研修、新任教务主任研修、校长和校长助理的研修。第四种是长期派遣的研修，如向民间企业等的长期派遣研修，专门知识技能的研修，教育科学指导、生活指导的专门研修。市町村教委等组织的研修，主要是市町村教委、学校、教师个人的研修。

三、职业技术教育机构内部的 OJT 研修

针对职业技术教育教师的来源、岗位不同，职业技术教育机构分层、分类地进行系统研修，下面以高等专门学校为例，简要介绍。

(一)新任教师的研修

申请者在教师工作的第一年要接受新任教师培训，通常为每位新教师指派一名具有丰富经验的教师担任指导教师，同时，新任教师要接受短期的系统培训。高等专门学校的新任教师研修时间最短，一般为3天左右的时间，学习作为教师的思想准备和基础知识、礼仪等。

(二)在职人员的研修

既有面向骨干教师的研修、系长研修、科长研修、部长研修，也有根据职业岗位类型不同而进行的研修。

(1)专门事务研修。学习与职务相适应的专业知识、技术为目的。

(2)管理人员的外语研修。随着外国研究者和留学生的增加，国际交流相关事务的高度化和复杂化，外语能力越来越重要。为了具有更高的语言能力，对办公管理和图书管理教师进行提升英语、中文等语言能力和会话能力的研修，同时支持他们到海外大学进行研修。

(3)文部科学省有关机构教师行政事务研修。指在文部科学省工作1年(工作经验原则上为1年以上)的积极向上的优秀年轻职员，通过文部科学省的行政实务经验来扩大视野，达到培养人才的目的。研修结束后，返回到原来的所属机关工作。

(4)技术教师的研修。主要是以学习完成教育研究支援业务必需的专业知识和技术，提高自身能力和素质为目的的培训，研修内容包括授课以及技术发表、技术讨论、设施参观学习、体验实习等的实际技能，课程密度大。另外，能够接触到自己专业领域以外的事物，以便未来拓宽工作视野。

此外，还有会计事务研修、学生指导教师研修、就业指导教师研修，等等。

第三节 职业技术教育师资培养的特点与趋势

随着社会的不断进步，知识和技术更新变化速度不断加快，对职业技术教育教师素质要求越来越高。提高教师素质不仅是国家最重要的课题，也是世界发展的客观趋势。近年来，日本教师中的退休教师增多、大量招聘等新变化，对传统老带新的教师培养方法带来挑战，日本政府依据本国职业技术教育师资培养的特点，不断寻找新的提升师资队伍建设水平的对策。

一、职业技术教育师资培养的特点

（一）职业技术教育教师职前培养开放化、标准化

本着建设有特色的学校和值得信赖的学校的办学理念，日本通过大学和研究生院进行开放性教师教育。为规范开放培养行为，提高职业技术教育教师教育的质量，日本以《教职课程认定基准》为依据，规范教师职前培养体系。如该"基准"对教师组织、课程、设施等做了详细规定。其中关于教师组织的审查，既要对与教育相关的社会、制度或管理事项（包括学校与地区的合作以及应对学校安全的措施）以及全体教师的充分能力进行综合判断，还要对实务型教师进行审查，不是单纯地考察教师的著作和学术论文，而是从"教育能力、职务实际业绩、教学研究业绩"[①]三个方面考察。教育能力方面，主要包括教育方法实践、编制的教科书、教育能力的大学等的评价、具有实务经验者的特别记录事项和其他方面。职务实际业绩方面，主要包括资格许可、学校等的实务经验、具有实务经验者的特别事项及其他方面。所承担的教学科目的研究业绩等方面，包括著作、学术论文、教育实践记录和其他项目等。

（二）在职教师研修体系的多样化、高层次化

自 20 世纪 70 年代开始，日本逐步完善教师研修管理，系统构建多样化的职业技术教育教师在职研修体系。"从新任教师到骨干教师，再到 20 年教龄的老教师，从校长到教导主任再到事务性职员，从法律规定、政府要求的硬性研

---

① 日本文部科学省総合教育政策局教育人材政策課：《教職課程認定基準等について》，http://www. mext. go. jp/component/a＿menu/education/detail/＿＿icsFiles/afieldfile/2018/12/21/1411908_03. pdf，2018-12-20。

修到自律性的自主研修,从校内到校外等。"①满足不同主体的需要,研修内容既包括适用于所有对象的基本研修内容,也包括针对不同任教教师的职务、年限和学科的研修。为构建全面、系统的教师在职研修体系,校内外多元培训主体协同实施研修。国家和都道府县教育委员会分别根据教师的教龄、工作岗位确定不同对象的研修内容、形式。各类学校根据本教育机构特点和本校特点,以"课例研究"为主,有针对性地实施研修,教育委员会的指导主任来校指导和建言。为有效地提升教师素质,政府通过教师教育研究生院对在职教师进行硕士课程研修,硕士课程制度弹性化和灵活化、就学形式多样化。除了外部研修外,为了促进教师在学校共同成长,完善 OJT 的校内研修,采取促进教师自主主动研修的措施。

二、职业技术教育师资培养的趋势

日本职业技术教育教师职前培养弱化,"这些因素与当前日本职业技术教育教师培训体系和职业技术教育研究的薄弱有很大关系。"②为了应对今后社会的快速发展,在坚持"大学培养教师""开放教师教育"的原则基础上,2018 年日本《今后学校教育教师的资质能力提升》(中教审第 184 号)答复中提出"在教师的培养、录用和培训的各个阶段,包括教师专业研究生院在内的大学与教育委员会合作制定具体的制度体系,确保教师研修机会,根据教员的经历,有效、高效进行研修。"③为满足未来不断变化的劳动者终身学习的需要,日本逐步重构职业技术教育教师的培训和资格认证体系,提升日本职业技术教育教师的专业程度,提高其资质和能力水平。

(一)多方协同推进专修学校研修高度化

要充实专修学校教师的研修。《学校教育法》对短期大学、大学教师资格与专门学校教师的资格规定不同,专修学校的教师资格、教员的学历等资质条件远不如大学、短期大学。以专修学校的护理专业为例,2002 年文部科学省在高中护理专业设置专攻科,实施 5 年一贯制护理教育。在高中学习三年可以获得

①　田慧生、[日]田中耕治:《21 世纪的日本教育改革——中日学者的观点》,218 页,北京,教育科学出版社,2009。

②　[日]寺田盛纪:《日本职业教育教师的职业发展及现状》,见[德]菲利普·葛洛曼、菲利克斯·劳耐尔:《国际视野下的职业教育师资培养》,石伟平,译,162 页,北京,外语教学与研究出版社,2011。

③　日本中央教育审议会:《これからの学校教育を担う教員の資質能力の向上について》〜学び合い,高め合う教員育成コミュニティの構築に向けて〜》,http://www.mext. go.jp/b_menu/shingi/chukyo/chukyo0/toushin/1365665.htm,2015-12-21。

准护理师资格，继续学习两年课程，可以获得国家护理师的考试资格。但是，"高中教员一类许可证（护理）的课程认定的大学，全国仅有 15 所学校，护理专业的教师许可证的比例，公立占比 52.3％，私立占比 37.1％，具有教师许可的高中护理专业人才少，大部分具有临时许可，另外，很多教师的教育指导知识缺失。"①为提高专修学校师资水平，《专修学校教师认定基准》中规定专门课程新教员要完成 48 小时的研修。"自 1991 年起，专修学校联合会意识到了建立循环教育和再培训体系的紧迫性。"②专修学校教师以学习必要的基础知识为目的，举行以教师课程为中心的研修会，共 8 门课程：教育方法论、教育概论、教育心理学、青年心理学、教育制度论、职业技术教育论、专修学校教育论、综合自由学科，共 48 小时研修。尽管专修学校财团法人专修学校教育振兴会对教师研修做了规定，但研修不是必需的，而是任意参与。"由于研修没有好处，听课人数很少，算是教师教育的尝试"③，因此，提高专修学校教师研修质量是长期的艰巨工程。

(二)提升职业高中、短期大学和高等专门学校教师的教育专业性

教师的教育专业性是职业技术教育教师专业化的重要一维，未来，职业技术教育教师的选拔与研修，在关注教师学科专业性的同时，更要关注教育专业性。对短期大学和高等专门学校教师的研修意愿调查表明，相比于其他研修需要，教师更希望加强教育教学研修，提升教育专业性。"想要参加研修主体的选择比例，学习理论的占比最多，短期大学为 55％，高专为 58.8％；课程设计与教学大纲的写法，短期大学占比 42.9％，高专占比 10.7％；实验实习的，短期大学占比 20.9％，高专占比 25.5％；现场实习的，短期大学占比 14.7％，高专占比 7.8％；对低学历、缺乏学习动机的学生支援的，短期大学占比 65.4％，高专占比 65.7％；教育实践论文方法的，短期大学占比 32.5％，高专占比 25.5％；研究论文写法的，短期大学占比 23.6％，高专占比 11.3％；成绩评价方法的，短期大学占比 32.5％，高专占比 22.1％；交流能力培养的，短期大学占比 51.8％，高专占比 44.1％；对听课态度差的学生指导的，短期大

---

① ［日］清水菜月、池永理惠子、和泉とみ代：《看護科高等学校教員の研修ニーズに関する研究》，载《吉備国際大学研究紀要（人文・社会科学系）》，2017（增刊）：176。

② ［日］寺田盛紀：《日本职业教育教师的职业发展及现状》，见［德］菲利普・葛洛曼、菲利克斯・劳耐尔：《国际视野下的职业教育师资培养》，石伟平，译，171 页，北京，外语教学与研究出版社，2011。

③ ［日］津田敏：《専門学校教員資格の現状に関する一考察》，载《佛教大学教育学部学会紀要》，2011（10）：119-130。

学占比 44.5％，高专占比 50.5％。"①除高等职业教育教师外，还需要关注职业高中教师的教育专业性。随着高中升学率的不断提升，"现在要逐步与学术性的高等教育接轨。这种转换和发展，要求职业技术教育教师必须要加强与校内普通教师的联系，提高自身的非职业科目以外的教育能力等。"②

(三)促进各方利益主体协同合作教师研修

按照"教师在学校成长"的原则，积极推动同侪相互支持的 OJT 校内自律自主研修方式。强化对教师的各个专业发展阶段资质能力的调查、分析、研究开发和信息整理收集分析等调查研究工作。在共同体理念指导下，制定各主体自主性、自律性研修的机制，促进国家、各都道府县教育委员会、企业等相关利益主体合作，不断完善初任教师、不同教龄教师的研修方案及资源等保障条件。国家及教育委员会持续推动普及在线研修，扩大研修机会，全面提高职业技术教育教师的素质。

相关链接

日本职业能力开发综合大学校教师的培养课程③

职业能力开发综合的大学校是培养工业系统技术人员的职业能力开发机构，虽然该校的规模比较小，但却能够积极培养师资。

1961 年，根据 1958 年制定的《职业训练法》设立的"中央职业训练所"，最早开始培养劳动行政系统的职业培训指导员。该训练所曾多次更名，1965 年为职业训练大学校，1993 年为职业能力开发大学校，1999 年为职业能力开发综合大学校。根据《职业能力开发促进法》第 27 条的规定，该综合大学校的任务是培养全国的"职业培训指导员"。

该大学校设有机械、电器、电子信息、建筑等 7 个 4 年制学科，年招收学生 120 名，规模虽然小，但指导员培训课程却非常正规。根据厚生劳动省基准规定，在毕业时所需要的总学分(178 学分以上)，其中普通教育科目在(专业基础)43 学分以上，专业科目在 104 学分以上(其中，实习 40 学分，专业理论 58 学分，指定专业科目 6 学分)，取得指导员资格所需要的"能力开发专业科目"必

---

① ［日］城間祥子、大竹奈津子、佐藤浩章，等：《大学・短大・高専教員の研修ニーズとFDの課題》，载《徳島大学大学教育研究ジャーナル》，2013(10)：67-79。

② ［日］寺田盛紀：《日本の職業教育：比較と移行の視点に基づく職業教育学》，181 页，京都，晃洋書房，2009。

③ ［日］寺田盛紀：《日本の職業教育：比較と移行の視点に基づく職業教育学》，175-177 页，京都，晃洋書房，2009。

修学分为 30 学分。能力开发专业科目是全体学生的必修科目，取得指导员资格的条件与取得文部科学省省属大学职业技术教育教师资格的条件基本一致(1 个学分所需的时间也大体相同)。

该大学校培养指导员时，不像文部科学省系统培养教师那样，要求学习普通教育学、心理学，而是如表 5-7 所示，全部都是有关职业或培训的专业科目，也就是说都是职业技术教育学(培训学)的内容，非常接近德国职业学校培养师资的课程。这些在全国都是独特的课程，由 6 位职业培训学专家担任教师。

表 5-7 职业能力开发综合大学能力开发专业科目一览表

课程	学分 (讲—演—实习)	课程性质	年次
职业能力开发制度	2—0—0	必修	1
学习与发展心理学	2—0—0	必修	1
教育培训计划	2—0—0	必修	1
能力开发专业演习	0—1—0	必修	2
心理咨询法	2—0—0	必修	2
教育培训评价	2—0—0	必修	2
人力资源管理理论	2—0—0	必修	2
指导的技术与方法	0—0—1	必修	2
残障人职业概论	2—0—0	必修	2
教科教学法	0—1—0	必修	3
职业规划形成支援	2—0—0	必修	3
实务实习事前教育	0—1—0	必修	3
实务实习	0—0—4	必修	3
生涯职业能力开发论	2—0—0	必修	3
中小企业论	2—0—0	必修 2 个 科目	3·4
教材开发论	2—0—0		3·4
职业规划形成支援法	2—0—0		3·4
创业支援论	2—0—0		3·4
教育培训管理	2—0—0		3·4
职业能力开发讨论课	2—0—0	选修	3·4

第六章
日本职业技术教育的国际化

教育国际化是 20 世纪中期开始出现的一种新的世界教育发展趋势，引起了教育领域的深刻革命。在经济全球化背景下，各国都在想方设法通过教育国际化提高国家教育竞争力，扩大本国教育的国际影响力。由于各国的历史和现实情况不同，在提高教育国际化水平的过程中，各国总会面对如何既保持本民族的教育传统和文化传统的独特性，又保持教育国际化的开放性问题。日本在教育国际化过程中如何处理两者的关系？职业技术教育是教育国际化的重要组成部分，自 20 世纪 80 年代开始，日本通过两个留学生计划有序带动职业技术教育国际化。日本的职业技术教育国际化有哪些独特性？水平如何？有哪些经验值得借鉴？要回答这些问题，需要厘清"国际化""本土化""全球化"的关系，这是探究日本职业技术教育国际化的逻辑起点。

第一节 职业技术教育国际化的动因

一、国际化与全球化概述

日本学者东条、加寿子在《追寻大学国际化的足迹：国际化的意义追问》一文中归纳分析了"国际化""全球化"的含义及其关系①。

（一）关于"国际化"的理解

日本学者江渊一公比较分析了日语与英语的"国际化"的概念，认为日语中是"作为自动词的国际化"，英语中是"作为他动词的国际化"。该比较包含了本质上的争议，被当今众多研究者引用。江渊认为"成为国际化就是变成世界所通用的"（小学馆日本国语大辞典：1981 年）。国际通用性是国际化的重要一维，日

---

① ［日］東條、加寿子：《大学国際化の足跡を辿る―国際化の意義を求めて―》，载《大阪女学院大学紀要》，2010(07)：87-101。

本人在使用"国际化"时，基本是站在被国际所接受的存在"なる"，该怎么做比较好这样的角度上看问题，由此展现了日本人的自我意识，即伴随着和各个国家关系的密切化，迫使自己做出与之相适应的制度和意识的变革。日本人把国际化作为"自身的变化"和"自己的变革"的过程来看待。从这个意思上来说，日本语的"国际化"是自动词的用法。与之相对应，英语的"internationalization"（动词是 internationalize）是把"关系、效果或者是范围变成国际化的东西，特别是国际上的管理或者是在保护的范围内"（韦伯斯特字典第 3 版：1976 年）。比如说："The Suez Canal must be internationalized"这个句子中就是"苏伊士运河处于列强的国际共同管理下"（江渊，1997：43）的意思。像该例子一样，自己（自己国家）完全是动作主体，暗指被参与的一方不能进入到里面，这是作为他动词internationalization 使用的概念。

根据江渊的观点，将"国际化"作为他动词使用，自身加入到国际社会中和具有国际通用的自动词的国际化理念是不同的。1997 年江渊在自己的著作中表明上述观点，认为在这个时期，由少数国家的霸权支撑着世界和平的时代已成为过去，尊重协调和彼此的法律成为和平繁荣的前提条件。也就是说，在相互沟通相互尊重的现代社会，作为自动词的国际化概念今后将变得重要（江渊，1997）。

（二）"国际化"与"全球化"的关系

自 20 世纪 80 年代后期开始，人类社会逐步迈向"全球化"时代，才开始区分"国际化"和"全球化"。江渊认为"全球化"是"国际化"的第二阶段。阿部（1990）认为，全球化意味着作为一个整体的世界意识的增大。黄福涛在《"全球化"时代的高等教育国际化——历史与比较的视角》一文中概括性论述了两者的关系，"全球化强调在世界范围内建立超越国家的一种不受认可约束或排除任何政治和文化差异的统一标准，即建立一种放之四海而皆准的模式或世界一元化；而国际化则主要表现为国家与国家或异文化之间的交流，国际化的目的并不在于建立世界范围内统一的模式或世界一元化，相反，以主权国家或不同文化的存在为前提"①。

二、日本教育国际化及其历程

（一）关于教育国际化

教育国际化"既是指伴随着全球化进程的发展，在教育领域萌生的一种面向

---

① 黄福涛：《"全球化"时代的高等教育国际化——历史与比较的视角》，载《北京大学教育评论》，2003(02)：93-98。

世界的教育理念，更是一种优化各国教育资源和要素在国际的配置以培养国际型人才的教育实践活动。"①日本教育国际化可以概括为，"一个将国际的、跨文化的或全球的维度整合进日本教育的目的、功能和提供方式中去的过程。"②

(二)日本教育国际化的历程

在教育国际化的过程中，日本将国际、全球维度融入教育领域的同时，注重吸收他国的经验，兼容并蓄。自"二战"以来，影响日本教育国际化的因素很多，既有政治的、经济的、科学的和文化的等教育外部因素，也有教育自身的因素，这些因素交织在一起，共同作用，促使国家通过政策引导国内教育国际化的发展。

关于日本教育国际化历程，目前学界正在争议。按照日本的教育国际化政策，"可以把日本教育国际化分为'雏形化''国策化''战略化'三个阶段，达到了国际领先水平"③。职业技术教育国际化是教育国际化的重要组成部分，受教育国际化政策的影响，在教育国际化的不同历史阶段，日本职业技术教育国际化的内容和形式都有明显的变化。

三、日本职业技术教育的国际化及其历程

日本学者江源一公基于"国际化"和"全球化"概念的理解，将日本近代以来的国际化分为"外国化""日本化""地球化"三个阶段④。"外国化"和"日本化"共同对应日本追求国家利益的目标，分别对应于日本明治维新引进西方文化和日本在"二战"期间的文化输出。近代，由于本国职业技术教育师资力量缺乏，为了补充师资，职业技术教育国际化也表现出"外国化"现象，即跨国界、跨地区的人员流动。如专门学校中具有专门教育资格的日本教师人数不足，任用国外教师。"根据 1871 年(明治 4 年)9 月(旧历 8 月，1873 年以后开始用阳历)的《对工部学校建设的建议》，成立了总管工学各学科事务的工学寮并招募英国教师，于 1873 年(明治 6 年)8 月在工学寮工学校正式开课。"⑤1873 年以后日本开始通过聘任外籍教师用外语进行高深的专业教育，培养近代化建设所需的技术人才。

---

① 臧佩红：《试论当代日本的教育国际化》，载《日本学刊》，2012(01)：90-101。

② 唐振福：《日本教育国际化战略研究——基于公私二元结构路径的视角》，27 页，北京，经济科学出版社，2012。

③ 同①。

④ ［日］石附实：《日本の对外教育：国际化と留学生教育》，50 页，东京，东信堂，1989。

⑤ ［日］角野雅彦：《日本近代高等教育与专门学校发展研究》，4 页，保定，河北大学出版社，2007。

"二战"后，伴随着日本教育国际化的不断发展，职业技术教育的国际化也不再单纯停留于雇用外国优秀教师、派遣留学生到海外。

(一)职业技术教育国际化"雏形化"发展阶段(20世纪60年代至80年代)

这一阶段，日本职业技术教育国际化主要以跨国界、跨地区的人员流动为主。职业技术教育国际化的动因从外部上看，主要有两个方面：一是国际社会教育的经济主义思潮，"人力资本论"和"教育开发论"的影响。二是国际教育组织的出现和发展，推动各国的教育国际化。从国内来看，"二战"后，日本的经济力量和国际地位提高，大国意识逐渐增强。为了适应经济发展、振兴本国的教育、学术和文化，日本逐步开始重视发展教育，借此提高其国际地位。1947年制定的《教育基本法》和《学校教育法》，开始了第二次教育改革，日本政府开始探索培养高级专门人才，实行新的高级中学制度和新制大学制度。20世纪50年代中后期到70年代，日本经济进入高速增长时期，经济发展对教育提出了新的要求，政府对教育提出新的发展方向和任务，促进职业技术教育多样化发展。70年代由于受"石油危机"的影响，日本从"科技立国"战略出发进行第三次教育改革，高中职业技术教育加强普通基础课改革，高等职业技术教育注重提高质量，发展专修学校，成立技术科学大学。

在大力发展职业技术教育的同时，日本政府出台促进教育国际化的政策，其中有一些政策推动了职业技术教育的国际交流活动。1954年政府出台了"国费国外留学生制度"，因参与"科伦坡计划"，1955年日本开始派遣研究人员和接收培训研修生，进行援助活动，为本国职业技术教育与东南亚地区的教育学术文化方面的国际合作打下基础。为促进教育国际化，中央教育审议会提出设立促进人才交流业务的文部省管辖的国家机构，"政府对其进行财政支持，负责接收派遣留学生、研究人员等外国留学生的介绍、住宿等中介业务，为外国留学生提供必要的指导、建议等援助，对接收或派遣的留学生研究人员的奖学金、出国费用等财政支持，搜集整理和介绍留学生教育情况，介绍、交换艺术作品资料等国际交流合作的援助"[①]。在国家政策引导和支持下，职业技术教育国际化在职业高中主要表现为开始重视"国际理解教育"。秉承联合国教科文组织精神，1954年4月"国际理解"一词首次出现在《高中学习指导要领》中，1974年，在中央教育审议会的《关于推进教育、学术、文化的国际交流》的咨询报告中，正式以文件形式发表"国际化时代的教育、学术、文化、体育等国际交流的基本方案"。《学习指导要领》提出培养国际社会中活跃的日本人，将英语课作为国际

---

① 日本中央教育審議会会長：《教育・学術・文化に関する国際交流の促進についての答申》，http://www.mext.go.jp/b_menu/shingi/old_chukyo/old_chukyo_index/toushin/1309460.htm，2016-07-09。

理解教育的主要课程，聘用优秀外国人担任外语教师，派遣国内的外语教师赴国外进修语言，英语成为跨文化理解和跨文化沟通的重要工具。此外，通过扩大国际理解的实践活动，加大教师的海外派遣力度，开始接收留学生等措施促进职业技术教育国际化，如1979年《高专的振兴方案》中提议从发展中国家接收留学生。

(二)职业技术教育国际化"国策化"发展阶段(20世纪80年代末至90年代末)

这一时期，政府主要以留学生计划为抓手有序推动职业技术教育的国际化。20世纪80年代以后，日本把"国际国家"作为发展的目标，经济国际化发展迅猛，日本企业日益国际化、全球化，经济发展促进日本深化第三次教育改革。这一时期日本职业技术教育的国际化不仅表现为国际交流层面外国教师聘用较为普遍，留学生数量的增多，更重要的是职业技术教育思想方面开始融入"国际维度"，为国际化提供各种支持，初步进行职业技术教育国际化的配套建设。

1983年吸引国际学生的"10万留学生计划"(Accepting 100 000 International Students Plan)，提高了职业技术教育国际交流的机会，国际交流形式多样化，主要有修学旅行、进修旅行和派遣留学生、吸引留学生来日本留学。除国际交流形式增多之外，留学生数量递增最为明显。据调查，1995年商业学校中有41所实施了海外修学旅行，共有6 322名学生参与了这一活动，其中去韩国的学校最多，为27所，其次为中国、新加坡、美国。海外旅行是指为期3个月以内的，在外国的高中或语言进修所等实施的以进修语言和国际交流为目的的学习，或者是指以参加交流事业为目的的未满3个月的旅行。据统计，1994年高中生中有32 465人参加了这一活动，旅行国别及人数美国最多，其次为新西兰、加拿大、英国。派遣留学生主要是指3个月以上，在外国的高中或语言进修所等进行的以进修语言和进行国际交流为目的的学习。"1994年在国外留学的日本高中生有3 998人，其中公立学校1 880人，私立学校2 118人，涉及49个国家，留学人数由多到少依次为美国、澳大利亚、加拿大、新西兰、英国等。1994年日本高中招收的留学生为1 143人，其中公立高中为491人，私立高中为652人。1996年商业学校中招收留学生的学校为63所，共招收留学生377人。"[①]

根据"10万留学生计划"，日本高等职业技术教育机构重点改善留学生接收体制，高等职业院校、大学设立"国际交流中心"和"国际中心"，促进发展留学生事业，招收的留学生数量急剧增长。以高等专门学校为例，"从1983年开始接收留学生，6所'高专'共接收公费留学生11名，之后留学生数量逐

---

① 陈至昂：《职业教育模式创新与规范管理全书(下卷)》，1 338-1 339页，长春，吉林摄影出版社，2002。

渐增加。"[1]为了加强留学生管理，接收留学生的"高专"设置留学生委员会等专门负责留学生管理的组织机构，推动修改学规、留学生规程、教育指导体制、宿舍生活指导和宗教饮食事务等管理工作。文部省学术国际局留学生科提供"外国人留学生特别经费"用于教育和生活指导。随着高等专门学校的不断发展，1985 年开始各"高专"的英文名称从"Technical College"改为"National College of Technology"。1986 年，国家专业协会发行各专业领域的工业基本术语集·翻译版(中国语、印度尼西亚语、马来语、韩语)，为留学生提供方便。同年 3 月留学生毕业，学校通过报纸和当地电视进行报道宣传。从 1989 年开始高专机构设置高专分科会，初步确立了留学生指导体制。1992 年，几乎所有的国立高专都有在籍留学生，从此国际交流事业活跃起来。1995 年开始，留学生 1 年中有 4 个月在财团法人国际学友会日语学校接受教育，1999 年马来西亚政府派遣公费留学生和自费留学生 510 名(其中女学生 67 名)。

(三)职业技术教育的国际化"战略化"发展阶段(21 世纪以来)

2003 年日本完成"10 万留学生计划"之后，面对世界经济一体化，经济资源科技等领域的国际竞争加剧，企业的国际化、全球化以及国内人口减少、少子老龄化等国内外多重问题，日本继续实施留学生扩招战略，教育国际化在两个《教育振兴基本计划》中被放在国家战略层面给予高度重视。2007 年提出了"亚洲门户倡议"(Asian Gateway Initiative)，并将其作为加快日本高等教育国际化的主要战略。2008 年《教育振兴基本计划》中提出通过促进留学生交流和大学等机构的国际活动，推动大学等机构的国际化，到 2020 年实现"30 万留学生计划"。该计划实施的重点是吸引并扩大来日留学生的规模及质量，"政府相关部门从留学生来日、入学读书以及毕业等相关的环境及机制方面进行全面的改革与完善"[2]。与"10 万留学生计划"的做法相同，重点关注留学生招生体制的改革。两个计划的不同之处在于，"30 万留学生计划"强调大学教育体制改革及留学生留日就业体制的改善，由此可见该留学生计划对日本的战略意义。

2018 年 3 月文部科学省发布《教育振兴基本计划》，对"超智慧社会 5.0"(Society 5.0)时代日本迈向 2030 年教育做了顶层规划，其中包括教育国际化政策目标及其措施方面的详细说明。在教育国际化方面，第一个目标是培养在国

---

① 独立行政法人国立高等専門学校機構、全国公立高等専門学校協会、日本私立高等専門学校協会：《高等専門学校 50 年の歩み》，45 页，独立行政法人国立高等専門学校機構本部，2012。

② 日本文部科学省：《教育振兴基本计划》，http://www.mext.go.jp/a_menu/keikaku/080701/002.pdf，2018-07-01。

际社会发挥作用的人才，相关的具体措施及测定的指标包括："以英语为主的外语教育，高中毕业生达到 CEFR 的 A2 水平（相当于实用英语技能考试 2 级）及以上的人数要达到 50％以上；对具有较高的国际化水平的高校给予支援；对高中及大学的海外留学生给予支援，日本高中生在海外留学的人数达到 6 万人；推进对在海外学习的日本学生、海外回国的中小学生以及在日本接受教育的外国中小学生的教育；加强在日本生活、学习的外国人的日语教育。第二个目标是在海外开展日本式教育，提高参与海外教育事业的日本教职员工、大学生及中小学生的数量，并且提高日本海外留学生人数和在日外国留学生人数"①。

以《教育振兴基本计划》为指导落实"30 万留学生计划"，日本通过项目、计划等系列政策性措施推进职业技术教育的国际化。具体来看，首先是专业研究生教育的国际化。"使大学和研究生院具有国际通用性，通过充实奖学金、外语改革等方式，增强大学接收海外留学生的国际竞争力"②。1999 年设置专业研究生院后，"强化研究生教育改革，提出优先发展急需高级专业技术及国际认证的领域"③。其次是技术本科教育的国际化。进入 21 世纪，"日本大学国际化由国际化活动分别开展的分散型向有战略性、有组织的集约型转变，国际化成为满足知识社会全球化需求进而促进大学改革的媒介"④。2011 年政府利用"大学交换生项目"等措施，促进高等教育同世界其他国家和地区的国际合作与交流。2012—2016 年实施"日本走向全球"（Go Global Japan）项目，目的在于提升日本学生的留学参与率。2014 年文部科学省制定超级国际化大学计划（英文：Top Global University Project，日文：スーパーグローバル大学等事业），37 所大学入选建设超级国际化大学（スーパーグローバル大学创成支援事业），支援"大学改革"和"国际化"。这些学校中第一类（A 类）顶尖型为 13 所、第二类（B 类）为 24 所，其中包括长冈技术科学大学、丰桥技术科学大学两所技术科学大学。以具有全球化实绩基础的大学为对象，通过改革创新牵引本国大学，大学年均可获得 1.7 亿日元援助。在计划实施的第 4 年和第 7 年，对这两所入选的技术科学大学国际化成果进行评估，评价指标由国际化的多样性、流动性、留学援助体制、语言能力、教务体系的国际通用性、大学的国际开放度 6 个共通评价指标和特色的个性指标构成。根据评价结果增减补助金的额度，引导其国际化。

---

① 《第 3 期教育振興基本計画の策定について（30 文科生第 216 号）》，http://www.mext.go.jp/b_menu/hakusho/nc/1407481.htm，2018-06-15。

② 日本大学審議会：《21 世紀の大学像と今後の方策について》，http://www.mext.go.jp/b_menu/shingi/old_chukyo/old_daigaku_index/toushin/1315917.htm，2018-10-26。

③ 日本中央教育審議会：《大学院における高度専門職業人養成について》，http://www.mext.go.jp/b_menu/shingi/chukyo/chukyo0/toushin/020802a.htm，2019-08-05。

④ 杨洪俊：《日本大学国际化历程及其理念变迁》，载《江苏高教》，2018(12)：34-41。

最后是高等职业教育国际化管理体制建设的完善。以高等专门学校为例，2004年在机构本部设置教育研究交流委员会，负责对师生的教育研究交流、留学生交流等相关事项的调查审议。该交流委员会下设国际学生交流专门部会，从8个地区，即北海道、东北、关东·信越、东海·北路、近畿、中国、四国、九州选出9名委员，负责数学、物理、化学的考试问题，预备遴选考试由机械、情报、建筑、土木、物质等7个领域9名委员负责。2007年至今留学生增长到460名左右，其中亚洲地区429名(15个国家)，非洲地区19名(6个国家)，其他12名(5个国家)。2008年为了实现"30万留学生计划"，接收留学生，成立"留学生交流国际化推进"专门管理部门，部分学校设置了留学生促进中心，如冲绳高专，以便研究讨论接收自费留学生。2010年，教育研究交流委员会更名为"国际交流委员会"，本部设置"国际交流室"，促进国际交流事业相关的业务有效开展。国际化促进机构的建设有力地促进了留学生教育事业。如与马来西亚工科大学(UTM)合作培养学生，该学校设置高专预备教育中心，进行2年的课程学习(理数科、英语、日语)。学习结束后由文部省进行考试，与人事院(JPA)达成协议，考试合格者派遣到日本高专。由于双方的合作，目前，马来西亚政府派遣日本留学生数目已增加到1 650名。高等专门学校接收自费留学生非常少，2008年约为20名(7所学校)。各高专独自实施特别选拔考试，接收选拔合格的自费留学生。国际交流委员会设置自费留学生专门部门后，扩大了自费留学生的数量。如2012年40名自费留学生参加考试，20名被10所高等专门学校录取。为了扩大自费留学生招生，重新评估合格判定制度和标准，不断完善接收体制。

第二节　职业技术教育国际化的现状

当前，职业技术教育国际化不仅具有提高职业技术教育质量，提升职业技术教育国际竞争力的目的，还具有在国家经济全球化背景下促进经济发展的目的。日本职业技术教育在国际化过程中，不仅实现了办学思想、理念的国际化，而且将"国际化"作为评价日本学校职业技术教育办学质量的重要维度，融入校内外教育质量评价体系中，促进学校不断丰富职业技术教育国际化的内容和形式，国际化得以快速发展。

一、当前职业技术教育国际化的内容

目前，关于教育国际化的内容较为普遍的认识是指"国际性的教育交流与技术合作、课程发展、外语教学、教师及学生流动、区域研究、跨文化知识与技能的培训、留学生教育及合作科研等方面"①。根据日本教育国际化的"外国化""日本化""地球化"发展历程，将教育国际化的内容具体分为三个方面：一是针对日本人的国际化，即"内部国际化"，主要通过海外日本人子女教育、国内的国际理解教育、鼓励出国留学等途径实现；二是以培养日本人的"国际素养"的针对外国人的国际化，即"外部国际化"，主要包括对外日语教育与考试、接收留学生教育两大方面；三是教育合作与开发的国际化，即"开发国际化"，"主要包括参与国际组织的教育事业、对发展中国家的教育开发两部分内容。上述内容的教育国际化，针对外国人的教育国际化与欧美国家尚存在差距的现象，如语言教育服务等，开展教育的国际合作与开发面临新课题。"②

(一)职业技术教育国际化中的"内部国际化"

"内部国际化"中，较为注重以下方面。第一，基于职业学校特色，以培养具有国际通用性的实践型技术人才为目的，以英语教育为主推动国际理解教育，"调整教学内容，强化外语教学。不仅开设英语学科，还开设其他语种学科，外语学科的学分比重大。课堂教学中，不仅重视培养学生在听说读写方面的能力，还很重视学生的实际交流能力。"③第二，推进"走出去"，主要有：教师海外交流和研修，外国教师的招聘，研究信息等的交流，学生海外大学等的语言研修、海外留学，海外企业的实习等教育国际化活动。

(二)职业技术教育国际化中的"外部国际化"

日本职业技术教育在两个留学生计划的推动下，"外部国际化"的主要表现是接收留学生。留学生中高等职业技术教育自费留学生的数量比较多，这是由公私二元教育结构决定的。"1988 年，研究生院占 62.5％，大学和短期大学占 49.3％，专修学校和高等专门学校占 23.6％；2007 年研究生院占 73.5％，大学和短期大学占 95.1％，高等专门学校占 1.7％"④。

(三)职业技术教育国际化中的"开发国际化"

在"开发国际化"方面，利用国内职业学校优势，由国际协力机构等职业技术教育国际化管理部门推动，与菲律宾、印度尼西亚、泰国、沙特阿拉伯、土

① 邬大光、林莉：《危机与转机：WTO 视野中的中国高等教育》，165 页，厦门，厦门大学出版社，2004。

② 臧佩红：《试论当代日本的教育国际化》，载《日本学刊》，2012(01)：90-101。

③ 姜扬：《论日本职业教育的发展》，载《教育评论》，2014(09)：159-161。

④ 唐振福：《日本教育国际化战略研究——基于公私二元结构路径的视角》，178 页，北京，经济科学出版社，2012。

耳其、非洲卢旺达等国家的大学、高职院校，在电子、通信、机电一体化工程、机械等领域开展技术合作，参与和举办国际会议及其他专业性交流活动。

二、当前职业技术教育国际化的形式

当前，日本职业技术教育的国际化形式已由单一地聘请外国教师到国内职业学校任教，逐步发展成为富有特色的多样化形式。

(一)向国外输出学历教育和职业培训项目

随着全球化、信息技术的快速发展，跨国办学成为近年来较为活跃的职业技术教育国际化形式之一，其形式日渐丰富，主要包括：分校、特许、衔接、结对和共同计划五种形式[①]。随着经济全球化时代到来，工业技术、生产、价格和人才水平的竞争越来越激烈，为培养国际性实践创造人才，日本职业技术学校开展了跨国办学的探索活动。如日本长冈技术科学大学自创立 40 多年以来，与世界各国的著名大学、研究所签订了国际学术交流协定，实施国际共同研究方案。截至 2017 年 10 月 1 日，与来自 26 个国家的 99 个机构签订学术交流协定，其中亚洲地区最多，其次是欧洲、南北美洲，在越南、墨西哥等国家建立了海外事务所。与此同时，建构面向世界的全球技术人员培训教育研究网络，以吸引众多外国留学生和研究者。该校与高等专门学校合作，从海外大学研究机构等收集最尖端的研究信息，开展技术合作和人才培养活动。如通过印度尼西亚高等教育开发计划，1993 年向泰国亚洲理工学院派遣教师。从 2003年至今，基于日本和马来西亚国家的"东方政策(Look East Policy)"，学校与马来西亚开展职业技术教育跨国办学活动，马来西亚理工大学(University of Technology Malaysia，UTM)在吉隆坡校区建立了马来西亚日本国际工科院(MJIIT)。"该校 2011 年 9 月开始招生，通过课程教学使学生体验英国和日本的工程教育体系。长冈技术科学大学派遣教师到 MJIIT 任教，学生到日本企业和马来西亚的日资企业进行实习活动，毕业生百分之百在日本就业"[②]。此外，日本的筑波大学等 29 所大学和该校有教育、研究方面的合作，如在 MJIIT 设置本校的海外据点(吉隆坡工作室)，进行高影响力研究和学术方面的合作。

(二)派遣教师、学生到海外交流

日本职业技术教育机构在国际协力机构协助下，积极参与技术合作活动，

---

① 杨启光：《教育国际化进程与发展模式》，257 页，北京，社会科学文献出版社，2011。

② 長岡技術科学大學：《長岡技大の国際展開》，http://www.nagaokaut.ac.jp/j/kokusai/img/kokusaitenkai.pdf，2018-08-05。

主要是向东南亚等国家的职业技术教育机构派遣教师，进行技术合作活动，派遣学生到海外研修、实习。各职业学校通过共同教育等形式，采取"派出去"方式组织出国留学。这种方式具体来看有 3 种表现，即修学旅行、进修旅行和派出留学生。到国外进行修学旅行是指学校利用寒暑假，组织学生到国外参观、访问和旅游活动。海外进修旅行是指为期 3 个月以内的，在外国的高中或语言进修所等实施的以进修语言和国际交流为目的的学习，或者是指以参加交流事业为目的的未满 3 个月的旅行。如长冈技术科学大学向海外合作校等派遣学生进行 5 个月的海外实务训练，近年来派遣人数递增趋势明显，1997 年派遣 2 人，2017 年增至 66 人，海外实习人数占总实习人数的 16%。丰桥技术科学大学通过文部科学省、日本学术振兴会、学校以及自费等形式资助教师到海外进行学术交流研修等活动，详见表 6-1。除技术科学大学外，高等专门学校等高等职业技术教育机构积极与海外的工科院校和有工学系的大学等技术教育机构缔结友好交流协定，推动学生进行长短期的交流和研修计划。仅 2010 年，派遣到海外进行研修的高等专门学校学生 1 877 人，派遣到海外参加学术会议和研究活动的教师 1 249 人，此外还有通过互相交换方式派遣到海外企业的学生。

表 6-1　近年来日本丰桥技术科学大学在国外的教师情况　　　　单位：人

经费渠道	海外研修教师数量								
	2009 年	2010 年	2011 年	2012 年	2013 年	2014 年	2015 年	2016 年	2017 年
自费	11	9	7	8	8	4	7	4	5
学校资助	63	104	106	99	67	49	67	55	87
外国政府研究机构	6	4	6	4	11	13	12	7	4
其他国内资金	134	119	108	110	97	70	88	98	115
其他政府机构法人等	20	16	15	10	12	18	22	16	20
日本学术振兴会	10	8	4	3	2	4	1	10	11
文部科学省	88	85	111	113	90	100	94	243	207
合计	332	345	357	347	287	258	291	433	449

资料来源：根据国立大学法人丰桥技术科学大学国际交流网站信息整理，https://www.tut.ac.jp/international/index.html，2018-05-01。

(三)招收学生到国内留学

日本职业技术教育的国际化不仅注重培养本国学生的国际视野与意识，更注重积极接收留学生。两所技术科学大学作为"超级国际化大学计划"的入选者，积极发展留学生事业，培养具有国际实践性和创造性的技术人员。丰桥技术科学大学成立国际交流中心，负责外国留学生的服务、外语学习环境的改善以及本国学生海外派遣的支援、学生交流等校园国际化活动。由表 6-2 中数据可知，目前丰桥技术科学大学的留学生主要以亚洲为主，其中来自马来西亚的留学生最多，共 81 人，其次为印度尼西亚、越南等国家。"从 1983 年开始只有 6 所高等专门学校接收外国留学生，到 2011 年增加到 22 个国家的 467 名留学生"①。

表 6-2　2018 年日本丰桥技术科学大学在读外国留学生数量与地区分布情况

留学生生源地	亚洲	非洲	中南美	欧洲	中东	合计
留学生数量/人	217	7	5	6	5	240

资料来源：根据国立大学法人丰桥技术科学大学国际交流网站信息整理，https://www.tut.ac.jp/international/index.html，2018-05-01。

在广泛接收留学生的同时，也接收国外研究人员来校交流研修。表 6-3 为 2009—2017 年日本丰桥技术科学大学接收国外研究人员情况。

表 6-3　近年来日本丰桥技术科学大学接收国外研究人员情况　　　　单位：人

经费渠道	接收国外研究人员数量								
	2009 年	2010 年	2011 年	2012 年	2013 年	2014 年	2015 年	2016 年	2017 年
自费	3	9	9	11	2	6	7	7	13
本学校国外教师等	29	29	37	37	27	26	19	13	16
外国政府研究机构	21	15	24	18	13	11	21	20	12
其他国内资金	16	10	7	7	8	7	4	3	5
其他政府机构法人等	10	15	19	12	20	33	23	25	17
日本学术振兴会	14	10	10	9	4	3	4	5	5
文部科学省	5	4	0	1	0	0	3	0	0
合计	98	92	106	95	74	86	81	73	68

资料来源：根据国立大学法人丰桥技术科学大学国际交流网站信息整理，https://www.tut.ac.jp/international/index.html，2018-05-01。

（四）开展国际技术合作和跨国企业合作

1999—2009 年，丰桥技术科学大学与韩国技术科学大学围绕次时代半导体开发的主题进行了共同研究学术交流。除技术科学大学外，日本高等职业技术教育机构也积极开展国际技术合作和跨国企业合作。如高等专门学校与缔结交流协定机构合作，每年在本国或者海外开展以教师为主体的工学教育相关研讨会（ISATE）和以学生交流研究为主体的研讨会（ISTS）。"从 2008 年开始，高等

---

① 独立行政法人国立高等専門学校機構、全国公立高等専門学校協会、日本私立高等専門学校協会：《高等専門学校 50 年の歩み》，45 页，独立行政法人国立高等専門学校機構本部，2012。

专门学校和很多日本企业合作进行海外实习，签订海外合作协议，实施 3 周的海外实习。1983—1987 年，13 所高等专门学校共派遣了 16 名领导和专家，与菲律宾工科大学综合技术培训中心在机械工学和电气电子工学领域开展长期和短期支援。1988—1991 年，13 所高等专门学校共派遣了 21 名领导和专家，与印度尼西亚电子工学技术专门学校在电子工学、通信工学和信息工程开展技术长期和短期的支援。1997—2000 年，6 所高等专门学校共 10 名专家与沙特阿拉伯利雅得技术短期大学在电子工学等领域进行技术合作。自 1988 年鹤冈高专和中国郑州纺织工学院缔结了学术交流协定开始，国际交流活动逐年增加，内容也逐渐多样化，截至 2010 年，44 所高等专门学校与国外教育研究机构缔结了129 个协定，实施研讨会和研修活动"[①]。

第三节 职业技术教育的国际化策略

"二战"后，政府发挥主导作用，教育国际化战略在总体上表现为文明开化的一贯特征，"一者用外来文明开化自身，二者用自身文明影响外国，两者在19 世纪末一并汇入日本近代文明的历史发展进程"[②]。按照教育国际化的总体战略部署，日本职业技术教育从自身的教育性、职业性、实践性特点出发，采取有效策略将"国际维度"逐步整合进职业技术教育中，使国际化过程的各个阶段呈现出不同的内容和形式。

一、以教育国际化政策整体差异化推动职业技术教育的国际化

源于日本的多元化办学指导思想，政府在推动职业技术教育的国际化过程中，发挥主导作用，从国情出发，将职业技术教育国际化纳入教育国际化的整体规划中。以留学生政策为主线，通过系统政策性措施，整体推动各类教育机构依据自身特点差异性国际化。

1954 年日本政府出台了"国费国外留学生制度"，"这是日本在战后推出的第一个有关大学国际化的战略"。[③] 之后，1983 年 8 月发表《关于 21 世纪留学生政策的建言》，日本又通过《教育振兴基本计划》，对教育国际化特别是留学生事

---

① 独立行政法人国立高等専門学校機構、全国公立高等専門学校協会、日本私立高等専門学校協会：《高等専門学校 50 年の步み》，独立行政法人国立高等専門学校機構本部，2012。

② 唐振福：《日本教育国际化战略研究——基于公私二元结构路径的视角》，211 页，北京，经济科学出版社，2012。

③ 禅鹏：《浅谈日本高校的国际化与英语教育》，载《海外英语》，2015(18)：28-30。

业做出规划，以两个留学生计划为抓手引领技术科学大学和高等职业技术教育机构的国际化，通过高等教育这一主体的国际化带动高中乃至中小学教育国际化。政府将留学生数量作为主要评价指标，通过评价引导高等教育加快国际化进程。为助力高等教育完成留学生指标，政府根据不同时期国家的经济、产业变化以及留学生目标达成情况出台相应的政策措施，为高校教育国际化扫清障碍、提供支持。首先，通过完善立法，依法管理职业技术教育国际化。如修改《宪法》(1946 年颁布)、《教育基本法》，强化国家观念的培育。制定和修改学校设置法，依法治校。制定《科学技术基本法》《科学技术基本计划》《大学等技术转移促进法》《知识产权法》等规范，指导高等教育机构在国际交流合作中的合作行为。其次，通过规划、方案等有针对性地干预不同时期的职业技术教育国际化。如"10 万留学生计划"颁布后，完成第一阶段任务后，发表《推进 21 世纪留学生交流之展望》的报告，进入第二阶段后，又出台系列新的政策解决留学生扩招的困境。法务省从 1984 年对入国管理政策进行一定程度的调整，1996 年取消了留学申请必需的保证人制度，2000 年大幅简化留学申请程序，2000 年文部省改革奖学金制度，这些政策有助于吸引外国留学生在日学习、研修。"30 万留学生计划"实施期间，出台《30 万人计划的进展状况》等阶段性报告。最后，通过竞争性项目形式激励职业技术教育国际化。如 2008 年政府推出的"Global30 计划""高等专门留学生育成事业""短期外国留学生支援制度""国费留学生优先配置计划""全球化人才育成推进事业""大学的世界展开力强化事业"等，以竞争性项目形式为教育国际化提供资金等保障。

二、以标准化教育推动职业技术教育的标准化

以标准化教育推动职业技术教育的标准化，促进职业技术教育与国际教育标准、职业标准对接，提高教育的国际通用性，这是职业技术教育国际化的应有之义。日本高等职业技术教育强调"'不要问从哪里毕业，而是问能做什么'，'能做什么'的指标就是职业资格，日本高等职业技术教育机构无一例外都重视职业资格，甚至极端到只为职业资格服务"[①]。在职业技术教育国际化过程中，为促进职业技术教育与国际职业标准对接，日本在 1999 年设立技术者教育认定机构，制定与国际标准对接的教育基准，引导学校培养国际通用性技术技能人才。除此之外，近年来，工学教育或者是技术教育正在普及推动学习"标准化活动的意义"和"技术开发与标准化"，这种以"标准化"为核心的教育体系称为"标准化教育"。"标准化"不仅具有互换性和确保品质水平的性质，同时也是作为强化企业竞争力的工具而备受瞩目。为了推动标准化教育，文部科学省、经济产

---

① 胡国勇：《日本高等职业教育研究》，305 页，上海，上海教育出版社，2008。

业省从强化产业竞争力的角度出发，通过政策积极推动国际标准化活动。其中一项重要举措是以培养将来能够大显身手的技术技能人才为目标，在大学、研究生院推进标准化教育的普及事业。受经济产业省的委托，日本规格协会于2005 年起推动标准化教育的普及事业。根据吉田均对大学即高等专门学校国际标准化教育的研究①，对标准化教育概述如下。

(一)何谓"标准化"

"标准化行为"一言以蔽之就是简单化。它是根据产品的大小和性能等规格以及统一标准，确保产品间的互换性，保证产品的质量，进而收到生产效率的提高、生产成本的降低等各种效果。自 20 世纪 90 年代中期 WTO/TBT 协定以来，企业一直在寻求以产品制作为原则的国际化标准行为。在这样的背景下，对于职业技术教育来说，掌握国际标准和标准化教育将会越来越重要。职业技术教育国际化必然要推进标准化教育。

(二)国际标准化教育的基本内容构成

关于国际标准化教育由哪些基本内容构成，目前学术上没有明确的定论。吉田均认为，无论从学习者的专业分类或从承担的职业岗位来看，必须包括以下六项内容。

(1)标准化(活动)的意义，标准化的积极和消极作用。

(2)标准(规格)的种类和体系及制作顺序，规格制定部门等的概况，国内外法规及其关联。

(3)社会标准化和品质管理。

(4)规格的认证制度的意义及其构成。

(5)企业活动和标准化的关系(企业经营战略的标准化)。

(6)知识产权和标准化的关系。

(三)标准化教育的普及措施

利用学协会推进，如"电子信息通信学会的规格调查会在 2012 年 9 月设立国际标准化教育研讨委员会，旨在对国际标准化教育和人才培养问题进行研讨、支援"②。

---

① [日]吉田均：《大学及び高専向けの国際標準化教育．国際標準化教育(STD)研究会》，http://www.y—adagio.com/public/committees/std/confs/cnfs_std.htm，2017-06-23。

② [日]黒川利明、鈴木勝博、中西浩、松本充司：《国際標準化教育に関する動向報告．画像電子学会国際標準化教育研究会予稿》，http://www.y — adagio.com/public/committees/std/confs/std13/std13—4.pdf，2019-09-09。

1. 教材内容的充实

教材内容体系包括"共通知识编"（总结关于标准化总体的基础知识教材）以及《个别技术专业编》（总结以各专业的产品为题材的标准化教材）。近年来，教材中的知识产权内容明显增加，目的是学习标准化和知识产权相关基础知识。

2. 教育实践中的普及

2006 年，以小学、中学、高中和高专为对象，开设了关于规格和标准化的课程。开设这些课程的学校，六成是高校、高等专门学校、工业学校。从 2009 年开始在高等专门学校尝试实施，最初实施的是木更津工业高等专门学校。2006 年开始，大学、研究生院作为经济产业省的委托事业的一部分而引进标准化教育。具体内容包括：辅导（入学时的情况介绍），介绍国际标准化的意义，商业战略和标准化，国际标准化活动概况，商业和标准化、全球化商业和认证制度、论文发表等。

3. 标准化教育普及相关问题

在高专、大学和研究生院等高等教育机构普及标准化教育，今后至少要考虑如下几个问题：提高对标准化教育的社会关注程度，教育内容的研究，授课教师的培养，教育成果（人才的培养、社会的影响力和贡献率）的分析，政府财政支持等。

三、以英语教育改革为主提升实践型技术人才的沟通能力和表达能力

伴随着社会经济和全球化的迅速发展，英语成为世界上使用最广泛的语言，对于非英语系国家来说，语言能力的提升在培养具有国际通用能力的实践型技术人才方面发挥着基础性作用，同时，语言能力是提高职业技术教育教育内容国际性的前提，是全球化时代非英语系国家的战略选择。2011 年财团法人日本交流协会、经济同友会对上市公司等企业进行了充分调研，了解英语在企业的实际使用情况以及企业在经济全球化发展中的问题，约 70％以上的企业认识到英语对提高企业国际竞争力的重要意义。但与其他国家比较，日本人的实际英语能力水平较低，在企业能够运用英语进行业务交流合作的人才不足，企业员工英语能力水平普遍偏低。为扭转这种状况，满足全球化时代企业对国际通用性技术人才的需求，培养全球化人才所具有的语言交流能力，自 21 世纪以来，文部科学省通过项目引领方式推动职业学校进行英语教学改革。

（一）概况

根据文部科学省的《培养"能用英语的日本人"的战略构想》行动计划，日本实行的是小学、中学、大学一贯制的英语教育。1998 年修订的《学习指导要领》

中，规定英语为高中的必修课，并明确指出，从 2013 年 4 月开始，英语课堂教学原则上只能使用英语；大学方面也开始注重增加口语交流的课时，推动学习成果的评价改革。目前，日本 TOEIC 考试、TOEFL 考试等国际英语等级考试与大学英语教学相结合的大学数量呈连年上升趋势，将 TOEIC 考试成绩直接与学分挂钩的私立大学数量增长趋势明显。为促进高水平 IT 人才的培养和整体国民 IT 素质的提高，"日本高校近年来将 IT 素质教育与外语学习结合起来开启了形式多样的新尝试，尤其是大力推广利用计算机网络技术和多媒体技术辅助的英语 e-learning 教学实践"①。

(二)举措

在以英语教育为主推动国际理解教育的过程中，不同层次、类型的职业技术教育机构从自身特点出发，以培养国际通用性实践型技术人才为导向，以竞争性项目形式推动学校开展特色化的英语教学改革，提高师生的国际理解能力和英语沟通表达能力。

以高等专门学校为例，部分获得资金支持的学校，开展了具有高专特色和目的的英语教学改革活动。1999 年日本成立了全国高等专门学校英语教育学会(COCET)，2000 年召开了日本全国高专英语教育学会大会，岐阜高专的龟山太一在会上提出了以根本改变高专英语教育为目的的"高专英语教育"项目，此后，"高专"成立了全国高专英语教师组成的高专英语教育研究小组。该小组对全国高专英语教育的现状、毕业生的就业单位以及大学英语升学考试的能力标准进行了充分调研。调研发现学生英语能力不高的原因是，由于使用传统的译读式授课方式，学生学习英语的动机不强，学习积极性不高，造成英语教育的弱化。企业唯一比较满意的是毕业生的英语阅读能力，但普遍认为毕业生缺乏英语交流能力。从调研的反馈看，如何强化英语教育，增强学生的学习动机，快速提高英语能力显得越来越重要。"自 2001 年起，日本开始以竞争性项目的形式组织实施特色教材的开发工作，如开发'高专生的英语单词表''高专生的英语自学网站'、使用公开的 4 个 WBT 进行授课。"②

铃鹿工业高等专门学校的"北美 COOP WORK 教育系统的构筑"，获批文部科学省"2007 年大学教育的国际推进计划(海外先进教育实践支援)。项目的目标是培养具备高度广泛的专业知识、创造力、判断力，能够活跃于国际科学技术领域的实践型技术者。为了达到这个教育目标，学校努力开发提高学生运用英语进行技术交流的教育方法。学校 2006 年、2007 年获得该项目的经费支

---

① 禅鹏：《浅谈日本高校的国际化与英语教育》，载《海外英语》，2015(18)：28-30。

② [日]青山晶子、龟山太一、平冈祯一，等：《高専の特色と目的にかなった英語教材の開発》，载《メディア教育研究》，2004(01)：129-139。

持，在改革英语教育的同时，"与美国俄亥俄州立大学及加拿大的乔治亚学院缔结学术交流协定，派遣 4 名教师分为两组，分别前往美国和加拿大对 Co-op 教育进行历时 3 个月的相关调查研究，同时寻求具体的接纳实习生的企业，然后开始实施海外实习"①。

除上述措施之外，高等专门学校还通过开展活用 TOEIC 和举办英语演讲比赛等活动，加强实际体验国际性活动，提高英语能力。如东京工业高等专科学校的英语交流区活动项目获批文部科学省的 GP 特色项目，开展英语交流区(SPHERE TOKYO)活动。2006 年，学校创建了英语发表研究会，目的是通过研究会活动，给学生创造一个能用英语发表自己研究内容的场所，着力于用英语进行技术交流(发表及答疑)，期待学生通过英语指导员的指导实现英语能力的提高。同时通过日常生活中的英语训练、英语发表等体验，减轻学生学习英语和用英语交流、演讲的心理负担，增强学生用英语展示提案的能力和技术交流能力以及推进异文化理解，培养具备国际通用性的年轻技术人员，使其具备积极主动性、胆量、领导能力，并拥有扎实的技术能力和交际能力。经过一段时间实践后，研究会活动初见成效，2008 年学校申请的文部科学省 GP 特色项目获批，之后开始实施这个项目。研究会活动由项目负责人和以干事为中心的干事会以及由学生实施委员组成的学生实施委员会负责制订活动计划，聘请外部专家 14 人组成评委会，其中 2 名为外国人。为促进活动的开展，加强宣传工作，将活动内容登载网络主页上，另外访问国内外教育机构，进行本项目宣传活动，同时广泛听取意见，不断改善。2010 年 12 月 10 日举办毕业生和专攻科学生会谈，话题是"国际舞台初挑战的记忆"，通过会谈，师生确立远大目标并专心学习。英语交流区的活动内容随时向以校长为主的运营会议进行报告，请求教师协助。参与活动的学生教员人数根据内容一般在 30～50 人。研究会主要活动内容包括：HERE TOKYO 的全校普及活动，以全体学生为对象实行 SPHERE TOKYO 体验活动，由英语母语者进行英语指导，在"科学祭"(东京高专举办科学活动日)由学生进行发表，召开英语发表研究会，校内外教育组织访问调查，举办 SPHERE TOKYO 宣传活动，听取对本项目的意见建议。召开研讨会，举办东京高专长野高专联合研究班、环境科学研究班、SPHERE TOKYO FESTA、圣诞联欢会、SPHERE TOKYO 会谈，播放美国 CNN 在线广播电台放送节目，召开成果报告会及评价委员会，发行小册子《用英语发表》。这一系列活动增强了学生的英语能力，2010 年，毕业学生在 SETAC 等国际会议上发表自己的研究成果，部分学生用英语公开发表两篇高水平论文，2010 年度工业实用英语技能检定中学校有 1 人获得优秀奖。由于英语能力的提升，东

---

① ［日］花井孝明，等：《鈴鹿高専における国際化教育への取り組み》，载《工学教育》，2008(03)：68-73。

京高专英语 JM 奖获奖学生增多，到海外大学短期研修学生逐年增多，学生团体连续两年参加微软举办的 imagine 杯世界大会。

相关链接

日本高等职业技术教育教育国际化办学战略探析①

摘要：高等职业技术教育国际化办学是世界大国竞争新时代提升国家竞争力战略的重要举措，也是学校创建特色，促进其内涵式发展的内在要求。顺应国际化办学发展趋势与客观要求，日本从国家管理层面明确高等教育国际化的办学战略。高等职业院校以提升国际竞争力及国际通用性、共通性为战略目标导向，依据该战略规划，制定适合本校的国际化办学战略规划及战略措施。鉴于地理、文化等因素，理性借鉴日本的经验，有利于丰富我国高职教育中外合作办学实践。

一、高职教育国际化办学战略背景

（一）国际环境与外交战略的不断变化促进国家不断发展国际教育合作

1954 年 10 月，日本作为援助国加入了由英联邦国家主导的"南亚及东南亚经济合作与发展的科伦坡计划"，把与发展中国家的技术合作作为主要着眼点，实施国费外国人留学生制度，重新开始对外教育文化交流活动，拉开了"二战"后日本国际教育合作的序幕。从 1954 年至今，随着国际环境的不断变化，日本国际教育合作大致经历五个阶段：第一阶段（1954—1964 年），开始与发展中国家技术合作时期；第二阶段（1965—1973 年），加强国际教育合作的使命感和探索建立管理体系时期；第三阶段（1974—1989 年），创设国际合作机构 JICA 和形成公私二元结构管理体制时期；第四阶段（1990—1995 年），EFA 世界会议以后，重新修改政策和强化相关机构合作推进时期；第五阶段（1996 年至今），文部科学省国际教育合作恳谈会提出具体的合作政策建议和实施合作的时期。[1] 从开始合作至今半个世纪过去了，国家国际教育合作的理念、政策随时代的发展而不断变化。在内外部影响因素的作用下，国家不断加强教育合作制度建设，教育国际交流频繁与发展，高等职业技术教育国际化办学应运而生。

（二）两个留学生计划推动高等教育国际化不断深化

以 1970 年 OECD 教育调查团视察日本为开端，高等教育国际化成为中心课题。1980 年之后，高等教育国际化从教育内容的国际化向高等教育制度、功能的国际化转换。1990 年后高等教育国际化迎来新局面：不限于人员间的交流活动，跨国大学间的共同研究、课程教学互换、为了学分认定和学位授予而设

---

① 韩玉、石伟平：《日本高职教育国际化办学战略探析》，载《教育与职业》，2015（19）：17-20。

立共同组织机构等问题成为中心。[2]在高等教育国际化的过程中，除国际影响因素外，更重要的是国家通过国际化政策及行政性措施推动高等教育国际化。20世纪80年代，日本加强留学生制度建设，先后制定并实施两个留学生计划，其中"30万留学生计划"明确规定高等教育国际化是实现其目标的重要举措之一。通过两个留学生计划，以大力发展留学生事业作为引擎，以市场的国际化迫使高等教育国际化。从教育内容的国际化到其组织、功能的国际化，增进了研究人员、学生的海外交流以及与海外大学间交流协定的积极缔结，高职教育国际化办学得以不断深化。

二、高职教育国际化办学及其战略规划

（一）高等职业技术教育国际化办学

日本学术界对"全球化"和"国际化"两个概念的理解一直存在着争议，1990年后才将两个概念区分开来，认为"全球化"是"国际化"的媒介，"国际化"是"全球化"的反应装置。"国际化"是"作为自动词的国际化"，[3]是指迄今对外国人形成障碍的国内法律、习惯行为等构成的封闭体系转向对外国人开放，并使日本人获得在国外从事活动的能力和自我革新上的努力。[4]日本的"国际化办学"并非单纯地将"国际维度"（international dimension）或称"国际教育"（international education）整合到学校办学活动中，而是将国际维度演化成一个战略过程。[5]目的是促进文明开化，实现日本教育制度国际的、跨文化的或全球的维度，引领国家提升国际竞争力。显然，日本的高等职业技术教育国际化办学就是以本国高等教育国际化战略思想为指导，尊重高等职业技术教育的基本属性、基本职能，将"国际维度"或"国际教育"融入办学实践中，以国际通行的教育标准为基准，在不断教育改革中创造自身特色，提高自身对本国战略性新兴产业国际化发展能力。

（二）高职教育国际化办学战略

20世纪80年代后，日本在"世界政治大国"和"21世纪国际社会的新标杆和新榜样"的总体战略目标导向下继续实施优先发展教育战略。为与国家竞争力战略相协调，2008年第一期中长期教育发展战略规划明确高等教育未来五年的战略目标之一是推进大学等高等教育机构国际化；[6]2013年第二期《教育振兴基本计划》分析了当前国家国际存在感低下的现状，提出未来五年教育成果目标之一是大力实施高等教育国际化，通过外语教育、学生互换交流、国际交流、大学等高等教育机构国际化、推进中小企业接受外国留学生等战略举措培养国际人才。[7]

总的来说，两期国家中长期教育发展规划中所提到的高等教育国际化战略目标，落脚点是支援高等教育提升国际竞争力及国际通用性、共通性。为确保高等教育国际化战略目标的实现，在《文部科学省国际战略》（方案）中，进一步提出通过实施人才战略，强化以知识传播为主的大学等研究机构的国际竞争力。

为此，需要从义务教育阶段开始培养活跃国际社会的人才，促进招揽亲日的世界高水平外籍研究人员、海外优秀留学生以及活跃在世界的日本人等，确保"增强国际竞争力""国际社会的存在感"战略利益的实现。[8]为落实这一国际化发展战略规划，2008年文部省出台《加快大学教育国际化计划》，以各大学等高等教育的国际化战略目标与构想为基础，国家分别从"综合战略型"和"交流程序开发型"两个支援程序，对高等教育机构国际化办学进行"国际共同与联合支援"。作为高等教育机构重要组成部分的高职教育机构，如高等专门学校和短期大学也成为招募对象，根据自身情况，以国家战略规划为基准，以"交流程序开发型"为主制定并实施本校国际化办学战略。所谓的"交流程序开发型"是指在以校长为中心的领导管理体制作用下实施的有组织的教育改革，包括高等专门学校和短期大学在内的高等教育机构以未来构想为基础，通过和海外高校等合作进行教育研究活动以及以单位互换为前提的短期交流及学生交流活动等的实施，促进与海外高校更密切的合作发展，生成学校自身特色的教育支援活动。[9]

三、高职教育国际化办学战略举措

加快实施战略需要有效的战略管理。上至政府各省厅、下到地方都道府县等政府管理部门以及高职教育机构、企业与民间组织，在制度化规约下合力推动高职教育国际化办学战略的实施。

（一）政府统筹构建完善的国际化办学管理运行机制

1. 完善公私二元结构办学管理体制

留学生群体结构是国家二元结构办学管理体制的直接表征。以高等专门学校留学生为例，2007年国立高等专科学校接收的国费和私费留学生数量占总比的4.9%，私立短期大学和私立高等专门学校留学生占私立学校留学生总体比例的2.49%。[10]依赖于市场竞争，接收自费留学生的私立学校把授课费等作为学校运营资金，减少了对政府预算等支持的相对依赖，促进了教育产业化、市场化。留学生群体结构的变化表明，高职教育中的二元教育结构有利于激发多方利益主体积极参与国际化办学。

2. 建立健全国际化办学运行机制确保利益相关者参与战略实施

其一，政府通过留学生制度规约相关组织管理机构合力推动战略实施。2003年实现了第一个留学生计划，2004年后留学生数量整体呈上升趋势，政府为应对严峻的财政状况，财政预算支持开始显著下降。2005年留学生数量达到史上最高纪录之后，增长便停止了。在这种状况下，从2006年起文部科学省实施"国际教育推进计划"，[11]通过财政预算投入支持，委托五市一町在规定期限内，根据全球化和区域特点，充分利用本区域已有的国际教育资源，以学校为中心，与NPO法人和大学、各市町村教育委员会等携手进行小、中学和高校相互衔接的国际教育课程开发等实践活动，推进区域性国际教育的发展，培养作为主人翁参与国际社会行动的人才。此后，又通过《经济财政改革的基本方针

2008》《教育振兴基本计划》等系列政策，强化国际教育合作制度建设。2008 年文部科学省及关系省厅(外务省、法务省、厚生劳动省、经济产业省、国土交通省)联合出台"留学生 30 万人计划"，形成了包括文部科学省等六大省厅各司其职广泛参与的局面。其中文部科学省负责提供留学情报、优化留学生就学环境、推动大学国际化的预算等工作；法务省负责留学生的入境，再留资格、留学和就业一体化等问题。留学生计划成为发展国际化办学的引擎，驱动高职院校师生跨国交流及院校间跨国合作。

其二，都道府县等地方政府层层推进战略实施。举措之一是为国际化办学创建良好的外部环境建设。以山形县为例，地方政府以国家"全球化战略"为指导，以打造"国际性丰富的山形"为基本方针，发挥本县优势，大力振兴贸易、促进外国观光旅游及推进外国语教育。2010 年制定了"第三次山形县综合发展计划"，作为县中长期国际合作计划方针，把促进国际交流与合作以及扩大国际理解，踏实推进和海外的经济交流、国际观光交流强项，促进县民与外国人和谐生活作为县教育国际化的战略。2011 年通过"新国际经济战略""山形县产业振兴计划""乡村观光交流推进计划""第五次山形县教育振兴计划(修正案)"等系列举措推动战略实施。二是为跨国教育合作搭建桥梁。以国际室、国际交流科、国际交流协会等国际交流机构为主，推动本县的国际交流、国际合作和国际理解教育。在充分调研基础上，支持高等专门学校等高职教育机构与国外有名的大学和教育机构缔结友好关系，促进师生的交流，并对自费留学生实施奖学金资助政策。2011 年至今，县内大学与高等专门学校等接受中韩等国留学生 244人。三是促进各教育阶段国际教育课程体系的衔接。为减少高职教育国际化办学的障碍，县内形成了各教育阶段相互衔接的国际理解教育体系。小学阶段通过国际理解教育和外语活动实践课(小学 5、6 年级必修课)等途径加强国际理解教育。面向 JICA 志愿者及县国际交流员(CIR)和教师开展国际理解讲座，教师和 JET 项目的外语指导教师携手实施国际理解教育。2013 年县内 13 所高校开设国际关系学科及相关课程，派遣部分高校学生到海外研究和国外高校学生的交流、海外的学习旅行等。[12]

其三，学校和企业等机构合作实施战略。面对经济全球化、跨国优秀人才的竞争日益激烈化、对技术人员的要求越来越高的国际形势，日本中小企业想尽办法留住"亲日"优秀留学生，希望他们毕业后留在亚洲等地的日资企业工作，而高职院校国际化办学是实现其利益诉求的根本路径。本着官民一体促进国际合作的战略思想，国家通过《教育振兴基本计划》等政策，管理、引导中小企业招揽优秀留学生，并通过就业援助体系建设促进学校、企业和留学生相互了解，增强企业的理解、支持和参与。如设立独立行政法人日本学生支援机构、项目审查验证委员会等组织，举办"全国就业指导说明会""外国留学生就业准备研讨会"等活动，进行就业支持，同时，也促进校企深度合作培养国际型技术人才。[13]在日大使馆及日海外公共办事机构等合力推动下，建设海外实习基地和宣传网络。面向中小企业等人力资源管理负责人展开研讨会，促进其认识"出口"国际职业技术教育方案，并共同开发该方案。除此之外，还和海外企业开展合作教育培养国际技术人才：建立并实施海外企业短期实习制度，进行问题发现解决型实习训练；多机构联合举办机器人大赛、程序设计大赛、服装设计大赛等技术大赛活动；定期举办技术咨询会、企业合同说明会等活动，[14]与海内外产业界联合培养国际高技能应用型人才。

（二）三方合作普及国际标准化教育提高高职教育国际化程度

国际化办学实质是国内教育向国际化水准提高，其重要战略举措是积极推进国际标准化教育，培养具有国际通用能力的年轻实践型技术人员。

所谓国际"标准化"是指所生产产品的大小、性能和规格等方面达到国际统一的产品标准要求，在确保产品质量的同时，尽可能降低生产成本、提高劳动生产率、改善环境和安全生产。为适应国际"标准化"的要求，日本于1949年制定《工业标准化法》之后多次修改该法，并颁布了系列配套的省令和政令，不断建设标准化制度体系，推动国际标准化教育的制度化、规范化。"国际标准化教育"就是以国际"标准化"为核心的教育体系，"标准化"不仅是一种理念、政策和各项措施，而且作为教育要素整合到高等专门学校、大学、研究生院等高等教育机构中。[15]受日本经济产业省的委托，JSA于2005年起致力于国际标准化教育的普及事业，推动工学教育建立国际标准化教育体系，培养将来能够在国际上大显身手的技术人员。2006年，以小学、中学、高专为对象，开设了关于规格和标准化的课程，至今约有80所学校实施了这些课程，其中60%是普通高校、高等专科学校、工业学校。目前，高等教育对于标准化教育需求有逐渐增多的趋势。从2005年开始在大学和研究生院推行标准化教育，2007年各大学、研究生院开始试用部分国际化标准化教育教材，2009年开始扩大到高等专门学校领域，在最初实施的木更津工业高等专门学校的帮助下逐步普及，充实教学计划和课程内容。

为推动国际标准化教育普及事业，2013年以后，国家通过财政投入支持和国际标准化教育研讨等形式深入推动标准化建设。以逐渐扩大国际标准化教育范围作为目标，在推动高等教育标准化的同时，努力促进高大国际标准化教育衔接。派遣职员作为讲师到小学、中学和高专学校，举办标准化培训，增进理解国际标准化教育对日常生活及社会所产生的积极影响。日本规格协会组织开发了关于《共通知识篇》和《个别技术专业篇》等标准化教材，从2007年开始在教育教学中试用。[16]通过调研等方式反馈分析实施情况，不断改善和优化教材等标准化课程教学工作。

此外，文部科学省等省对国内外职业能力开发进行调研，明确了"就业基础能力""社会基础力""共通能力"等职业能力概念及诸要素，通过宏观层面职业能力开发指导推动高职院校层面的职业能力开发。着眼于教育的国际维度，高等专门学校开设了"智慧财产教育""技术者伦理教育"等国际标准化教育课程，强化英语教育，通过英语发表研究会、英语交流区、文部科学省的 GP 特色项目、TOEIC IP 考试等方式和途径[17]，培养高职生用英语进行技术交流和理解异文化的能力，加强沟通交流能力的培养。以国际化标准教育为导向进行系统职业能力开发，有利于提高人才培养的可雇佣性和国际通用性，确保职业能力的培养与学生终身发展需求、企业需要和国际市场需求紧密对接。

（三）加强保障机制建设不断提升国际化办学质量

在"国际化"成为评价高等教育质量的今天，国际化办学质量保障是世界性的课题，也是近年来日本高等教育改革的焦点问题。为解决学位的国际通用性难题和办学中外语问题的困惑，1991 年文部省修订了《学位规则》，允许外国留学生用英文撰写学位论文，经学校法人审议会审查授予学位。秉持 1999 年《21世纪的大学形象和今后的改革方案》的基本理念，从国际视野出发，高职教育等高等教育机构不断加强质量建设。

其亮点之一是质量评价管理与国际职业标准对接。1999 年设立了日本技术人员教育认定机构（简称 JABEE），2001 年面向包括高职教育在内的高等教育机构进行相关认定工作，此后不断参照国际教育质量标准修改完善认定基准体系，确保高职教育质量的国际可比性和技术人员资格的国际互换性。之二是国际化办学质量管理从制定设置基准等"事前规制"转向多方利益全体参与的"事后评价"。在 2005 年《我国高等教育的未来形象》报告建议和 2006 年颁布实施的新《教育基本法》的基础上，2007 年正式出台了《大学设置基准修正》，配套实施"全球 COE 项目"，2008 年的"高质量大学教育推进计划"（教育 GP），"加快大学教育国际化计划"鼓励各高校（包括高职）进行个性化的教育改革，并从各高校的教育改革方案中选出优秀方案，进行重点财政资助。通过典型引路，"国际共同与联合支援"等项目引领，带动高职等高等教育机构提高办学质量。

日本高职教育国际化发展至今，其国际化办学模式已从"融合型模式"成功转向"嫁接型""松散型"等多模式相结合的轨道。其国际化办学经验表明，在留学生计划导向下，高职院校将"国际维度"整合到办学实践中，结合本土特点和办学基础创建办学特色，提升办学竞争力，实践证明，高职教育国际化办学是振兴职业技术教育、振兴国家产业发展的必由之路。

参考文献

[1]［日］斉藤，泰雄，等. わが国の国際教育協力の在り方に関する調査研究：項目研究成果報告書［R］. 国立教育政策研究所，2009：1.

[2][3]［日］東條，加寿子. 追尋大学国際化の足跡を辿る：国際化の意義

を求あるて[J]. 大阪女学院大学纪要，2010(07)：87-101.

[4][10]唐振福. 日本教育国际化战略研究——基于公私二元结构路径的视角[M]. 北京：经济科学出版社，2012.

[5]De Wit H. Internationalization of Higher Education in the United States of America and Europe：a Historical，Comparative Analysis[M]. Westport，Conn.：Greenwood Press，2002.

[6]日本文部科学省. 第1期教育振興基本計画[EB/OL]. http://www.mext. go. jp/a_menu/keikaku/index. htm，2019-05-18.

[7]日本文部科学省. 第2期教育振興基本計画のポイント[EB/OL]. http://www. mext. go. jp/a_menu/keikaku/detail/__icsFiles/afieldfile/2014/12/19/1339769_1_1. pdf，2019-05-18.

[8]日本文部科学省. 文部科学省における国際戦略（提言）概要[EB/OL]. http://www. mext. go. jp/a_menu/kokusai/senryaku/teigen/gaiyou. htm，2019-05-18.

[9]日本文部科学省. 平成20年度大学教育の国際化加速プログラム（国際共同・連携支援）公募要領[EB/OL]. http://www. mext. go. jp/a_menu/koutou/kaikaku/1266476. htm，2019-05-18.

[11]日本文部科学省. 国際教育推進プラン[EB/OL]. http://www.mext. go. jp/a_menu/kokusai/plan/index. htm，2019-05-18.

[12]山形県商工労働観光部観光経済交流局経済交流課国際室. 山形県の国際化の現状[R]. 山形県商工労働観光部観光経済交流局経済交流課国際室，2013：3.

[13]日本文部科学省. 平成23年度文部科学白書[EB/OL]. http://www.mext. go. jp/b_menu/hakusho/html/hpab201201/detail/1324676. htm，2019-03-12.

[14]日本文部科学省. 専修学校留学生就職アシスト事業[EB/OL]. http://www.mext. go. jp/a_menu/shougai/senshuu/1321767. htm，2019-03-12.

[15][日]吉田均. 標準化教育の普及に向けた近年の取り組み[A]. 工学・工業教育研究講演会講演論文集[C]. 日本工学教育協会，2010(3)：460～461.

[16][日]吉田均. 大学及び高専向けの国際標準化教育[EB/OL]. http://www. y－adagio. com/public/committees/std/confs/std6/std6－3. pdf，2019-03-12.

[17]国際通用力のある若き実践的エンジニア育成（〈特集〉高専の国際化教育・英語教育）[EB/OL]. http://ci. nii. ac. jp/naid/110008594119，2019-03-12.

第七章
日本职业技术教育质量评价

为了检验和促进教育活动目标达到情况，增强职业技术教育社会信誉度，日本不断改革职业技术教育质量评价，形成了多元化的职业技术教育质量评价体系。从职业技术教育质量评价主体看，不仅包括学校，还包括学校以外的政府及第三方评价机构。从职业技术教育质量评价基准看，职业高中和高等职业技术教育机构的评价基准，既有联系，又有差异。从职业技术教育质量评价形式上看，日本职业技术教育质量评价包括"设置认可、内部评价、外部评价三种评价形式，且不同形式的评价主体各不相同。设置认可的评价主体是文部科学省，内部评价的评价主体为职业学校自身，外部评价的评价主体为独立于政府和学校之外的第三方评价机构。"[①]日本的职业技术教育质量评价是学校内部教育质量评价与外部教育质量评价相互作用的内外互动型教育质量评价体系。

第一节　职业技术教育质量外部评价

日本职业技术教育机构类型多样，不同教育阶段的职业技术教育质量评价在评价主体、评价基准和评价形式上存在差异。

一、高中（职业高中）教育质量外部评价

1947 年日本发布《学习指导要领概论篇（试行）》，这是日本首次颁布《学习指导要领》，是文部（科学）大臣依照《学校教育法实施规则》制定的，指导学校教育课程的具有法律约束力的"行政文件"。1948 年制定了《高中设置基准》，规定高级中学可设置一个以上学科。20 世纪 60 年代初，政府根据产业界提出的培养众多类型技术技能人才的要求，着手制订大学的科学技术教育扩张计划，在高中教育阶段重点进行职业高中教育多样化建设，创办了农业技术高中。随着

---

① 孙颖、刘红、杨英英，等：《日本职业教育质量外部评价的经验与启示：以短期大学为例》，载《比较教育研究》，2013，35(12)：48。

国家经济和产业的不断发展，人才需求也发生变化，对高中特别是职业高中教育质量的要求也在不断提高。1988 年在定时制和通信制（函授制）课程中，1993 年在全日制课程中导入学分制教学制度。1996 年日本中央教育审议会提出"宽松教育"的改革建议，之后在"新学力观"指导下，学生学习能力大幅度下降，开始出现"学力下降争论"。在批判声中，国家转变"宽松教育"的政策。2003 年对《学习指导要领》进行了修订。中央教育审议会在 2005 年《创造新时代的义务教育》报告中提出"扎实的学力观"，为提升学生的学力和教师的指导能力，确保教育质量，应当实施全国学生的学力调查。2008 年修订的《学习指导要领》中指出了"宽松教育"政策问题。从 20 世纪 90 年代末开始，日本全面纠正高中"宽松教育"的问题，向"学力教育"回归，其典型标志是 1997 年制定了"都立高中推进计划"，明确提出"确立社会自立的基础能力"，并重点培养这种能力。2010 年 4 月，日本高中教育免费化。2011 年 12 月，中央教育审议会在初等中等教育分科会中新设置了"高中教育会"，专门研讨高中教育的问题，日本普通高中多样化改革由制度改革转向内容改革，目的是保证高中教育的质量。2013 年，日本初步实施了"高中学习达到度测试"的学力考试。随着学力测试的进行，近年来日本高中特别是职业高中的教育质量出现了新变化。

（一）当前日本高中（职业高中）教育的新变化及其措施

1. 教育的新变化

文部科学省 2017 年（平成 29 年度）学校基本调查显示[①]，高中毕业生升入大学、短期大学的比率为 54.7%，升入专修学校和各种学校等的比率为 22.1%。日本高中出现两个明显变化，一是学生情况的变化。目前，日本高中学生出现基础学习能力不高，缺乏学习热情的现象。平时除了学校的授课时间以外完全或几乎不学习的人，高中三年级约占 40%，有的学生不能很好地掌握义务教育阶段的学习内容。在少子化背景下高考选拔功能下降，如 40% 的私立大学不能完成招生名额。二是学校学科课程的变化。普通科增加，专门学科减少。1955 年（昭和 30 年）普通科约占 60%，专门学科约占 40%，目前普通科约占 70%，专门学科占 20% 左右。

2. 保持提升教育质量的措施

面对上述两种变化，一方面要从提高教育质量角度加强公共制度和组织，如优化设置基准、设置认可、学校评价、学习指导要领、学分认定、毕业认定等建设。同时，也需要采取自主的措施，如通过地方公共团体等的学习能力调

---

① 日本文部科学省：《新时代に対応した高等学校改革に関する》，https://www.kantei.go.jp/jp/singi/kyouikusaisei/dai43/sankou2.pdf，2018-08-03。

查，校长会的标准考试和检定考试等灵活化措施，对不上学的学生、中途退学者、需要特别支援的学生充实教育咨询等，提供超级科学高中(SSH)等接受先进教育的机会。另一方面要推进高中的改革，如引入扩大学分制高中、开设综合学科、中高一贯教育制度化等。

具体来看，目前日本提升高中(职业高中)教育质量的基本构想是，第一，确保高中教育共通性的基础，包括所有学生都应该具有的资质、能力及其完成从学校向社会职业顺利过渡和作为社会一员应具有的必要核心能力，如对社会相关知识的理解，作为社会一员参与策划并做出贡献的意识。第二，满足多样化的学习需要，改革学科课程。推进普通科(提升升学意识，推动生涯、职业技术教育等，推动从学校到社会的顺利过渡)，专门学科(以社会需求为导向推进实践型职业技术教育和高等教育的衔接、合作)，综合学科(提高中学教职员、监护人的认知度)定时制、通信制课程(充实重新学习、教育咨询、升学指导等，促进与校外机构的联系)，特别支援教育(推进符合各地区、学校的实际情况、需求的各种实践和讨论)，重新学习(提供学习机会，确保义务教育阶段的学习内容)。第三，与经济社会的变化等相适应，进一步推动生涯教育、职业技术教育(确立职业观、勤劳观)，提供发挥优秀才能和个性的学习机会(提供高水平的学习机会和相互切磋的场所)，培养全球化人才(培养具备丰富的语言能力、沟通能力的人才)，推进 ICT 教育(为了实现高质量的学习，研究有效的授课方式)。第四，加强学习成果和教育活动的了解与检验。依据《高等学校学习指导要领》，导入达到度水平测试(基础级别)(暂定)。

具体内容概括如下。

(1)广泛的资质、能力的多方面评价。

①推进技能考试等活用，更加重视通过高中学校的教育课程培养学生的资质能力。

②推进各种各样的学习成果、活动实效的评价(新的评价手法的开发和普及、指导摘要的修改)。

(2)推动从学校到社会职业的顺利过渡。

①推进掌握社会生活所必需的能力的教育。

②在全部学校有组织地安排推进，与外部协作的人员配置。

③教育委员会等核心人才的配置和基地学校的整顿推进。

(3)充实实践性职业教育。

①先进卓越措施的推进检验，大学、专门学校等外部机构合作的促进。

②专攻科编入大学制度化的探讨。

(4)推进综合学科有特色的措施。

①收集并普及特色教育方法的事例，提高吸引力的措施。

②广域通信制课程创立第三方评价机构机制。

达到度水平(基础级别)(暂定)。为持续提高高中教育质量,促进学生掌握高中教育学习基础,激发学生的学习热情,提高学习能力,将推荐、AO入学考试作为就职时有信度的基础学力证明方法之一,大学等可能会使用其结果。

考试的内容如下。

(1)实施之初,设置日语、数学、外语、地理历史、公民、理科(可能选择)。

(2)测量高中阶段共同要求的基础的、基本的知识和技能。也包括活用知识和技能的问题,多门学科的融合问题。

(3)各个学校显示学生阶段性成绩(显示各个问题的正确与否和正确率等)。

测量方式:以多项选择方式为原则,同时部分用记述方式。

(二)基于"高中生学习能力基础诊断"认定制度

根据2016年3月的高大衔接体制改革会议"最终报告",在有识之士的讨论与准备小组等推进的具体讨论基础上,2017年7月制定"高中生学习能力基础诊断"实施方针,相当于我国高中生学业水平考试。改革后的评价方式综合评价学生的"知识、技能""思考力、判断力、表现力""主体性、多样性、协作性"这三个学力要素。征求专门研究高中与教育委员会等相关人员、民间事业者等研究工作组的意见以及公共评论的意见等,2018年3月制定了"高中生学习的基础"的认定基准、手续等相关规程,从2019年开始正式实施。为了使高中生具有所要求的基础学习能力,唤起学习热情,文部科学省提出了一定的要求,创立了民间考试等的认定制度,开发、提供多样化民间考试等(测定工具),以促进其活用,并落实通过PDCA循环提升高中生基础学力措施。

高中基础学力PDCA循环的框架:各学校立足社会所必需的基础学力,根据各自的实际情况设定目标,编成教育课程。活用多样的测量工具,对学生的学习状况进行多方面的评价,充实指导的办法。教育委员会等对学校进行支援,包括人才配置、预算措施、教员研修等。"为了高中生学习的基础诊断"制度(创立了依据民间考试等的认定制度)制定了认定基准等并落实,调整审查、事后检查体制。民间事业者等根据高中的实际情况可开发多种多样的测量工具。认定基准包括:出题应根据《学习指导要领》问题设计的基本方针,以日语、数学、英语共同必修科目为中心,包含义务教育阶段,主要考查思考力、判断力、表现力;提供测量结果,确认学习成果和问题;提供事后学习改善和教师指导方法的结果。

(三)高中(职业高中)教育质量外部评价形式

为持续提升高中教育质量,目前日本采取两种外部教育质量评价形式,即学校关系者评价和第三方评价。学校关系者评价是监护人、学校所在地区居民对学校进行的评价，并努力义务化。2011 年、2014 年分别对学校关系者评价实施情况进行了调查，结果显示，"2011 年全国有 85％的学校实施了学校关系者评价，2014 年则为 87.2％。第三方评价是外部专家从专业的角度对学校进行的评价。"①

二、高等职业技术教育外部质量评价

围绕教育质量评价形式的发展变化，日本高等职业技术教育外部质量评价可以分为三个阶段。

(一)日本高等职业技术教育外部质量评价的历程

1. 国家主导型的设置认可评价模式阶段("二战"前至 20 世纪 80 年代末)

这一时期，政府在高等职业技术教育质量评价中处于主导地位，通过设置认可形式评价高职院校教育质量。"设置认可"最初发生在私立高等院校，目的是解决这些学校的"质量危机"问题。1886 年日本政府公布了《私立法律学校特别监督条例》，1888 年又公布了《特别认可学校规则》，这是通过"认可鉴定"这种评价形式对学校进行外部评价的开端。② 1903 年日本政府颁布了《专门学校令》，作为专门学校进行外部评价的正式标准，进行认可鉴定和办学水平鉴定，只有达到国家标准，才能获得国家的认可。"二战"结束后，《专门学校令》没有大的变动。随着高等教育在社会进步中的作用日益明显，日本加强对高等教育质量管理改革，通过分类评价方式促进其多样化发展，同时保持和提高教育质量，培养真正符合社会需要的多层次、多类型、综合性和创造性人才。高等职业技术教育作为高等教育的一个类型，其教育质量改革也纳入其中，这一阶段的教育评价改革主要是完善不同类型高职教育机构的设置认可评价。1946 年美国教育使节团第一次来日本，提出了关于大学自主制定设置基准的建议。1947 年 3 月，日本政府颁布《学校教育法》，7 月模仿美国的鉴定成立大学基准协会。同年 12 月成立大学设置委员会，该委员会根据《学校教育法》第 60 条规定，在文部大臣的监督下，负责审议大学的所有与学位有关的事务，承担为文部省认可大学的责任。大学得到认可后，再由大学基准协会对大学的质量进行审查和评定。"由于大学设置委员会的大学标准的适用对象，东京大学、京都大学两所帝国大学和早稻田大学、庆应两所私立大学都被排除在外。'大学标准'即新制大学的标准，互相审查全部的大学这样的构想未被接受。"③1956 年颁布《大学设

① 日本文部科学省：《新時代に対応した高等学校改革に関する》，https://www.kantei.go.jp/jp/singi/kyouikusaisei/dai43/sankou2.pdf，2018-08-03。

② 袁韶莹：《当代日本高等教育》，285 页，长春，吉林教育出版社，1993。

③ [日]角野雅彦：《日本近代高等教育与专门学校发展研究》，158 页，保定，河北大学出版社，2008。

置基准》，大学准入权移交文部省，文部省开始陆续制订和修订《大学设置基准》《专修学校法》等高等学校设置基准，加强设置认可的管理。1961 年颁布了《高等专门学校设置基准》，1964 年日本国会修改《学校教育法》，从法律上确认短期大学的合法地位，1975 年颁布《短期大学设置基准》（1982 年修订），专修学校制度出台，1976 年颁布《专修学校法》，设立专修学校专门课程，颁布《专修学校设置基准》。

2. 问题/方法取向的结果评价模式阶段（20 世纪 90 年代）

问题/方法取向的结果评估模式以自我评价形式为主。"大学的自我评价是以自我检查学校的教育和研究活动为前提，找出解决大学存在问题的方法以及大学将来的发展方向，逐步改进大学自我评价的方法与手段以提高自我评价的有效性。"①1991 年前，由于政府对高等教育强大的行政指导削弱了认证评价机构的功能，同时，"日本大学基准协会的认证评价结果和政府对大学的财政支持没有一点关系，这个美式评价机构的功能并没有得到真正发挥"②。20 世纪 90 年代后，日本高等教育进入普及化阶段，1991 年《大学设置基准》大纲化，放宽统一规定，给予大学较多的经营自主权，同时为避免教育质量下降，要求大学努力履行自我检查和评价的义务。1991 年《短期大学设置基准》大纲化，《高等专门学校设置基准》大纲化，短期大学、高等专门学校有了更多经营与教育自由，发展特色教育，政府对学校的质量保障从以往的事前规制转向事后评价。

3. 决策、绩效模式与消费者导向模式阶段（20 世纪 90 年代末至今）

这种模式是认证模式与结果评价模式的结合，目的是将评价结果与政策和财政支持相结合。随着教育国际化的不断发展以及对国际型技术人才需求的增加，日本积极促进工学教育标准化，1999 年 11 月 19 日由学界和产业界联合设立第三方评价机构，即日本技术者教育认定机构（Japan Accreditation Board for Engineering Education，JABEE），开始实施对工学教育课程的认定制度，对大学本科阶段的工学课程和高等专门学校的第四、五年级，以及专攻科教育进行认定。"2000 年 4 月学位授予机构（成立于 1991 年 7 月）改名为大学评价与学位授予机构。该机构的性质与更名前的学位授予机构同样，是国立的'大学共同利用机构'"③，2002 年 8 月，中央教育审议会的咨询报告《关于构筑大学质量保证的新体系》规定，所有大学都有义务接受由文部科学省认可的评价机构的评价。

---

① 吴越：《日本高等教育质量评价体系研究——基于评价模式的视角》，载《中国高教研究》，2012（04）：43。

② 徐国兴：《日本高等教育评价制度研究》，65 页，合肥，安徽教育出版社，2007。

③ 胡建华：《90 年代以来日本大学评价制度的形成与发展》，载《外国教育研究》，2001（01）：9。

"2005 年大学评价、学位授予机构得到文部大臣的认可，正式成为有资格对大学、短期大学和法科研究生院进行大学评价的认证评价机构"①。2002 年专修学校设置基准修订，要求专门学校进行"自我检查与评价"并公布结果，而且结果要接受本学校以外人士的鉴定。"2002 年 11 月修订《学校教育法》，从 2004 年开始，所有大学、短期大学都有义务进行自我检查和评价、信息公开以及第三方评价"②，每 7 年接受一次第三方评价。"2004 年成立私立专门学校评价研究机构"，从 2007 年开始进行全面的专门学校第三方评价。

(二)日本高等职业教育外部质量评价的主要形式

回顾日本高等职业教育质量评价的历程可知，外部质量评价的主体主要指学校以外的评价主体，包括政府与评价机构。从评价形式上看，有设置认可和第三方认证评价两种形式。

1. 设置认可

"设置认可"是指文部省(文部科学省)通过颁布系列职业学校设置法令，负责对职业学校的设立进行鉴定评价。学校设置标准中的评价指标包括"学校教育组织的规模标准；学校教育编制标准；学校行政标志标准；学校设施设备标准等"③。"设置认可"的认可评价是以"输入质量"来代表教育质量，是由政府主导的行政评价。一般在学校设立时进行，由政府制定具体和相对比较严格的客观指标作为高职教育机构设立标准，希望设立该机构的个人或组织向政府提出申请，政府经过各种形式的严格审查，认为该机构通过设置认可的客观评价，则批准学校的设立。

2. 第三方认证评价

第三方认证评价是指政府以外的第三方评价机构依据评价基准对高等职业技术教育质量所做的评价。从 2004 年开始，短期大学、高等专门学校在 7 年内有义务接受一次文部科学大臣认证评价机关的评价，即认证评价。除此之外，高等专门学校、大学阶段的工学课程还要接受日本技术者教育认定机构的认定。第三方机构依据自己制定的"评价基准"对学校进行评价，指出优点和缺点。对于不符合评价标准的评价结果，大学可以提出申诉，要求改变申诉，或者在 1 年时间内对不合格之处进行整改，然后再进行评价，或者更换评价机构，重新

①　吴越：《日本高等教育质量评价体系研究——基于评价模式的视角》，载《中国高教研究》，2012(04)：44。
②　胡国勇：《日本高等职业教育研究》，183 页，上海，上海教育出版社，2008。
③　孙颖、刘红、杨英英等：《日本职业教育质量外部评价的经验与启示：以短期大学为例》，载《比较教育研究》，2013，35(12)：49。

进行评价。

（1）第三方评价机构简介。日本高等职业技术教育第三方评价机构详见表7-1，这些机构为独立于学校和政府之外的第三方机构，因此由该机构进行的评价被称为第三方（机构）评价或外部（机构）评价。所谓的第三方是指"和高等教育有关当局（主要是政府和大学）没有任何联系的机构，人们期待这些机构能够比较公正地进行评价。在这个意义上，第三方机构为和高等教育事业无关的外部机构，所以又被称为外部机构。"①

表7-1　日本的第三方评价机构及其评价对象

评价机构	设立者	评价对象
短期大学基准协会	大学	短期大学
大学基准协会	大学	大学、短期大学、法科大学院、专门职大学院
日本高等教育评价机构	大学	短期大学、高等专门学校
大学改革支援与学位授予机构（原：大学评价与学位授予机构）	政府	大学、短期大学、高等专门学校、专门职大学院
私立专门学校评价研究机构	私立专门学校	私立专门学校
日本技术者教育认定机构	其他组织	大学、高等专门学校、专门职大学院

数据来源：根据日本第三方评价的评价机构网站内容整理。

从第三方评价机构性质看，有两个比较独特，一个是日本的大学评价与学位授予机构。原本是文部省的下属机构，设立之初为学位授予机构，其财政主要由国家负担，工作人员为国家公务员。2000年改为独立行政法人大学评价与学位授予机构后，虽然组织形式上脱离了政府，但财政上完全由国家负责。主要职能是学位授予相关事宜以及对高等学校进行一个周期的第三方评价。另一个是日本技术者教育认定机构。1999年11月19日由学界和产业界联合设立，这是日本为了保证技术人员教育具有国际通用性而设立的非政府民间团体，资金和组织上不受政府的控制，2001年通过与工农理系学协会等学界、产业界的合作，以国际协议为基准，设置并不断修订评价基准，依据标准对技术者教育进行审查认定。主要对理工类、农业类学士课程和部分硕士课程，部分工业高等专门学校的第四、五年级和第一、二年级专攻科课程（相当于学士课程）的学科或者课程等进行认定。从认定程序上看，JABEE的认定是由相关技术领域的学协会组成的公正、中立的审查组进行的第三方评价。认定的过程由技术者教育程序的认定申请开始。审查小组进行自我检查书的审查，并形成审查报告书。

---

① 徐国兴：《日本高等教育评价制度研究》，6页，合肥，安徽教育出版社，2007。

由 JABEE 的各领域审查委员会认定审查调整委员会，对审查报告书进行调整审议，由认定会议决定是否认定。经理事会批准后，会通知程序批准与否，同时公布程序名称。审查认定批准，认定有效期最长 6 年。但是，在审查结果指出有漏洞的情况下，为了维持有效期限，需要在指定的年度接受中间审查，确认没有不完善之处。持续认定，必须在认定的最终有效年度的下一年度之前接受认定继续审查。

(2)高等职业技术教育第三方评价的认证基准：以 JABEE 认定的构成和认定基准为例。JABEE 认定的构成和认定基准主要包括以下内容[①]。

基准 1：学习教育到达目标的设定和公开。

①自立技术者像的确定和公开周知。

②学习教育到达目标的设定和校内外广泛公开，让教师和学生熟知。

学习教育到达目标主要规定学生达到学习教育目标应该掌握的知识和能力及其水平，主要包含如下(a)~(i)9 个维度：(a)从全球的视角多方面思考事物的能力及其素质；(b)理解技术对社会和自然带来的影响和效果以及技术人员对社会的贡献和所承担责任；(c)数学和自然科学方面以及信息技术的知识及其应用的能力；(d)该领域所需的专业知识及其应用能力；(e)活用多种科学、技术和信息，按照社会要求进行设计的能力；(f)逻辑的记述能力、口头表达能力、讨论等交流能力；(g)自主、持续的学习能力；(h)在既定条件下有计划地工作、总结工作的能力；(i)团队工作的能力。

基准 2：教育手段。

①基于课程方针的教育课程、科目的设计和公开。

②基于教学大纲教育的实施和主体学习的促进。

③教员团体、教育支援体制整顿和教育的实施。

④基于许可方针入学接收学生以及异动的方法。

⑤教育环境及学生支援环境的运用和公开。

基准 3：学习教育到达目标的达成。

①学习教育到达目标的达成。

②从知识、能力观点出发检查学生的到达度。

基准 4：教育改善。

①内部质量保证系统的构成实施和公开。

②持续的改善。

由于评价对象不同，每个第三方评价机构制订的评价基准存在差异。如日本技术者教育认定机构和大学改革支援与学位授予机构对高等专门学校的认定

---

① 日本技術者教育認定機構：《日本技術者教育認定基準共通基準（2019 年度～）》，https://jabee.org/doc/2019kijun.pdf，2018-10-30。

评价基准，通过比较发现，两个评价基准既有相同点也有不同点。相同点在于评价基准都是由一级评价基准和二级评价基准构成，不同点是一、二级评价基准不同，大学改革支援与学位授予机构制订的一级评价基准主要包括"高等专门学校的教育目的、教育组织、教师及教育支援者、招生、教育内容及方法、教育的成果、学生支援等、设施设备、为提高和改善教育的体系、财务和管理运营。日本技术者教育认定机构制订的一级评价基准主要包括，学习教育达成目标的设定和公开、教育手段、学习教育达到的目标、教育改善。两个评价基准的二级评级指标有部分相同之处，都涉及招生、课程、支援体系、学校环境以及改善这五个方面，两个评价机构都注重对学习成果的评价。"[1]

(3)认证的程序及形式。下面以独立行政法人大学改革支援与学位授予机构的认证评价为例，介绍高等职业技术教育第三方评价的程序及形式。

独立行政法人大学改革支援与学位授予机构对高等专门学校进行认证评价，依据《高等专门学校认证评价实施大纲》(以下简称"大纲")制定"高等专门学校评价基准"，以此为据对高等专门学校进行评价。根据《高等专门学校机构认证评价实施大纲》[2](2005年3月制定，2017年1月修订)中的规定，高等专门学校的评价过程与方法如下：第一阶段，高等专门学校依据《学校教育法》第109条第1项的规定实施自我评价，制定自我评价书。按照评价的日程安排，在进行机构认证评价前，一般在正式实施评价之前一年，召开高等专门学校机构认证评价的说明会，承担自我评价负责人的研修会，然后学校递交评价申请，形成自我检查和评价报告书(填写自我检查和评价的结果及今后改革的方向)，在指定的时间内提交机构审阅，此外，还有学校的基础资料(学校组织和活动的数据)及其他说明自己学校情况的材料，缴纳评价手续费的对象是高等专门学校设置者。第二阶段，组织机构开始检查学校材料，正式实施评价。第二年开始实施，提交自我评价书面谈对象等的选定委托，发送"书面调查的分析状况""访问调查时的确认事项"的其他访问调查内容，在访问调查的4周前通知高等专门学校，之后进行访问调查：访问调查的时间确认，对访问调查时确认事项的回答、确认、面谈、教育现场和学习环境等的实地考察。第三阶段，评价结果的决定，形成高等专门学校第三方评价结果报告书，提出改善的建议。高等专门学校机构认证评价委员会做出评价结果的决定，将评价结果(方案)通知学校，对评价结果(方案)意见声明的讨论、意见的声明向社会公开。如

---

① 杜金：《日本高等专门学校教育质量第三方评价研究》，硕士学位论文，沈阳师范大学，2017：22。

② 独立行政法人大学改革支援·学位授与機構：《高等専門学校機関別認証評価実施大綱》，http://www.niad.ac.jp/n_hyouka/kousen/__icsFiles/afieldfile/2017/08/24/no6_1_3_kousentaikou30.pdf，2017-01-01。

对评价结果有异议，第三方评价审查委员会负责对异议的审查。最后第三方评价机构在其网站公布对高等专门学校的外部评价结果，借此机会增进社会对高等专门学校的理解，增加双方的互动，以促进高等专门学校对自身问题的改善。第四阶段，教育改善阶段。根据自我检查过程中明确的问题，机构提出劝告或改正意见，高等专门学校提出定期自我检查评价及结果改善、改善状况的报告。

第二节　职业技术教育内部质量保障体系

一、高中（职业高中）的自我评价

（一）自我评价概述

高中阶段学校自我评价是指，教职员对学校的教育目标、教育活动以及其他学校运营状况进行自我评价，并公布评价结果促进教育活动的改善。

（二）自我评价的依据及其动态变化

文部科学省文部大臣以"文部省令"形式颁布《学习指导要领》，20世纪80年代初，在新《学习指导要领》中提出了学习状况评价的目标分类，各地根据文部科学省的意见向学校提出格式上的基本要求。县教育委员会根据《学习指导要领》制定学校自我评价的指南，作为学校自我评价的宗旨、内容和方法等的指导方针，地方高中学校活用"指南"指导自我评价活动。《学习指导要领》是文部科学省对学校教育课程的目标和内容的规定，自1947年首次颁布以来，每隔10年修订一次，职业高中可以根据地方和行业的需求做一定的调整。现行的《高中学习指导要领修订要点》对新《学习指导要领》中的变化进行说明。强调通过就业体验等指导养成勤劳观、职业观和作为职业人的伦理观。为培养能带动地区和社会发展的职业人才，根据社会和产业的变化，从全球化、社会可持续发展、信息化角度优化各学科教育内容。为了培养产业界需要的人才，新设"船舶工学"（工业）、"观光商业"（商业）、"综合料理实习"（专业家庭）、"信息安全"（专业信息）、"媒体和服务"（专业信息）学科，并促进职业技术教育必要的设施、设备计划的改善。

二、高等职业技术教育内部质量评价与保障体系

全球化竞争的不断激化加速了日本的技术革新和传统企业的淘汰，国家发展经济新增长领域，亟须解决由生产年龄人口急剧减少所带来的产业结构与劳动力市场变化的矛盾问题。同时，囿于企业内部基础教育训练逐渐被压缩，企

业人才培育机能的减弱，国家大力发展实践型高等职业技术教育，为经济新增长领域输送高质量实践型职业人才。为满足提高高职教育质量的迫切需要，20世纪90年代，日本开始整体构建包括高等职业技术教育中的短期大学、高等专门学校在内的高等教育外部质量监控体系，并评价、引导、监督、激励学校自发健全内部质量保证体系。

(一)日本高等职业技术教育内部质量保证体系建设历程回溯

以20世纪90年代为界，日本高等职业技术教育内部质量保证体系建设共分两个阶段。

第一阶段：学校为配合事前规制自我保证所提供的教育质量(20世纪90年代以前)。

战后，为满足日本经济实力迅速增长和高等教育大众化的需求，国家自20世纪50至60年代起创立了短期大学、高等专门学校，以大学之外的高职教育机构的建设促进本国形成多样化高职教育体制。为加强高等教育体系中大学与短期大学等高职教育机能的分化，日本于1956年颁布《大学设置基准》，根据《学校教育法》的相关规定，先后颁布了高等专门学校、短期大学设置基准。通过上述法律以及设置基准等制度对高职教育机构进行设置认可。此后，又将设置基准大纲化，引导学校进行自我评价。设置认可和基准中没有具体统一的教育质量标准要求，学校内部质量保证不成体系。

第二阶段：国家通过第三方教育质量评价制度规范引导学校不断完善内部质量保证体系(20世纪90年代以后)。

"从发生学的角度来看，高等教育质量保证有一个由内部管理开始到外部监控介入的发展过程。外部监控的功能在于促进学校保证与提高教育质量方面正常发挥作用。"[①]20世纪90年代后，为促进高等教育转向新自由主义的教育市场化，日本对高等教育质量管理由事前规制转向事后评价，2004年正式实施认证评价制度。大学评价与学位授予机构、日本技术者教育认定机构(JABEE)、短期大学基准协会、大学基准协会等第三方评价机构对短期大学、高等专门学校进行第一个周期的教育质量外部评价。至此，国家初步建立了由第三方进行的、专业的、具有高度信赖性和透明性的高职教育外部质量监控体系。

质量是体系内生而非外检的结果，国家完善外部质量监控体系，目的是规范引导学校自发构建内部质量保证体系。2008年中央教育审议会的报告《面对学士课程教育的构建》，提出"为了自我检查和评价，大学制定自主评价标准和

---

① 胡建华：《高等教育质量内部管理与外部监控的关系分析》，载《高等教育研究》，2008(05)：32。

评价项目并运行等，构建内部质量体制"①。2011 年大学评价与学位授予机构修订的《大学评价基准》中的"标准 8，教育的内部质量体系"，要求根据检查评价结果调整大学内部质量体系。② 2013 年大学评价与学位授予机构的研究会提出《教育内部质量体系构建的准则》（案），该研究会整理分析了第一周期高等教育各认证评价机构的评价结果以及海外大学内部质量保证体系的要求，认为目前日本的高等教育机构才刚刚使用"内部质量体系"一词，之前，尽管有很多学校构建了内部质量保证系统，但还没有达到被称为"体系"的程度。③《教育内部质量体系构建的准则》（案）并非《大学评价基准》的一部分，它以提供可参照的信息为目的，为完善内部质量保证体系提供基本框架，是学校构建内部质量保证体系的操作指南。2016 年 3 月 31 日中央教育审议会大学分科会大学教育部会发布《毕业认定学位授予方针、教育课程编制实施方针和入学者申请入学方针的制定及其运用的方针》（以下简称《方针》）。《方针》要求学校制定招生、课程和毕业认定与学位授予方针，并对制定单位及注意事项、三个方针的相互关系等做出说明，④ 更为具体、深入地指导、规范学校自主构建内部质量保证体系。

（二）日本高等职业技术教育质量保证体系的内涵、总体架构与全过程质量控制

1. 日本高等职业技术教育内部质量保证体系的内涵

《教育内部质量体系构建的方针》（案）对"内部质量评价保证体系"的内涵进行界定。大学评价与学位授予机构认为所谓的"内部质量"，是指高等教育机构有责任对自身的各种活动进行检查评价，并以检查结果为依据，不断进行自我改善，以保证其品质。品质保证是对教授和学习体系的监督、评价及支持的过程。日本大学评价与学位授予机构对"内部质量保证"的定义与海外的定义大致

---

① 日本中央教育審議会大学分科会制度・教育部会：《学士課程教育の構築に向けて（審議のまとめ）》，http://www. mext. go. jp/b_menu/shingi/chukyo/chukyo4/houkoku/080410. html，2018-05-13。

② 独立行政法人大学改革支援・学位授与機構：《大学評価基準》，http://www. niad. ac. jp/n_hyouka/daigaku/1178444_1137. html，2016-05-14。

③《大学評価・学位授与機構内部質保証システムの構造・人材・知識基盤の開発に関する研究会，教育の内部質保証システム構築に関するガイドライン（案）》，http://www. niad. ac. jp/n_kenkyukai/1213501_1207. html，2018-03-21。

④ 日本中央教育審議会大学分科会大学教育部会：《「卒業認定・学位授与の方針」（ディプロマ・ポリシー），「教育課程編成・実施の方針」（カリキュラム・ポリシー）及び「入学者受入れの方針」（アドミッション・ポリシー）の策定及び運用に関するガイドライン》，http://www. mext. go. jp/b_menu/shingi/chukyo/chukyo4/houkoku/1369248. htm，2016-03-31。

相同。不同的是，"教育质量保证"的目标是教育质量和水平，海外更明确地规定了达成教育计划和学位期望"水平"的程度。具体来说，日本高等职业技术教育的内部质量保证体系，是指为了持续保证内部教育质量，应该明确的校内政策、程序、体制等构成。

日本高等职业技术教育内部质量保证体系的运转方式是 PDCA 循环。该循环包括以下 4 个要素：教育目标（Plan）、教学计划的实施（Do）、教育成果的目标达成度评价（Check）、评价结果的改善（Act）。PDCA 循环程序是持续性地分析、监控、反馈和改善教育计划的质量管理过程。内部品质保证系统的完善有利于 PDCA 循环程序处于良性循环运行状态。

2. 日本高等职业技术教育内部质量保证体系的总体架构

《教育内部质量体系构建的准则》（案）建议学校从 8 个方面构建内部质量保证体系，具体如表 7-2 所示。

表 7-2　大学（包括短期大学、高等专门学校）内部质量保证体系的总体架构

内容	主要观测点
（1）内部质量保证的全校性方针和责任体制	学校应规定内部质量保证的方针，明确责任体制，并将之作为全校性的方针
（2）教育计划的认可、定期的检查与改善	要有对新的教育计划进行认可、定期检查与评价、持续改善实施的体制和程序方法，特别是要从确保学生学习成果的观点出发，对教育措施和教育内容以及授予的学位水平进行检查和评价
（3）教师的检查与能力开发	教师有适当的检查与评价的能力，有教师的相应能力培养和促进能力提升的办法，以及持续实施的体制和程序
（4）学习环境和学生援助的检查与改善	对学习环境和学生学习援助、生活援助等策略的相关检查与评价，以及继续改善的相关体制和程序
（5）学校和部门的教育目的与目标的检查与改善	有学校和各个部门的教育目的和长期的目标与计划，对活动状况和进度、达成状况的把握，以及持续改善的体制和程序
（6）学生和外部人士参与质量保证	在上述各种内部质量保证的基础上，需要有学生和外部相关人士参与，或听取利益相关者意见的体制和程序
（7）教育信息的收集与分析	关于教育的状况，要恰当地收集活动的实际数据和资料，积累分析并利用其结果的体制和程序
（8）教育信息等的公开	从教育质量保证和消费者保护的观点，对学生入学、在校生、家长等定期发布正确信息的体制和程序

数据来源：根据《教育内部质量体系构建的准则》（案）整理而成。

表 7-2 是国家围绕 PDCA 循环对学校内部质量体系的总体架构进行的顶层

设计，主要由 6 个部分构成：（1）是质量保证的全校性指导思想与责任体制，（2）是教育计划执行的监督机制，（3）和（6）是全面质量保证的责任主体及其参与机制，（4）和（7）是形成性和总结性评价相结合的质量保证形式的保障条件，（5）是质量保证的组织架构及促进其达成质量目标的机制，（8）是质量保证结果的公开。

3. 全过程质量控制

为有效引导学校进行过程性质量控制，《方针》从第三方教育质量评价的角度对学校全过程质量管理的三大质量控制环节，即招生、课程和学生的毕业认定与学位授予制度的制定，从制定单位、每个方针的内容、制定原则及其注意事项等方面做了规定。

第一，《方针》对制度内容的规范。各学校、学院和学科等制定单位制定毕业认定与学位授予方针，应确定毕业生掌握什么样的能力，制定学位授予的基本方针，明确学生结业成果目标；编制教育课程实施方针，明确为了获得毕业证书，编制什么样的课程，应有什么教育内容，实施什么方法以及学习成果评价的基本方针；以上述两大方针为依据，制定入学者申请入学方针，树立正确的教育理念，制定与之相适应的招生基本方针，从学力三个要素，即知识、技能和思考力、判断力、表现力等能力以及主体性和与他人合作的学习态度方面明确所招学生的学习成果。

第二，《方针》对制定原则的规范。首先是整体性原则。制定单位从整体性角度制定"三个方针"。其次是调查研究原则。制定单位以《我国高等教育的未来像》（2005 年 1 月 28 日）为依据，以校长为中心研讨推动"方针"的制定，以学生为中心确立学位目标。搜集分析关于教育、研究、财务等的资料，以调查研究为依据，明确所获得的知识和能力及其课程体系。最后是一贯性原则。力求学位授予方针和教学计划方针的一体化和整合性，明确规定学生毕业所应掌握的素质和能力的结构和水平特点，并与之对应编制实施具体的教育课程及学习成果评价的要求。

此外，《方针》还对制定单位以 PDCA 循环为基础实施每个"方针"时的注意事项做了具体说明。《方针》指出，为促进利益相关者对教育机构的适当理解，推进和社会的合作，学校有必要以《方针》为基础积极提高教育实效性，公开教育信息。学校采用多种手段，根据自己确定的教育理念改善教育活动、教育环境、学生的学习等，并将这些积极的信息和"三个方针"公之于众。无论对学校还是希望入学者、在校生及其监护人、高校关系者等社会相关利益者，都具有积极意义。

(三)日本高等职业技术教育内部质量保证体系的特点

1. 整体性

"整体性"一方面表现为学校内部质量保证体系的完整性。《教育内部质量体系构建的准则》(案)对学校内部质量保证体系的总体架构进行具体说明,《方针》对学校内部全过程质量控制制度做了详细规定。这两个制度在内容上互补,为学校系统构建内部质量保证体系提供指南。另一方面则表现为内外部质量保证体系的关联性。外部质量监控的《大学评价基准》中的"标准 8—1,内部保证教育质量水平"与内部质量保证的《教育内部质量体系构建的准则》(案)在内容上具有关联性,该"准则"(案)还枚举了第一周期认证评价的诸多亮点,通过示范性引领学校不断创新内部质量保证体系,在日后的认证评价中有更出色的表现。国家从外部质量监控角度对学校内部质量保证体系进行顶层设计,将有助于形成一个目标、职责权限明确的,彼此相互协调、促进的整体推进的质量管理有机整体。

2. 发展性

教育质量保证观由对学习评价转向促进学生学习的评价。促进学生学习的质量观指导下的高职教育质量保证体系,在质量保证上采取与学生学习的发展有关的指标,通过形成性评价、目标评价和绩效评价来衡量教育质量的高低。《关于学士课程教育的构建》提出要从重视学习成果的观点出发,进一步明确学位授予和教育研究的目的,从"教什么"向"会什么"转换,从重视学习成果的观点出发,制定学位授予方针,在明确各教学科目达成目标基础上,导入 GPA 客观评价体系。[①] 以该制度为指导,《教育内部质量体系构建的准则》(案)提出,学校应有对学生学习的环境、资源以及学习支持、生活支持等校内措施及其效果的检查、评价以及继续改善的体制和程序。进行相关检查评价时,学校应听取学生的意见并分析结果改进教育质量。《方针》指出,学校的入学质量管理应明确具体规定入学者选拔方面的要求。包括入学申请者在入学前应掌握的各种能力和学习的内容,入学后掌握的能力及其多样化的学业评价;对于毕业质量保证,学校在评价毕业生学习成果时,重点考察"变得怎么样",应尽量具体表示学位授予方针,以社会显性和潜在性要求为充分依据制定人才培养方向等;对于教育课程质量管理,学校应根据学位政策制定教育课程,在课程方针中具体表示该教育课程的学习方法、学习过程和学习成果的评价,构建符合毕业认

---

① 日本中央教育審議会大学分科会制度·教育部会:《学士課程教育の構築に向けて(審議のまとめ)》,http://www.mext.go.jp/b_menu/shingi/chukyo/chukyo4/houkoku/080410.html,2018-05-13。

定学位授予要求的教育课程体系。学校面向多样化入学者，从普通教育、专业教育、生涯教育等促进主体终身学习实践活动的角度帮助其确立自主学习计划。

3. 开放性

质量保证体系的开放性主要表现在两个方面：一是教育行政部门与学校的教育评价与监督活动过程的开放性。职业技术教育具有鲜明的社会性，这一特点要求其教育质量评价和监督具有开放性。为促进多元主体实质性参与教育评价与监督活动，国家从制度层面对参与者评价资质做出要求。《教育内部质量体系构建的准则》（案）对学生和外部人员参与质量保证进行具体规定，明确提出校外人士参与学校内部质量保证，以确保质量评价的专业性。规定校外人士包括与该教育内容相关的专业人士和学习成果评价方法等方面的专业人士，是能够关注并对毕业生的知识、能力进行检查评价的校外人士。校外人士的参与，能够提高调查问卷、学校咨询委员会的咨询、毕业和毕业论文的审查等效果。二是评价与监督活动结果的开放性，向社会公开评价结果，接受社会监督教育质量。《方针》要求学校公布"三个方针"和自我检查评价结果，通过教育的可视化增强地方、国际社会、产业界等和职业技术教育机构之间共同合作培育人才的可能性。基于 PDCA 循环体制，用目标达成度评价法对高职教育机构进行教育质量评价与监督，并向社会公开真实的评价结果，其前提是学校有充足的必要的数据和信息。《教育内部质量体系构建的准则》（案）规定，凡是建构高等教育未来像所需要公开的数据以及政府统计数据，都被视为是有效利用的数据。具体包括每个学生的学习履历，各种能反映入学者学习情况的定量定性评价，包括重修、成绩、学分情况，毕业或留级、退学情况以及以后的去向情况等学习情况的数据。此外，还包括学生对教师的满意度和学习目标达成度等情况的调查与调查结果的分析以及确定教育是否适当的实施，需要改善的必要事项的资料。高等职业技术教育机构第三方评价的综合性检查评价 7 年为一个周期，每年都要收集上述数据监控教育情况。为减少教师的负担，第三方教育质量评价制度明确要求学校具有自我收集和分析各种评价活动数据的功能（简称 IR），如学校评价信息系统、信息数据库等。一个评价周期后，评价机构总结并公布学校在评价中的可供参照学习的表现，以便校际间的开放学习。

（四）理性借鉴日本经验系统构建我国高职教育内部质量保证体系的策略

目前，我国从国家政策层面提出并初步建立了高职院校内部质量保证体系。由于该体系建设过程中诸多因素的影响，国家在这方面的研究至今仍很薄弱，仅有极少数机构进行过一些尝试。① 理性借鉴日本的经验优化我国高职教育内

---

① 赵志群：《现代职业教育质量保障体系建设》，载《中国职业技术教育》，2014（21）：236。

部质量保证体系的策略如下。

1. 系统构建内外结合型高职教育质量保证体系

内外结合型是高职教育质量保证体系的类型之一。日本的高职教育内外结合型质量保证体系的质量目标由第三方教育质量评价机构确立，该机构通过制度形式从外部评价角度规范学校自发建立内部质量保证体系的总体架构和全过程质量控制。日本根据高职教育的高等性和职业定向性双重属性选择第三方教育评价机构，如高等专门学校的第三方教育评价机构是大学评价与学位授予机构(2016 年与国立大学财务与经营中心合并，更名为大学改革支援与学位授予机构)和日本技术者教育认定机构(JABEE)。前者也是大学的评价机构，后者是大学等高等教育机构的工农理学科的专门评价机构。日本从高职教育的双重属性出发选择评价机构，分别制定教育质量目标和教育评价基准，并对学校构建内部质量保障体系提供指南，既促进了高职与大学教育的衔接，又凸显了高职教育的需求制约型特点，使更多的利益主体了解、信任高职教育的人才培养，进而参与、支持高职教育办学。

当前，我国建立健全第三方评价制度，并以之引导规范学校自发构建内部质量保证体系。国家应从高职教育的双重属性出发，有针对性地确立第三方教育评价机构的资质与职能定位、评价指标体系，使之与学校自发构建内部质量评价体系相关联，以便形成内外双向互动的质量保证工作机制。

2. 国家以完善教学标准制度体系为核心和先导健全外部质量监控体系，同时对学校自主构建内部质量保证体系的总体架构和全过程质量控制提出指导性意见

一方面，坚持先进性原则制定、修改完善教育质量评价标准。日本的第三方教育质量评价基准的制定、修改和完善，始终坚持以国内外调查研究为基础，如日本学术会议在制定各领域参照基准时就参考了海外同样的基准，如英国Subject benchmark 等。日本技术者教育认定机构 JABEE 的《学习·教育目标》与《华盛顿协议》等紧密对接。对等或高于国外学位授予和资格认定标准建设高职教育质量标准体系，能够保持标准的先进性，使学校的基于标准的目标达成度评价有效促进资格和学分的互换。另一方面，在外部教育质量标准建设过程中，外部评价机构对学校内部质量保证体系的总体架构和全过程质量控制做出规定。《方针》是指导学校制定教学标准制度的指导性文件，它与其他教育质量标准制度，如"设置基准""评价基准""学习·教育目标"等在内容上相互关联、补充，形成相对完善的教育质量标准制度体系，有效指导规范学校完善全过程性质量控制制度体系建设。具体包括：学习成绩评价、升级以及毕业认定规则，选修课程规则，校外实习进修相关规则，校外其他学校学习学分认定注意事项、外国留学注意事项、校外实习单位以及其他高等学校学习学分认定，学生生活规则，各种设备设施规则，住宿规则等。日本将教学标准制度作为教育质量标准制度体系的核心和先导，不仅能够完善外部教育质量评价体系，而且能够有效帮助学校从全局角度和系统目标出发，将校内所有资源和活动按照过程方法重新整合成一体，以全过程质量管理制度的建设为核心，构建能够整合发挥自身整体管理效能的质量管理模式。

目前，我国虽然成立了高职高专行业职业技术教育教学指导委员会、教学工作诊断与改进专家委员会等组织机构，对专业教学标准等教学标准进行了组织设计，并且以诊断与改进为手段促进高职院校完善内部质量保证体系。但是，国家专业教学标准还处于制定阶段，对于如何根据形势的发展与变化，对国家专业教学标准进行及时修订，尚未建立相关的工作机制。[1] 国家对课程标准、专业教学标准、学业评价标准等教学标准制度的制定、实施和修订完善的工作机制的顶层设计缺失，且各个标准制度内容的关联性不强，导致学校构建内部质量评价标准缺乏科学性、客观性。当务之急，我国应以"整体性""一贯性""调查研究"为原则，从外部质量监控角度完善全过程质量保证标准体系，并对学校内部质量保证体系的总体架构和全过程质量控制进行规范，通过外部评价、培训等方式引导、推动学校教育管理者、教师树立发展性评价教育理念，提高评价主体的教育评价能力，使之有效参与学校内部质量保证体系建设，学会收集学生学习成果信息，准确、灵活运用多种评价形式进行学业评价。

理性借鉴他国经验，整体构建我国的内外结合型高职教育质量保证体系，通过高职院校人才培养工作状态数据采集平台、教学诊断与改进工作等教育外部质量监督评价方式，不断评价、监督和反馈学校内部质量保证体系有效运行情况。使外部教育质量评价成为一种动力，逐步引导、鞭策学校形成现代质量文化，积极作用于校内教育质量保障体系。

第三节　职业技术教育质量评价特点

在国家教育发展战略指导下，日本不断改革职业技术教育质量评价，当前日本已经形成了符合职业技术教育质量管理特点的多元评价体系。通过设置认可评价，改善学校的办学条件。通过自我评价和第三方评价，既保持和提高了学校教育质量，又增强了职业技术教育的社会信誉。总结日本职业技术教育质量评价特点，以便理性借鉴他国经验，优化我国职业技术教育质量评价。

一、职业技术教育质量评价制度的系统性、可操作性

建立健全教育评价制度，是职业技术教育分类评价管理的基础和依据。日

---

[1]　徐涵：《新世纪以来中国职业教育课程改革：成就、问题及建议》，载《现代教育管理》，2017(04)：71。

本根据不同教育机构的特点，有针对性地系统制定教育质量评价制度，增强其操作性。无论是普通教育还是职业教育的教育质量评价制度，都以《学校教育法》为依据制定，并且评价制度的每一次修订都以相关的法律法规或政府文件为依据，教育质量评价有法可依，可操作性强。《学习指导要领》是文部科学省对日本高中阶段职业技术教育质量评价的总体指导性文件。为促进评价制度的落实，国立教育政策所发挥教育课程研究中心职能，制定指导资料案例集指导学校内部教育质量评价。2012、2013 年由教育出版株式会社分别出版了高中共同学科、专门学科的"优化评价标准的制作、评价方法等参考资料"，其中，高中共同学科包括高中的日语、地理历史、公民、数学、理科、保健体育、艺术（音乐、美术、工艺、书法）、外语、共同科目（家庭、信息），专门科学学科包括农业、工业、商业、水产、专门科目（家庭）、看护、专门科目（信息）、福祉。高职教育质量评价制度体系，无论是"设置标准"还是"评价基准"，在制定后，都紧随需求变化和教育体系战略性发展要求不断修订完善，周期性评价制度能够避免评价标准的滞后性，实现教育质量评价为教育增值的目的。

二、职业技术教育质量评价的开放性

日本职业技术教育质量评价的开放性是指评价主体的多元化、评价的透明化。教育质量评价的多元化是指教育质量评价主体多元化。政府、学校和多机构、多类型的第三方机构，多方参与职业技术教育质量评价，既有利于提高教育质量评价的公平、公正性，也符合职业技术教育的教育性和职业性特点，以需求导向制定评价标准科学评价。教育质量评价的透明化是指教育评价不仅促进学校自主改进教育活动，达到教育目标，自觉形成质量文化，同时多方参与、教育评价结果公开、透明，接受同行、社会的监督，提高了职业技术教育吸引力。例如，"在外部评价过程中，评价小组还要对高等专门学校进行访问调查，访问调查的实施主要包括对高等专门学校的利益相关者进行面谈，对学校的教师（教学辅助者）及相关教学设施工作人员等进行面谈，召开学生及毕业生等的座谈会，进行教学现场的调查及学习环境的视察，收集相关的数据和资料，向高等专门学校相关人士说明访问调查的结果并听取他们的意见。"[①]这种多元主体参与评价的形式保证了职业技术教育质量评价的可信度。

三、职业技术教育质量评价的国际性与本土性并存

"二战"后，日本借鉴美国教育质量评价经验，推动本国教育质量评价的改革，经过几十年的探索，日本职业技术教育质量评价完成了由政府控制模式向

---

① 《訪問調査実施要項高等専門学校機関別認証評価》，http://www.niad.ac.jp/n_hyouka/kousen/__icsFiles/afieldfile/2013/06/13/no6_1_3_kousenhoumon25.pdf，2018-06-15。

决策/绩效模式与消费者导向模式的转向，形成了符合本国特点的职业技术教育质量评价模式。教育质量评价模式的创新克服了评估中最常见的两种意识形态：实证主义者的意识形态与管理者的意识形态。[①] 同时，在教育标准的制定上，按照知识产权立国、科学技术立国、基础学历提升战略、教育国际化战略等国家科学技术发展战略、教育战略要求，适时制定修订评价基准，完善教育质量评价制度，有条不紊推进职业技术教育质量评价，使之逐步走上标准化、科学化、规范化的发展道路。

相关链接

英、德、日三国职业技术教育学业评价标准建设的经验与启示

"学业评价标准对学生在不同学段所应该达到的学业成就（学习结果）进行描述，明确告诉教师，学生在经过一定时间的学习后应该知道什么和能够做什么以及通过什么方法和证据来判断学生是否达到了标准的要求。"[②]"学业评价标准广义上是基于课程标准，蕴含内容标准和表现标准两个因素，是内容标准和表现标准的有机整合与统一。"[③]"内容标准描述学生应该知道什么，能够做什么，或者应该掌握何知识、技能。表现标准或狭义上的学业评价标准，描述的是学生学到多好算好。"[④]"一般具有三个组成要素：表现水平、表现描述语和样例。"[⑤]学业评价标准是检测和衡量职业院校学生学业成就和人才培养质量的准则。强化职业技术教育学业评价标准建设，是规范职业院校教师的日常教学和评价行为，健全职业技术教育质量保障体系，培养大量现代化、国际化的技术技能人才的迫切需求。

一、国内外职业技术教育学业评价标准建设概况

（一）国内职业技术教育学业评价标准建设的现状

为确保学业评价标准功能的有效发挥，2010 年，广州市教育局教学研究室在国内率先启动了中等职业技术教育公共基础课程学生学业质量评价标准方案

---

① 吴越：《日本高等教育质量评价体系研究——基于评价模式的视角》，载《中国高教研究》，2012(04)：41-46。

② 徐岩、丁朝蓬：《建立学业评价标准 促进课程教学改革》，载《课程·教材·教法》，2009，29(12)：5。

③ 沈南山：《学业评价标准研究：内涵、范式与策略》，载《课程·教材·教法》，2011，31(11)：19。

④ 雷新勇：《学业标准——基于标准的教育改革必须补上的一环》，载《上海教育科研》，2009(06)：15-16。

⑤ 同④。

的研制工作和学业水平考试的实验工作。目前，我国职业技术教育学业评价标准建设的理论与实践探索处于滞后状态，存在诸多问题。主要表现：一是标准的编制缺乏统一的、完备的技术规范要求，良莠不齐，校际、区域间人才培养质量缺乏可比性。二是学业评价标准操作的灵活性大，学业评价实践困惑重重。三是学业评价标准的修订与完善缺乏时效性、科学性。造成这种状况的原因一方面来自学校内部，主要是缺乏能力表现标准建设的能动机制，教师对学业评价标准建设的重要性、迫切性缺乏深刻认识，评价理念滞后，缺乏专门、有效的学业评价的技能和训练，不能及时、客观地了解国内外行业职业能力标准的变化，难以胜任课程标准的编制工作，造成标准建设的专业性、权威性缺失；另一方面原因则来自学校外部。国家、地方教育主管部门缺乏学业评价标准的顶层设计，教学质量标准体系内的各标准缺乏联动建设机制，职业标准和专业标准联动开发机制在实践中难以落实，行业企业、第三方教育质量评价机构等多方外部评价主体对学业评价标准建设的参与程度有限，学校自主制定学业评价标准存在盲目性和滞后性。

（二）国外职业技术教育学业评价标准建设概况

按照标准发生作用的范围或审批权限，可以把职业技术教育学业评价标准分为国际标准、区域标准、国家标准、地方标准和其他标准等。国际标准指导下的世界技能大赛始于 1947 年，至今已进入稳定发展阶段。随着国际先进技术的变化，世界技能组织依据相关行业标准以及 ISO 标准等国际标准的变化，开发并不断修订完善世界职业技能竞赛评估标准。在世界技能大赛的影响下，一些区域、国家和地区也举办不同规格技能大赛，或开展一定规模的标准化能力测评。技能竞赛评估标准与能力测评标准的优点是能够精确指导职业技能水平测试，并对各参赛单位与测试单位的学生职业能力情况进行横向比较；缺点是该标准作为一般学业评价标准缺乏普适性，易造成唯比赛倾向或唯能力倾向。职业技术教育学业评价标准存在复杂性和特殊性，进行学业评价标准的开发非常困难。20 世纪 80 年代以来，一些发达国家如英国、德国和日本在终身教育和新职业主义以及由标准驱动并基于标准的教育改革思想影响下，从国家层面顶层设计了不同模式的具有纲领性和指导性意义的职业技术教育学业评价标准。

英国开发的"细化分解、等级评定"[①]型职业资格鉴定标准，体现在规范资格框架（简称 RQF）中。从规范资格的生命周期看，它主要规定学生成绩的标识和评估、收集评价证据的方法、开发生动的评估材料、如何开发评估材料以及谁来评分和评估、需要测量的技能，知识和理解以及为什么如此。其优点是能够有效监控、指导职业技术教育教学，保证职业资格、学历资格、学徒资格等

---

① 闫宁：《高等职业教育学生学业评价研究》，博士学位论文，陕西师范大学，2012。

资格的连续性和融通性，学业评价结果与资格考试结果的一致性较高；缺点是无法对不同职业能力诊断的结果进行比较。德国开发的"工作过程导向、分级描述"①型职业技术教育学业评价标准，体现在《职业技术教育培训章程》中。它从工作岗位的实际需求出发，对某一种职业所需要的最低限度的、具有明显的实用性和应用性特点的技能和与之相关的劳动、工艺知识做出明确的规定。它还作为所有企业、职业学校和各类培训机关进行职业培训的依据，州工商行会组织中间考试和毕业考试的依据。其优点是标准的专业性、权威性强，既注重考查学生的理论知识的掌握，也注重考查实际操作技能；缺点是标准实施时对评分者的条件要求较高，需要一定的测试成本作保障。日本开发的学习教育目标的综合达成度评价型职业技术教育学业评价标准，体现在第三方评价机构开发的评价基准和学校自我评价书制作指南等第三方评价指导性文件以及教育课程计划、学科课程教学大纲中。它规定了某一学科的学习教育目标及其达成度，并以此明确学习内容、学习成果的收集、评价基准和方法等。其优点是注重目标和目标分类，通过学生行为的考察，确定学习教育达到目标的程度，能够强调职业技术教育教学管理的引领和促进作用；缺点是评价以目标为中心和依据，以统一的目标模式来评价个体，忽视个体的个性化特征。

二、英、德、日三国职业技术教育学业评价标准建设的共同性

(一)三种模式的"标准"建设在组织管理上具有共同性

公共行政执行协同机制能够促进政府部门之间、政府层级之间和政府与其他社会主体之间合力协作，共同指向公共行政执行目标。在该机制作用下，三个国家有效进行了职业技术教育学业评价标准建设工作。

英国由政府部门、行业技能委员会等组织建立公共行政执行协同机制，合力建设资格框架标准。为促进该机构的建立及良性运行，英国将资格与考试管理办公室(简称 OFQUAL)作为统一的协调部门，不仅负责审核办证机构的资质，还对各颁证机构和教学机构运行资格框架的工作进行监督和指导。在该组织的协调下，其他专业性组织分工协作资格框架的开发运行工作。如开发由英国"行业技能委员会"主持的行业资格战略(SQS)，保证职业资格有效体现企业需求。每个资格都由行业技能委员会等相关组织开发、规定每个资格的"组合规则"(简称 ROC)和所需的学习单元。此外，还有其他部门协同。德国联邦政府部门之间、联邦政府与州政府之间、雇主和雇员协会以及联邦职教研究所等机构建立公共行政执行协同机制，合力建设职业培训标准和资格标准。联邦政府颁布和实施的《职业技术教育培训章程》，由全德雇主协会(企业主)、雇员协会(工人)、联邦政府、各州政府以及联邦职教研究所共同参与制定，并由德国联

---

① 闫宁：《高等职业教育学生学业评价研究》，博士学位论文，陕西师范大学，2012。

邦职业技术教育研究所具体实施制定方案。为促进普职教育沟通，将人才考评标准和制度纳入国家资格框架，"2014 年联邦政府与就业局、工商业协会及各州政府共同签署了战略合作协议，明确要进一步修订、完善国家资格框架（简称DQR）。未来五年，制定其他资格分派的标准和程序，完成《DQR 手册》编写工作。"①日本借助第三方教育质量评价制度，构建公共行政机关和第三方评价机构及其专业协学会会员等协同建设教学质量标准的公共行政执行协同机制。自2004 年实施第三方评价制度以后，日本政府规范、引导第三方教育质量评价机构，依托外部质量评价方式监控和指导学校学科教学大纲的开发与实施维护工作。第三方评价机构分为政府设立的机构和大学自发组织团体、其他民间团体非政府组织三种性质，这些机构在履行评价职能的同时，也肩负着推进质量保障相关调查研究的职责。评价机构的评价资质以及按照国家要求制定的评价基准、评价方法，都必须接受文部科学省大臣、中央教育审议会审议，通过审核之后方可对职业学校进行质量评价。第三方机构制定"评价基准""评价实施手册"和"自我检查书""自我评价实施要则"等指导学校自我教学质量保证的规范性文件，从学习教育达成目标的制定、学科的设置、评价方法与规范等方面具体指导学校制定各科教学大纲编制指南。此外，中央教育审议会大学分科会大学教育部会制定的"教育课程编制实施方针"和第三方评价机构的会员、各专业协学会制定的学科教育学习达成目标等标准，也对学校制定学科教学大纲有一定的指导意义。

（二）三种模式的"标准"在编制的结构框架、要素上具有共同性

依据学业评价标准中的"内容标准"和"表现标准"的内涵与结构要素，从英国规范资格框架中的单元规格与"RQF 等级标准描述范例"②、《德国职业技术教育的培训条例》的组成、日本第三方教育评价机构关于学习教育达成目标综合达成度评价的有关说明中，运用内容分析法找出各国职业技术教育学业评价标准的基本结构要素，详见表 7-3。三个国家的职业技术教育学业评价标准，在结构框架和要素上具有共同性。

表 7-3 英国、德国和日本职业技术教育学业评价标准的基本结构要素

国家	内容标准和表现标准
英国	学习结果、等级及其描述（用知识与理解、技能两个指标详细描述）、评价指导

① 迟俊：《德国职业教育发展与"工业 4.0"契合的掣肘、举措与启示》，载《教育与职业》，2017（11）：43。

② Qualification and Component Levels. Requirements and Guidance for All Awarding Organisations and All Qualifications，https://www.gov.uk/government/uploads/system/uploads/attachment_data/file/461637/qualification—and—component—levels.pdf，2017-07-17.

续表

国家	内容标准和表现标准
德国	由能力描述的培训目标、培训规范要求、总体培训计划中的培训职业的规范要求、基本内容和总体教学计划中的教学内容及其教学目的
日本	学习教育目标的分类及其描述、达成学习教育目标的各学科、各学科达成的学习教育目标（包含与《评价基准》的关联）、学习教育达成目标的各项综合的达成度评价方法及评价基准等

第一，设计理念上具有一致性，都是从职业技术教育的教育性和职业性双重属性着眼进行结构框架设计，据此搭建普职教育、学校教育与工作需要的衔接和融通的平台；第二，以统一性、全面性、协调性、适应性和发展性等为设计原则，构建具有可行性、信赖性、客观性和效率性特征的"标准"。"信赖性"是指测试的可靠、可重复性。"客观性"是指不同的测试者对同一对象进行相同内容的测量都能够取得一致性测量结果。"效率性"是指测试经济、省时、容易评价。第三，以行为目标教育评价模式为导向，进行学业评价标准二维结构的框架设计。权威机构以行为目标为导向，基于学习产出将"内容标准"和"表现标准"两个关键要素科学解析成层次分明、可观察、可测量的具体指标。第四，"表现标准"的研制至少包含内容和水平两个维度。能力内容标准至少包含知识和技能两个维度，并有对表现水平的分级描述。英国、德国和日本按照表现水平定位的依据，分别用"所属级别""职业行动能力水平""学习活动的指标"来呈现表现水平，按照目标维度逐项对每个水平进行表现描述。以资格和成绩数量作为基本计量单位来表示学习评价结果，通过学分制实现学历与资格的相互转换。英国将学分数量作为学习成果"证明""文凭"和"证书"的计算单位，德国通过成绩作为主要的考量标准，日本通过平均绩点制 GPA 转化学分，使学历间以及学历与资格间相互关联。

（三）三种模式的"标准"在实施维护上具有共同性

在开发标准的过程中，三个国家通过调查、研究和学业评价方式，不断反馈分析检验职业技术教育学业评价标准运行的效果，并随着职业技术教育学的理念和经济、技术趋势的变化不断修订完善，以提高标准的可测性和权威性。

英国于 1997 年初步建立了国家资格框架（简称 NQF）后，根据社会需求的变化以及资格与考试管理办公室（简称 OFQUAL）对学校、学生和雇主的广泛调查和咨询的汇总，不断改革资格框架。2008 年公布了 QCF，2011 年出台的 QCF 完全替代了 NQF，2015 年正式启用 RQF。一般来说，德国培训条例每 10 年作一次大修订，但新培训条例从开发、协调直至颁布需要约两年时间。此外，还要通过问题分析、情况研究、工作分析等方式，对已经颁布的培训职业及其培训规章决定是否定、保持还是修改。联邦德国政府于 1969 年颁布实施了《职业技术教育培训章程》，此后随着职业技术教育培训模式的不断变化改革考试模式，"以活动为导向""以实践为导向""以现实为导向"等的考试模式不同，对学生的能力考核的侧重点要求不同。自 2015 年 8 月 1 日起，德国针对"工业 4.0"战略计划更新实施了 17 个职业培训大纲，联邦职业技术教育与培训研究院(BIBB)将在未来几年致力于职业培训的调整更新。与区域资格框架对接，2014年又进一步修订、完善了国家资格框架。日本第三方教育评价机构通过调查研究、教育评价反馈等方式，不断修订完善评价基准与学校自我评价指导性文件。如作为第三方评价机构的 JABEE，其会员日本工学教育协会技术者伦理调查研究委员会于 2013 年 8 月初次发布了技术者伦理教育学习教育目标，以技术者伦理教育的国际研讨与展望为共同基础，制定了技术者伦理教育学习教育目标；2014 年 5 月又发布了学习教育目标的解释说明，收集并分析了国内大学、高等专门学校学科课程标准，比较了 CDIO 工程教育模式学科课程标准以及国际教育协会等标准，采纳了国内外研究者、教育者的讨论建议整理，制定了具有国际共同性内容的技术者伦理教育学习教育目标修订版《学习·教育目标 2016》，并在此基础上开发了模块型模型教学大纲，紧密围绕教育国际社会的新动向继续修订内容。

三、借鉴他国经验以优化我国职业技术教育学业评价建设的策略

为确保学业评价标准功能的有效发挥，要在我国现有条件下，以推动职业技术教育规范化管理、完善现代职业技术教育体系建设为契机，理性借鉴他国共同经验，制定并落实职业技术教育学业评价标准的具体过程性规划。

（一）研发职业技术教育表现标准开发指南

国家以"两个"一致性为原则构建公共行政执行协同机制，研发职业技术教育表现标准开发指南。由现代职业技术教育体系的特点所决定，英、德、日三国没有孤立地建设职业技术教育学业评价标准，而是以学业评价标准建设为基础，实施不同形式的公共行政协同机制，系统建立职业技术教育教学质量标准体系。现代职业技术教育体系中的普职融通以及不同层次职业技术教育的衔接，要求国家整体构建职业技术教育教学质量标准体系，以建构人才成长的立交桥。现代职业教育的需求导向型特点要求国家建设具有开放性和发展性特点的职业教育教学质量标准体系，据此建立学历制度和职业资格制度相互沟通的机制，吸引多元评价主体参与职业技术教育评价，通过教学质量标准来促进学历教育与资格教育的互换，增强职业技术教育的社会信誉度。同时，通过"标准"的不断修订和完善，使其与需求紧密对接，使现代职业教育体系与外部的社会需求环境构成一个紧密耦合的共生系统。现代职业教育的特点决定了职业教育教学质量标准体系的整体性、开放性和发展性特点。系统的这些特点及其功能、开发的成本决定了国家从国情出发，以教育标准的一致性和教育与就业政策的一

致性为原则，构建不同形式的公共行政协同机制，建设教学质量标准体系，进而消除学术资格与职业资格等资格之间的壁垒，提高职业技术教育评价与教师教学、学生学习之间的契合度。可见，以学业评价标准为基础系统完善职业技术教育教学质量标准，是构建现代职业技术教育体系的客观需要和必然趋势。

我国在开发职业教育学业评价标准时，关键要广泛收集国内外能力表现的数据，研究职业能力横向和纵向衔接理论，为从教育衔接和学历与资格互换角度出发，统筹设计不同学段学科课程的能力表现标准提供依据，也为统筹制定具有专业性、权威性表现标准的开发指南提供参照。在研发表现标准时，借鉴三个国家的共同经验制定我国表现标准的开发指南。第一，设计理念从学生学业成就评价转向学生学业评价，遵循学业评价标准的设计原则，系统开发具有职业教育特色的学业评价标准。第二，广义的职业教育学业评价标准包括内容标准和表现标准，重点是表现标准中的表现描述、表现水平的准确定位。在表现描述中应有具体的、可观察的、可测量的行为目标表现学习产出，并用专业术语对认知、技能等领域逐项进行水平描述，至少给出合格水平的描述，用评价等级、学分等考试成绩转化手段阐释过程性评价与终结性评价的关系。为推动开发指南的高效运行，建设机构委派相关专业人士对学校认识并落实开发指南进行伴随性指导，以便及时发现和解决问题，并为其修订完善提供依据。

（二）修订完善表现标准

国家以完善教学质量标准体系为核心，健全内外互动的教学质量保障体系，并依据教学质量监控和国内外调查研究的结果修订完善表现标准。三个国家都通过调查研究，了解了国内外不同专业领域人才需求和能力表现标准的发展变化，通过质量监控不断反馈"标准"的实施情况并不断修订完善，以提高"标准"的专业性、权威性和先进性。教学质量标准体系是国家教学质量监控体系的核心内容。当下，我国紧贴国内外先进能力表现标准的变化，以完善外部教育质量保障体系建设为先导，从宏观层面逐渐完善教学质量标准体系，并引导学校规范建设内部质量保障体系，进而形成内外结合型质量保证体系，将有利于学校以外部监控为动力，自发提高教学质量体系建设的规范性、专业性和先进性。在完善外部质量监控的过程中，国家应充分发挥学业水平测试对学业评价标准的检验反馈功能。在公共行政协同机制的作用下，国家鼓励地方根据学业评价标准，运用现代测量学技术编制、组织学业水平测试，并根据学业水平测试数据分析评价反馈"标准"的实施效果，及时、准确修订完善学业评价标准。同时，国家应发挥教师在学生学业评价标准开发及修订完善中的主体作用，引导、激励教师参与教学质量标准建设。可以面向教师举办不同规模、层次的研讨会、说明会，通过不同内容形式的有针对性培训等方式，对教学质量标准进行解释，以便统一认识，有效指导教师明了学业评价标准开发的技术规范要求，着力引导其树立先进的学业评价理念，自主学习并不断提升专业性评价能力，提高自我诊断自主改进的能力，持续建设具有权威性、专业化的教学质量标准。由此，以"标准"为驱动的职业技术教育规范化管理才能有效推动现代职业技术教育改革，为经济振兴输送大量合格的技术技能人才。

参考文献

[1]Office of Qualifications and Examinations Regulation. Regulatory Strategy Statement[EB/OL]. https://www. gov. uk/government/uploads/system/uploads/attachment_data/file/420231/2015－03－30－regulatory－strategy－statement. pdf，2017-07-17.

[2]曹堂哲. 公共行政执行协同机制——概念、模型和理论视角[J]. 中国行政管理，2010(01).

[3]雷正光. 德国职业教育的培训条例及其开发[J]. 外国教育资料，1999(05).

[4]白玲. 从 QCF 到 RQF：英国资格框架改革的新取向及其启示[J]. 外国教育研究，2016，43(11).

[5]一般社団法人日本技術者教育認定機構(JABEE). 学習・教育到達目標の総合的達成度評価について[EB/OL]. http://www. jabee. org/accreditation/workshop/，2017-07-13.

[6]汪晓莺. 德国职业教育考试模式的变革与发展[J]. 教育评论，2006(01).

[7]罗毅. 德国更新实施 17 个职业培训大纲[J]. 世界教育信息，2015，28(23).

[8]小林幸人，札野順.「技術者倫理教育における学習・教育目標 2016」および「モジュール型モデル・シラバス」解説[J]. 工学教育，2016(05).

参考文献

书籍：(中)

[1]陈至昂. 职业教育模式创新与规范管理全书(下卷)[M]. 长春：吉林摄影出版社，2002.

[2]胡国勇. 日本高等职业教育研究[M]. 上海：上海教育出版社，2008.

[3]刘书瀚，白玲. 校企合作应用型人才培养模式理论与实践[M]. 天津：南开大学出版社，2015.

[4]梁忠义，金含芬. 七国职业技术教育［M］. 长春：吉林教育出版社，1990.

[5]顾明远，梁忠义. 日本教育[M]. 长春：吉林教育出版社，2000.

[6]梁忠义. 日本教育与经济[M]. 长春：东北师范大学出版社，1989.

[7]石伟平，匡瑛. 比较职业教育[M]. 北京：高等教育出版社，2012.

[8]田慧生，[日]田中耕治. 21世纪的日本教育改革——中日学者的观点[M]. 北京：教育科学出版社，2009.

[9]唐振福. 日本教育国际化战略研究——基于公私二元结构路径的视角[M]. 北京：经济科学出版社，2012.

[10]王川. 西方近代职业教育史稿[M]. 广州：广东教育出版社，2011.

[11]邬大光，林莉. 危机与转机：WTO视野中的中国高等教育[M]. 厦门：厦门大学出版社，2004.

[12]汪辉，李志永. 日本教育战略研究［M］. 杭州：浙江教育出版社，2014.

[13]王文利. 日本大学校发展研究[M]. 北京：人民出版社，2016.

[14]王智新. 当代日本教育管理[M]. 太原：山西教育出版社，1995.

[15]徐国兴. 日本高等教育评价制度研究［M］. 合肥：安徽教育出版社，2007.

[16]谢维和. 教育活动的社会学分析——一种教育社会学的研究[M]. 北京：教育科学出版社，2007.

[17]姜大源. 当代世界职业教育发展趋势研究[M]. 北京：电子工业出版社，2012.

[18]杨启光. 教育国际化进程与发展模式[M]. 北京：社会科学文献出版社，2011.

[19]袁韶莹. 当代日本高等教育[M]. 长春：吉林教育出版社，1993.

[20]朱文富. 日本近代职业教育发展研究[M]. 保定：河北大学出版社，1999.

[21]陈永明. 当代日本师范教育[M]. 太原：山西教育出版社，1997.

[22]朱永新，王智新. 当代日本高等教育[M]. 太原：山西教育出版社，1992.

书籍：（外）

[1][日]濱田康行. 地域再生と大学[M]. 東京：中央公論新社，2009.

[2]De Wit H. Internationalization of Higher Educationin the United States of Americaand Europe：a Historical，Comparative Analysis[M]. Westport，Conn.：Greenwood Press，2002.

[3]東京学芸大学教員養成カリキュラム開発研究センター. 教師教育改革のゆくえ―現状・課題・提言[M]. 東京：創風社，2006.

[4][日]井上久雄. 明治維新教育史[M]. 東京：日本吉川弘文館，1984.

[5][日]角野雅彦. 日本近代高等教育与专门学校发展研究[M]. 保定：河北大学出版社，2007.

[6]日本教師教育学会. 日本の教師教育改革[M]. 東京：学事出版，2008.

[7]日本文部省. 学制百二十年史[M]. 東京：ぎょうせい，1992.

[8][日]寺田盛紀. 日本の職業教育：比較と移行の視点に基づく職業教育学[M]. 京都：晃洋書房，2009.

[9][日]寺田盛紀. 日本の職業教育：比較と移行の視点に基づく職業教育学[M]. 2版. 京都：晃洋書房，2011.

[10][日]石附実. 日本の対外教育：国際化と留学生教育[M]. 东京：东信堂，1989.

译著：

[1][德]菲利普·葛洛曼，菲利克斯·劳耐尔. 国际视野下的职业教育师资培养[M]. 石伟平，译，北京：外语教学与研究出版社，2011.

[2][日]田中万年，大木荣一. 终身职业能力开发：劳动者的"学习论"[M]. 蓝欣，姜征，马金强，译. 天津：南开大学出版社，2008.

[3][日]细谷俊夫. 技术教育概论[M]. 江丽临，译. 上海：华东师范大学教育科学研究所，1983.

[4][日]细谷俊夫. 技术教育概论[M]. 肇永和，王立精，译. 北京：清华

大学出版社，1984.

期刊：（中）

[1]安培. 日本"工业 4.0"与职业教育发展研究[J]. 中国职业技术教育，2017(27)：28-32.

[2]白玲. 从 QCF 到 RQF：英国资格框架改革的新取向及其启示[J]. 外国教育研究，2016，43(11).

[3]迟俊. 德国职业教育发展与"工业 4.0"契合的掣肘、举措与启示[J]. 教育与职业，2017(11)：40-45.

[4]禅鹏. 浅谈日本高校的国际化与英语教育[J]. 海外英语，2015(18)：28-30.

[5]陈鹏. 职业启蒙教育：开启职业生涯的祛昧之旅[J]. 教育发展研究，2018，38(19)：21-27.

[6]陈劲，张学文. 日本型产学官合作创新研究——历史、模式、战略与制度的多元化视角[J]. 科学学研究，2008(04)：880-885.

[7]陈英招. 战后日本职业教育的政策与实践[J]. 东北师大学报(教育版)，1985(03)：68-75.

[8]曹堂哲. 公共行政执行协同机制——概念、模型和理论视角[J]. 中国行政管理，2010(01)：115-120.

[9]蔡新华. 日本产业界对职业教育的参与[J]. 中国职业技术教育，1994(10)：44-45.

[10]程永明. 日本科技中介机构的运行机制及其启示——以 JST 为例[J]. 日本问题研究，2007(01)：50-55.

[11]顾红，徐觉元. 日本职业技术教育体系研究及借鉴[J]. 天津中德职业技术学院学报，2015(05)：53.

[12]郭志燊，韩凤芹. 日本职业教育的发展及启示[J]. 经济研究参考，2016(61)：31.

[13]黄福涛. "全球化"时代的高等教育国际化——历史与比较的视角[J]. 北京大学教育评论，2003(02)：93-98.

[14]黄福涛. 本科教育质量保证研究——历史与比较的视角[J]. 高等教育研究，2008(03)：66-72.

[15]胡建华. 高等教育质量内部管理与外部监控的关系分析[J]. 高等教育研究，2008(05)：32.

[16]胡建华. 90 年代以来日本大学评价制度的形成与发展[J]. 外国教育研究，2001(01)：9.

[17]韩玉，石伟平. 日本高职教育国际化办学战略探析[J]. 教育与职业，

2015(19)：17-20.

[18]韩玉. 日本高等专门学校技术伦理教育模式现代转型探析[J]. 职业技术教育，2015，36(28)：75-79.

[19]蒋萍华. 日本中等职业教育的发展[J]. 教育与职业，1999(07)：53-55.

[20]金双鸽，梁晓清. 日本企业内职业教育的发展及其对我国的启示[J]. 教育理论与实践，2015，35(36)：30-31.

[21]姜扬. 论日本职业教育的发展[J]. 教育评论，2014(09)：159-161.

[22]李博，薛鹏，丁海萍. 日本企业内职业培训现状分析及经验启示[J]. 职业技术教育，2018，39(12)：73-76.

[23]吕光洙. 日本高大衔接改革：高中教育、大学教育、大学入学选拔为一体[J]. 外国教育研究，2015，42(10)：24-33.

[24]刘家磊. 日本产学合作模式、机制与绩效分析[J]. 学术交流，2012(05)：115-118.

[25]李敏，孙曜. 日本职业高中教师配置制度探析：兼论我国中等职业学校教师编制管理[J]. 职业技术教育，2011，32(25)：86-89.

[26]陆素菊. 九十年代日本中等职业教育的改革动向及其启示——兼析日本综合学科的设置及其初步成果[J]. 华东师范大学学报(教育科学版)，2002(04)：48-54.

[27]陆素菊. 日本推进中高等(技术)教育衔接的经验及其启示[J]. 比较教育研究，2014，36(04)：44.

[28]陆素菊，[日]寺田盛纪. 在经济性与教育性之间：职业教育的基本定位与未来走向[J]. 华东师范大学学报(教育科学版)，2019，37(02)：151-156.

[29]李文英，史景轩. "二战"后日本职业教育的发展趋势[J]. 教育与职业，2010(12)：20-22.

[30]雷新勇. 学业标准——基于标准的教育改革必须补上的一环[J]. 上海教育科研，2009(06)：15-16.

[31]罗毅. 德国更新实施17个职业培训大纲[J]. 世界教育信息，2015，28(23).

[32]刘昀献，刘华欣. 战后日本的产业政策及其特点[J]. 南阳师范学院学报(社会科学版)，2004(10)：42-44.

[33]雷正光. 德国职业教育的培训条例及其开发[J]. 外国教育资料，1999(05).

[34]廖宗明. 试论日本高校的"产学合作"[J]. 清华大学教育研究，1994(01)：117-122.

[35]梁忠义. 日本教师教育制度的演进[J]. 外国教育研究，1990(06)：

15-24.

[36]梁忠义. 日本职业训练制度的特点、问题及发展趋势[J]. 外国教育研究，1994(05)：1.

[37]梁忠义. 日本社会经济发展与高等教育改革[J]. 东北师大学报(哲学社会科学版)，1990(03)：84-89.

[38]年智英. 终身学习型专业发展：日本教师资格标准述评[J]. 比较教育研究，2011，33(08)：35-39.

[39]秦曼. 论日本职业教育师资培养[J]. 学理论，2009(10)：144-145.

[40]沈恩泽. 日本的"产学合作"现况与展望[J]. 科学学与科学技术管理，1985(01)：37-40.

[41]桑凤平. 日本职业教育促进产业发展的经验及其借鉴[J]. 教育研究，2012(06)：150-154.

[42]沈南山. 学业评价标准研究：内涵、范式与策略[J]. 课程·教材·教法，2011，31(11)：19.

[43]孙颖，刘红，杨英英，等. 日本职业教育质量外部评价的经验与启示：以短期大学为例[J]. 比较教育研究，2013，35(12)：48-49.

[44]时临云，张宏武. 日本产学研合作的体制、政策及其对我国的启示[J]. 改革与战略，2010，26(11)：175-179.

[45][日]田边俊治，胡国勇. 日本教师制度改革(讲演)[J]. 外国中小学教育，2007(06)：14-22.

[46][日]天野郁夫. 日本国立大学的法人化：现状与课题[J]. 北京大学教育评论，2006(02)：93-109.

[47]王国辉，杨红. 日本教师培养与资格制度改革的新动向[J]. 河北师范大学学报(教育科学版)，2017，19(01)：95-100.

[48]王江涛. 日本职业教育体系的历史溯源及其现代化启示[J]. 中国职业技术教育，2013(30)：67.

[49]王帅，龚晓维. 战后日本职业教育办学模式上的变化[J]. 中国民族教育，2007(01)：71-73.

[50]吴显嵘. 日本职业教育体系建设的历史沿革、经验及启示[J]. 教育与职业，2018(09)：84-89.

[51]汪晓莺. 德国职业教育考试模式的变革与发展[J]. 教育评论，2006(01)：98-100.

[52]吴越. 日本高等教育质量评价体系研究——基于评价模式的视角[J]. 中国高教研究，2012(04)：41-46.

[53]王圆圆. 产学合作模式的比较研究[J]. 中国高校科技与产业化，2010(12)：17-19.

[54]徐涵. 新世纪以来中国职业教育课程改革：成就、问题及建议[J]. 现代教育管理，2017(04)：69-74.

[55]徐岩，丁朝蓬. 建立学业评价标准 促进课程教学改革[J]. 课程·教材·教法，2009(12)：3-14.

[56]杨洪俊. 日本大学国际化历程及其理念变迁[J]. 江苏高教，2018(12)：34-41.

[57]张爱. 日本大学多样化入学选拔模式的形成及特征[J]. 清华大学教育研究，2011，32(01)：108-119.

[58]张萌，张光跃. 产学合作：从模式研究到国家制度建立的探索[J]. 职业技术教育，2017，38(10)：46-50.

[59]臧佩红. 试论当代日本的教育国际化[J]. 日本学刊，2012(01)：90-101.

[60]朱奇莹，路光达. 我国的日本职业教育研究状况评述[J]. 天津中德应用技术大学学报，2018(05)：42-45.

[61]祝士明，王君丽. 日本与职业教育相关的立法特点[J]. 中国职业技术教育，2007(20)：58-61.

[62]智瑞芝. 日本产学合作演变及政府的主要措施[J]. 现代日本经济，2009(03)：34-39.

[63]郑延才. 美、日、中高学分制模式的比较与评析[J]. 黑龙江高教研究，2008(01)：73-75.

[64]赵志群. 现代职业教育质量保障体系建设[J]. 中国职业技术教育，2014(21)：235-239.

期刊：(外)

[1][日]城間祥子，大竹奈津子，佐藤浩章，等. 大学·短大·高専教員の研修ニーズとFDの課題[J]. 徳島大学大学教育研究ジャーナル，2013(10)：67-79.

[2][日]船田学，後藤芳一ほか. 中小企業における産学官連携の課題と対応策[J]. 産学連携学，2008(02)：1-7.

[3][日]大黒康弘. 小·中学校のつながりを意識した技術教育の授業づくり：中学校入門期のガイダンス授業実践を通して[J]. 福井県教育研究所研究紀要，2012(03)：139-152.

[4][日]大輪武司，青島泰之. 技術者教育と技術者[J]. 倫理工業教育，2013(07)：2-5.

[5][日]東條，加寿子. 大学国際化の足跡を辿る—国際化の意義を求めて—[J]. 大阪女学院大学紀要，2010(07)：87-101.

[6][日]花井孝明，等. 鈴鹿高専における国際化教育への取り組み[J].

工学教育，2008(03)：68-73.

　[7][日]津田敏．専門学校教員資格の現状に関する一考察[J]．佛教大学教育学部学会紀要，2011(10)：119-130.

　[8]日本産業技術教育学会．21 世紀の技術教育(改訂)：各発達段階における普通教育としての技術教育内容の例示[J]．日本産業技術教育学会誌，2014(04)：1-7.

　[9][日]清水菜月，池永理恵子，和泉とみ代．看護科高等学校教員の研修ニーズに関する研究)[J]．吉備国際大学研究紀要(人文・社会科学系)，2017(増刊)：176.

　[10][日]青山晶子，亀山太一，平岡禎一，等．高専の特色と目的にかなった英語教材の開発[J]．メディア教育研究，2004(01)：129-139.

　[11][日]寺田盛紀，陆素菊．日本职业教育和训练的研究状况及其课题[J]．华东师范大学学报(教育科学版)，2001(01)：44-55.

　[12][日]佐藤史人．産業教育振興法の成立過程に関する実証的研究：戦後高校職業教育行財政研究の側面から[J]．産業教育学研究，1999(01)：53-60.

　[13][日]藤永伸，田村理恵，岩瀬真央美．高等専門学校にぉける「技術者倫理」の現状[J]．都城工業高等専門学校研究報告，2007(41)：61-64.

　[14][日]野本，敏生．高専教育における技術者倫理[J]．獨立行政法人國立高等専門學校機構大島商船高等専門學校紀要，2008(41)：99-103.

　[15][日]中島秀明，川上泰彦．[指導力不足教員]をめぐる人事管理システムの成立過程と運用状況[J]．佐賀大学教育実践研究，2014(31)：31-34.

　其他：

　[1][日]多賀谷宏三，菅通久，杉山和久，等．高等専門学校における技術者倫理教育：技術者教育認定制度のための技術者倫理教育の実践[C]．日本工学教育協会，工学・工業教育研究講演会講演論文集，2003.

　[2]日本独立行政法人国立高等専門学校機構，全国公立高等専門学校協会，日本私立高等専門学校協会．高等専門学校 50 年の歩み[R]．独立行政法人国立高等専門学校機構本部，2012.

　[3]日本教育職員養成審議会．新たな時代に向けた教員養成の改善方策について[R]．1997-07-28.

　[4][日]斉藤，泰雄，等．わが国の国際教育協力の在り方に関する調査研究：項目研究成果報告書[R]．国立教育政策研究所，2009.

　[5]山形県商工労働観光部観光経済交流局経済交流課国際室．山形県の国際化の現状[R]．山形県商工労働観光部観光経済交流局経済交流課国際

室，2013.

主要日文网站：

[1]日本文部科学省，http://www. mext. go. jp/a_menu/a002. htm.

[2]日本厚生劳动省，https://www. mhlw. go. jp/index. html.

[3]日本经济产业省，https://www. meti. go. jp/.

[4]日本总务省统计局，https://www. meti. go. jp/.

后　记

雅斯贝尔斯在《什么是教育》中言，"通过教育使具有天资的人，自己选择决定成为什么样的人以及自己把握安身立命之根"。从读大学开始，我就梦想成为一名大学教师，当我梦想成真时，却感觉到当一名大学教师并不容易，当一名好的大学教师更不容易。在完成教学工作之余，一有时间就要读书，以便拥有扎实的学识。此外，还要集中精力进行学术研究，教、学、研、用联动，使我在繁忙的工作中真切地感受到大学教师这一职业的幸福感和成就感，也越发沉浸在职业劳动中无法自拔。

《日本职业技术教育研究》一书的撰写始于六年前，我在教授职业技术教育学硕士研究生《比较职业技术教育》课程时，一边通过网络、图书馆等渠道收集国内外学者关于日本职业技术教育研究的文献资料，丰富教学内容；一边跟随国内职业技术教育研究的热点问题，收集整理第一手外文文献，撰写学术论文。截至2019年，独立或以第一作者身份在《高教探索》《中国职业技术教育》等北大中文核心期刊、CSSCI期刊上发表了6篇关于日本职业技术教育研究的主题论文，其中一篇被中国人民大学复印报刊资料《职业技术教育》全文转载。在此基础上，以阶段性研究产出为导向，以学术论文为主线，不断收集整理分析中外资料，最终完成了《日本职业技术教育研究》的撰写工作。

工欲善其事，必先利其器。在本书写作过程中，非常感谢徐涵教授在学术之路上对我的引领、帮助和鼓励！印象尤为深刻的是，一次我们一起出差，无论忙到多晚，她都要每天坚持听一段德语节目才肯入睡，这种持之以恒探究性学习的精神一直鼓舞、鞭策着我，使我克服迷茫、懈怠的情绪，不断提升日语翻译能力，完成著作的撰写。非常感谢华东师范大学职业技术教育研究所的石伟平教授，在博士后工作站期间，给予我很多具有启发性的建议！非常感谢职业技术教育研究所的硕士研究生们，尤其是杜金、杨淑新、孟瑜芳、崔天岚、姜春云、韩策、白雨晴等同学，在后期校对书稿的过程中，给了我很大帮助！本书借鉴了一些专家和学者关于日本职业技术教育的研究成果，在此一并致谢！

韩　玉

2019 年 10 月书于沈阳